LARRY UND LIN PARDEY – HANDBUCH FÜR FAHRTENSEGLER

# RATSCHLÄGE
# ERFAHRENER SKIPPER

# Larry und Lin Pardey

# Handbuch für Fahrten-segler

## Pietsch Verlag Stuttgart

Einbandgestaltung: Reinhard Bornemann

*Für Bob Sloan und Peer Tangwald, zwei unabhängige Segler*

Copyright © by Mary Lin und Lawerence F. Pardey
Die englische Originalausgabe ist erschienen bei
W. W. Norton & Comp., New York/London, unter dem Titel
»THE SELF SUFFICIENT SAILOR«

Die Übersetzung ins Deutsche besorgte: **Hermann Leifeld**

ISBN 3-613-50108-2

2. Auflage 1993
Copyright © by Pietsch-Verlag, Postfach 10 37 43, 70032 Stuttgart.
Ein Unternehmen der Paul Pietsch-Verlage GmbH & Co.
Sämtliche Rechte der Speicherung, Vervielfältigung und Verbreitung in deutscher
Sprache sind vorbehalten.
Druck: Maisch & Queck, 70839 Gerlingen.
Bindung: K. Dieringer, 70839 Gerlingen.
Printed in Germany

# Inhaltsverzeichnis

# Vorwort

Gibt es einen Segler – vielleicht sage ich besser, einen Fahrtensegler –, der nicht davon träumt, einmal alles stehen und liegen zu lassen und sich in die Weiten des Meeres und zu fernen Ländern zu begeben, sein Schiff auf Dauer zu seinem Heim zu machen, von dem aus er die Welt erleben kann? Unter dem Eindruck der Werke klassischer Schriftsteller von Alain Gebault bis William Robinson, von Harry Pidgeon bis Frank Wightman haben wir alle irgendwann schon einmal das kleine Wörtchen»wenn« gesagt. Wenn wir das Geld hätten, wenn wir die Zeit hätten, wenn wir nicht auf die Familie Rücksicht nehmen müßten. Allzu viele unter uns haben die Chance in der Vergangenheit verpaßt, aber die jüngeren Generationen sind unternehmungslustiger, und in den Jahrzehnten nach dem Krieg hat eine stetig wachsende Zahl von Pärchen (die nicht immmer jung waren, sollte ich hinzufügen) ihre Zuversicht, ihr Können und ihre materiellen Mittel in einen Zehntonner gesteckt und ist losgesegelt.

Die Pardeys verkörpern die heutige Generation von Blauwasserseglern. Bescheiden im Wesen und mit bescheidenen Mitteln zogen sie in aller Stille mit ihrer 7,3 m langen *Seraffyn* in die Welt hinaus. Die *Seraffyn* war sicherlich kein großes Schiff und auch nicht halb so üppig ausgestattet wie so mancher Samstagnachmittagskreuzer, der die echte See nie kennenlernt. Nicht auf Geld und Mechanik haben die Pardeys gesetzt, sondern auf sich selbst.

Wie schon Tausende vor ihnen festgestellt haben, ist auf den großen Meeren Selbständigkeit alles, was zählt. In den heimatlichen Gewässern soll man nach Ansicht derjenigen, die zu wissen behaupten, was andere tun sollten, ein Rettungsfloß, jede Menge Signalmunition und ein VHF-Funkgerät an Bord haben, um Hilfe herbeirufen zu können.

In der Weite des Meeres, weit von der Heimat entfernt, bleibt der Kleinsegler, der Hilfe braucht, auf sich selbst angewiesen.

Lin und Larry haben also den richtigen Titel für ihr Buch gewählt – um auf hoher See zu segeln, braucht man Erfahrung und muß unabhängig und selbständig sein. Aber das gilt für die Seemannschaft insgesamt. Man braucht nur zehn Meilen von der Küste entfernt zu sein, und schon ist man auf sich allein angewiesen, und dafür gilt es schon im Hafen sorgfältige Vorbereitungen zu treffen, denn draußen auf See ist man es ganz allein, der Fehler ausbaden muß. Das ist der Grund dafür, daß wir aus diesem Buch alle etwas zu lernen haben – und zwar von Autoren, die ein Prinzip in die Praxis umgesetzt haben, das für uns alle gilt, allerdings über längere Zeit und größere Entfernungen, als es den meisten unter uns jemals vergönnt sein wird.

Denny Desoutter,
Herausgeber, »Practical Boat Owner«

Poole, Dorset, England
Dezember 1980

# Dank und Anerkennung

Einige Kapitel aus diesem Buch sind bereits in verschiedenen Zeitschriften erschienen. Wir danken den Redakteuren dieser Zeitschriften für ihre Anregungen und Vorschläge, die oft dazu führten, daß noch ein weiteres Kapitel entstand. Denny Desoutter von »Practical Boat Owner« und Patience Wales von »Sail" steuerten überaus hilfreiche Informationen über Sicherheit bei. Bernadette Brennan von »Cruising World« lieferte weitere Informationen, die sie aus Leserbriefen gesammelt hatte.

Anregungen zu verschiedenen Themen kamen auch von Ron Wall, Gordon Yates, Tony Crispino, Len Barton, Bob Dorris, Eric und Susan Hiscock, Don Street, Hal Roth und Lyle Hess.

Mary Eisenlohr tippte das Manuskript und las Korrektur, Eleanor Crapullo führte uns beschützend durch das Labyrinth der Verlagswelt, Sam Lovell und Spencer Smith glaubten unerschütterlich an den Erfolg, und Eric Swenson ermutigte uns, nicht mit dem Schreiben aufzuhören. Ihnen allen gilt unser Dank.

Ein herzliches Dankeschön auch an all die warmherzigen und liebenswerten Segler, die wir immer wieder trafen. Sie waren es, mit denen wir all die Fragen über Fahrtensegeln, Segeltechnik und Instandhaltung besprechen konnten, die schließlich in die einzelnen Kapitel mündeten.

Larry und Lin Pardey

*Bull Canyon, Kalifornien*
*März 1981*

# Einleitung

Etwa einen Monat nach unserer Ankunft auf den Gulf Islands vor British Columbia lernten wir einen reizenden Mann kennen, der begeisterter Segler war. Wir hatten es genossen, zwischen den Hunderten von Inseln ziellos von Bucht zu Bucht zu segeln, um uns dabei von dem seelischen und kulturellen Schock unserer neunundvierzigtägigen Nordpazifiküberquerung zu erholen. Kaum hatten wir vor seinem Haus Anker geworfen, stand Greg auch schon in der Tür und lud uns zu einer heißen Schokolade am Kamin ein.

Am Spätnachmittag des nächsten Tages machten wir zu dritt einen kurzen Törn um die Insel, und da es an diesem Septembertag gegen Abend beißend kalt wurde, ging Lin nach unten, um die Kajüte zu heizen, während Greg und ich in die Bucht einliefen, den Anker ausbrachten und die Segel der *Seraffyn* bargen.

Als wir unter Deck kamen, wartete Lin schon mit frisch gebackenem Brot und französischer Zwiebelsuppe mit Käse überbacken. Aus dem Kassettenrecorder erklang ein Stück von Andres Segovia, einem meiner Lieblingssänger. Die Petroleumlampen machten die Kajüte warm und gemütlich. Ich forderte Greg auf, meine »Lotusstellung« einzunehmen – Rücken am Schott, Beine auf der Sitzbank, Ellbogen auf dem Tisch. Er entspannte sich und zog die Beine an. Nachdem er anerkennend bemerkt hatte, wie einfach es unsere Schwerkraft-Wasseranlage für Lin machte, den Teekessel für die nächste Runde Grog zu füllen, meinte er schließlich:»Ich hoffe, ihr nehmt es mir nicht übel, wenn ich euch eine persönliche Frage stelle. Aber wie macht ihr das eigentlich? Wie habt ihr euch das in den letzten zehn Jahren leisten können? Und wie kommt es, daß die *Seraffyn* auch nach über vierzigtausend Seemeilen noch so ordentlich aussieht?«

Lin und ich antworteten fast gleichzeitig: »Wir haben versucht, unsere Kosten niedrig zu halten, indem wir alles vereinfacht haben.« Diese Frage hatte man uns wahrscheinlich schon tausend Mal in zweiunddreißig verschiedenen Ländern gestellt – mit Hilfe von japanischen, polnischen, russischen, spanischen und auch finnischen Dolmetschern. In den vergangenen fünf Jahren hatten wir versucht, die Frage in Artikeln in verschiedenen Fachzeitschriften für Segler zu beantworten.

Nachdem ich Greg an Land gebracht hatte, verbrachten Lin und ich mehrere Stunden damit, uns zu überlegen, wie wir die Antwort eindeutig und knapp schriftlich niederlegen könnten. Wir sprachen darüber, daß wir nie ernsthafte Probleme mit dem stehenden und laufenden Gut der *Seraffyn* gehabt hatten, daß wir finanziell gesund waren, obwohl wir nur drei oder vier Monate im Jahr arbeiteten, und daß wir uns nach wie vor auf weitere gemeinsame Fahrten freuten. »Wenn du es in einem Satz sagen willst,« meinte Lin schließlich, »haben wir eben alles Mögliche getan, um zu einem unabhängigen Team zu werden.«

Aber diese Antwort war wohl zu einfach. Ich wies auf einige unserer Artikel hin, auf die interessante Kommentare von Seglern eingegangen waren, die wir unterwegs kennengelernt hatten. Durch die bekanntesten unter diesen Artikeln schien sich insofern ein roter Faden zu ziehen, als es meistens darum ging, wie man sich sein Boot so aussucht und ausrüstet, daß es einfacher und leichter instand zu halten und zu segeln ist. Zum Schluß kamen Lin und ich überein, die beste Antwort auf die Fragen Gregs und der vielen guten Freunde, die wir mit Hilfe der *Seraffyn* gewonnen hatten, sei wohl dieses Buch, eine Sammlung aus mehreren älteren und ein paar neuen Artikeln.

Das ist unsere Antwort an das Pärchen oder den jungen Segler, der in der veränderlichen, schnellebigen Gesellschaft unserer Tage nur ein Durchschnittsgehalt bezieht. Wenn ihr mehr tun wollt, als nur davon zu träumen, sechs Monate, ein Jahr oder ein Leben lang frei zu nehmen, um auf Fahrt zu gehen, dann gibt dieses Buch euch hoffentlich ein paar gute Hinweise, die euch helfen, unabhängige Segler zu werden.

*Garantie:*
*Keine einzige Idee in diesem Buch ist neu, originell oder sehr clever. Alle stammen von Seglern, die wir irdendwo in einem von dreihundert Häfen auf der nördlichen Halbkugel kennengelernt haben. Jede einzelne Idee ist von uns selbst und mehreren anderen Seglern auf See ausprobiert worden. Wir wissen also, daß sie funktionieren.*

11

# TEIL I

# Wie soll ich das schaffen?

Wie bekomme ich die nötige Segelerfahrung? Wie kann ich mir dort draußen meinen Lebensunterhalt verdienen? Wie groß darf das Boot sein, das ich mir leisten und problemlos segeln kann? Kann ich wirklich so viel verdienen, wenn ich die Yacht eines reichen Knaben überführe?

Die vier Kapitel in Teil I beantworten häufig gestellte finanzielle Fragen wie diese, die wir von vielen interessierten Möchtegern-Seglern gehört haben.

# 1
# Als Tramper über die Meere

Es ist April, und an den schwarzen Brettern auf Malta häufen sich die Anschläge: »Suche für diese Woche Crew nach Athen«, »Meisterkoch für Charterboot gesucht«, »Bereitwillige Crew segelt überall hin«, »Pärchen sucht Mitsegelgelegenheit nach England« usw. In den Fachzeitschriften füllen sich die Anzeigenspalten mit Angeboten freier Plätze auf Schiffen. Der Sommer naht, und die Leute wollen segeln gehen. Charterboote brauchen eine Crew. Skipper auf Überführungsfahrt brauchen eine Crew. Fahrtensegler ohne Selbststeueranlage brauchen eine Crew. Einhandsegler, die des Alleinseins überdrüssig sind, brauchen eine Crew.

In den letzten fünf Jahren hat die Zahl großer privater Segelboote und Charteryachten drastisch zugenommen. Diese Schiffe haben keine festen Liegeplätze mehr. Sie gehen auf Ozeanüberquerungen, Weltumsegelungen und jahrelange Törns ohne festes Ziel. Nur wenige Eigner sind bereit, eine professionelle Crew einzustellen. Zuerst können sie die freien Plätze mit Freunden und Verwandten besetzen, die ein paar Wochen Urlaub machen wollen. Aber wenn diese Freunde und Verwandten dann keinen Urlaub mehr haben oder wenn ihnen das nötige Geld fehlt, werden nach und nach immer mehr freie Plätze für Besatzungsmitglieder angeboten.

Wir persönlich haben im Verlauf der Jahre ein paar hundert Leute getroffen, die über die Meere trampten. So zu reisen, kann eine großartige Sache sein; man lernt dabei ein völlig neues Leben kennen. Außerdem bekommt man dabei die Praxis für den Tag, an dem man

13

sich sein eigenes Boot kauft oder baut. Bei der Überführung einer 50t-Ketsch von Palma de Mallorca nach New Orleans hatten wir in unserer Crew einen netten Dreiundzwanzigjährigen aus New York, der sechs Monate mit dem Rucksack in Europa unterwegs gewesen war und jetzt das Geld für den Rückflug sparen wollte. Unser Freund Phin heuerte für den Törn von Tahiti nach Singapur eine Frau an, die auf seinem 18m-Schoner kochen sollte. Fünf Monate später heiratete er sie auf Bali, und ein Jahr danach trafen wir die beiden im Mittelmeer.

Wie bekommt man solche freien Plätze an Bord? Leider braucht man für die besten Törns etwas Geld und viel Zeit. Viele Leute finden einen Platz, indem sie die Anzeigen in Yachtzeitschriften oder lokalen Zeitungen studieren. Das ist eine gute Möglichkeit, wenn der Abfahrtshafen in England, Skandinavien oder den amerikanischen Neuenglandstaaten liegt. Die besten Aussichten hat man aber, wenn man sich höchstpersönlich in den sonnigen Süden bzw. in die Hafenstädte begibt, in denen die Schiffe vor einer Ozeanüberquerung überholt und neu verproviantiert werden.

Eine der besten Stellen ist Gibraltar von Oktober bis Dezember für eine Atlantiküberquerung und von April bis Juni für einen Törn nach Osten ins Mittelmeer; Malta, Rhodos und Piräus bieten ähnliche Möglichkeiten. Für einen Trip über den Atlantik ist Teneriffa von Oktober bis Januar zu empfehlen. Auf Antigua, Barbados, St. Thomas und Puerto Rico gibt es im Oktober und November reichlich freie Plätze. In Panama kann man es zu jeder Jahreszeit versuchen, wobei der Mai ein beliebter Zeitraum für Törns nach Westen zu sein scheint und nur wenige Boote in der Hurrikansaison Kurs auf die Karibik nehmen. Tahiti soll jedes Jahr um den 14. Juli herum einen Versuch wert sein. Auch in Singapur und Honolulu finden sich oft freie Plätze; welche Monate am besten sind, hängt von der gewünschten Richtung ab. Überall, wo nach der Segelsaison Charterboote zusammengezogen werden, kann man möglicherweise einen interessanten Job ergattern: Miami, San Francisco, Long Beach, San Diego. Alle größeren Häfen, in denen Fahrtensegler vor dem Törn letzte Hand an ihre Boote legen, lohnen einen Versuch.

Um einen guten Platz zu bekommen, braucht man Geld. Es ist unklug und in der Regel schwierig, den gewünschten Platz zu finden, ohne in den einzelnen Häfen zwei oder drei Wochen mit der Suche zu verbringen. In der Praxis verfügen die erfolgreichen unter den potentiellen Crewmitgliedern über genügend Geld, um ihre Suche nach einem freien Platz an Bord gegebenenfalls in einem anderen Land oder einem anderen Hafen fortsetzen zu können. Wieviel Geld man braucht, hängt von den persönlichen Bedürfnissen ab. In Spanien und anderen Mittelmeerländern benötigt man etwa 15 Dollar am Tag, um sich das nötige Essen leisten zu können und ein Dach über dem Kopf zu haben. Weitere Ausgaben sind fällig, wenn eine Koje gefunden ist. Nur wenige Skipper sind nämlich bereit, jemanden als Crewmitglied an Bord zu nehmen und seine sämtlichen Auslagen zu tragen. Möglicherweise wird man um Beteiligung an den Proviantkosten gebeten. Mit Sicherheit braucht man Geld für Getränke und Essen an Land, ein Paar neue Sandalen, einige Bücher oder Souvenirs. Unsere Gespräche mit Leuten, die als Crewmitglieder auf Langstrecken gefahren sind, haben ergeben, daß 200 Dollar im Monat im allgemeinen reichen, wenn man erst einmal eine Koje hat.

Die wichtigste Ausgabe, die man als Crewmitglied einplanen muß, ist jedoch die – wie wir es nennen – »Versicherung für Crewmitglieder«. Das ist ein Mindestbetrag von 650 Dollar, der so auf die Seite gelegt wird, daß man nicht ohne weiteres herankommt. Dieses Geld ist für ein Flugticket bestimmt, mit dem man vom weitesten Punkt der Reise nach Hause zurückkommt. Es ist wirklich wichtig und könnte den Unterschied ausmachen zwischen einem schönen Erlebnis und lebenslanger Segelfrustation. Wer diese Versicherung hat, fühlt sich nicht gezwungen, jede freie Koje, die angeboten wird, anzunehmen, nur weil gerade Ebbe in der Kasse herrscht. Wer eine unkluge Wahl trifft und auf einem Boot voller Probleme landet, hat die finanzielle Sicherheit, jederzeit »aussteigen« zu können oder dem Skipper auch mal zu sagen: »Komm, das müssen wir jetzt aber klären!« Unzufrieden auf einer Yacht zu sitzen, weil man zu abgebrannt ist, um das Schiff verlassen zu können, ist möglicherweise schlimmer, als im Gefängnis zu sitzen. 650 Dollar scheinen zwar auf den ersten Blick eine zu kleine Versicherung zu sein, reichen aber aus, weil die meisten internationalen Fluggesellschaften Seeleuten für den Rückflug in die Heimat je nach Abflugort Nachlässe von 25 Prozent und mehr einräumen. Um ein Sonderflugticket für Seeleute zu bekommen, muß man nachweisen, daß man von der Mannschaftsrolle eines Schiffes gestrichen wurde, das aus einem ausländischen Hafen eingelaufen ist. Informationen hierzu erhält man im Stadtbüro der jeweiligen Fluggesellschaft, nicht am Buchungsschalter. Ein weiterer Vorteil dieser Art zu fliegen ist es, daß heimkehrende Seeleute die doppelte Menge Gepäck mitnehmen dürfen.

Eine Möglichkeit, beim Warten auf eine passende Koje sein Geld zu strecken, besteht darin, auf großen Motor- oder Segelyachten im Hafen seine Dienste als Lackierer, Anstreicher oder Mann für alles anzubieten. Es kommt nur selten vor, daß man niemanden findet, der ein paar kräftige Hände benötigt. In der Regel gibt es für ein paar Stunden Arbeit am Tag eine Koje und Verpflegung. Dadurch spart man nicht nur sein Geld, sondern erfährt auch gleich aus erster Hand, welche Boote wohin fahren. Außerdem kommt man so zu wertvollen Empfehlungen. Ich erinnere mich, daß wir das Crewmitglied für die schon erwähnte Übeführung nach New Orleans an Bord genommen hatten, weil Malcom Horsley, der Skipper der *Stormvogel*, einer in Palma überholten 23m-Yacht, uns erklärt hatte: »Richard ist seit zwei Wochen bei uns. Er ist angenehm im Umgang, arbeitet fleißig, wenn wir ihm etwas auftragen, und räumt seine Sachen an die Seite.« Aufgrund dieser Empfehlung hatten wir Richard drei anderen Bewerbern vorgezogen.

Wenn es um die Wahl zwischen verschiedenen Angeboten geht, gilt es daran zu denken, daß man mit diesen Leuten rund um die Uhr zusammensein wird – arbeiten, essen, schlafen, sich mit schlechtem Wetter abfinden und spielen auf 6 bis 9 m, und das wochenlang. Man legt sein Leben in die Hände des Skippers. Es zahlt sich deshalb aus, schon vorher genügend Informationen einzuholen, um nicht nur die Qualifikation des Skippers, sondern auch die Seetüchtigkeit seines Bootes beurteilen zu können. Es lohnt sich, wenn man sich die Zeit nimmt, sich umzuhören, und beispielsweise jemanden, der von Bord geht, nach dem Grund dafür fragt. Vielleicht handelt es sich um einen simplen Persönlichkeitskonflikt, vielleicht muß der Betreffende einfach zurück an die Arbeit oder die Universität, vielleicht hat er einen Platz auf einer anderen Yacht gefunden, von der er sich mehr verspricht. Es kann sich aber auch um einen schwerer wiegenden Grund handeln. Ein Freund von uns war des Einhandsegelns überdrüssig und nahm ohne weitere Überlegung das Angebot eines Ehepaares an, das mit seiner langbeinigen, blauäugigen 18jährigen Tochter unterwegs war. Bill hatte den jungen José aus Costa Rica, der in den vergangenen drei Monaten auf der 12m-Slup der Familie mitgefahren war, kennengelernt, aber nicht daran gedacht, ihn zu fragen, warum er von Bord ging. Bill verkaufte sein 7,5m-Folkboat und ging als Crewmitglied auf den Törn in die Karibik. Sehr bald erfuhr er die Wahrheit. Die Familie war pleite. Er lieh ihr zunächst 500, dann noch einmal 500 Dollar gegen die Beteuerung, er werde alles zurückerhalten, »sobald wir in Miami sind; dort werden wir alle wieder arbeiten«. Nach drei Monaten schuldete die Familie ihm 4000 Dollar, alles, was er für sein Boot bekommen hatte. Als er den Geldhahn zudrehte, machte die Familie ihm das Leben zur Hölle und warf ihn schließlich in Kolumbien vom Schiff.Bill sah sein Geld nie wieder. Später erzählte er uns: "Ich habe schließlich nie jemanden über diese Familie befragt. José hatte das gleiche Problem; deshalb ging er von Bord. Aber was das Schlimmste war, die gaben auch noch damit an, wie viele Werften sie geprellt hatten«. Ein paar stille Erkundigungen bei den örtlichen Schiffsausrüstern und Werften oder unter anderen Seglern hätte ihm diese fürchterliche Erfahrung ersparen können.

Auf Korfu lernte ich einen Australier kennen, der auf eine Zeitungsanzeige hin als Crewmitglied auf eine 11,5m-Yacht gegangen war, die auf direktem Weg ins Mittelmeer sollte.»Ich hatte vorher schon Jollen gesegelt,« erzählte James, »aber auf die letzten 10.000 Meilen war ich absolut nicht vorbereitet. Wir schufteten wie die Pferde, um das Boot klarzumachen. Anschließend einunddreißig Tage auf See. Ankunft in Djibouti und zwei Wochen Reparaturen am Schiff. Dann ins Rote Meer, achtzehn Tage am Stück. In Suez ein Tag frei; zehn Tage bis Griechenland. Zum Teufel! Was macht daran noch Spaß? Arbeiten, segeln, arbeiten, segeln.« Ich konnte es James nachfühlen. Er hatte den Fehler gemacht, für eine Überführung anzuheuern. Wenn man es nicht gerade wirklich eilig hat, einen Ozean zu überqueren, oder wenn man nicht gerade auf lange Hochseetörns »steht«, macht es viel mehr Spaß auf einer Yacht, die gemütlich an der Küste mit ein paar einladenden Häfen entlangsegelt. James, der zum ersten Mal als Crewmitglied gefahren war, traf mit seinem letzten Satz den Punkt: »Als Crewmitglied auf einer Ozeanüberquerung zu arbeiten, bevor ich überhaupt die Möglichkeit hatte, zwangloses Fahrtensegeln kennenzulernen, hat mir den Spaß verdorben. Für mich heißt es jetzt: »Zurück zum Jollensegeln.«

Eine Möglichkeit, einen Job auf einem Boot zu finden, das nur Tagestörns macht und jede Menge Besichtigungstouren erlaubt, besteht darin, auf einer Charteryacht anzuheuern. Im Mittelmeer bekommt man möglicherweise sogar die Standardheuer von 2,50 Dollar/Tag während der Vorbereitung auf die Vercharterung und von 12 Dollar/Tag während der Zeit, in der das Boot tatsächlich verchartert ist. Es stehen jede Menge gute Plätze zur Verfügung, aber die Arbeit als Crewmitglied auf einer Charteryacht ist ein harter Vollzeitjob. Das ist auch die Meinung von Zillah, die als Stewardess auf dem luxuriösen 18m-Spreizgaffelschoner *Carina* gearbeitet hat:»Das ist, als ob man in einem Hotel arbeitet, das am Wind segelt. Wenn das Schiff verchartert ist, stehe ich um 6 Uhr auf und falle um 23 Uhr total erledigt ins Bett. Wenn alles gut läuft, habe ich nachmittags drei Stunden frei. Zwischen den Charterfahrten verbringen wir ganze Tage damit, Lackschäden auszubessern, aufzutanken und Vorräte einzukaufen. Die Leute, die das Schiff chartern, gehen einem teilweise auf den Geist. Eine Frau glaubte doch tatsächlich, ich würde ihre Unterwäsche von Hand waschen. Aber die meisten sind in Ordnung. Ich arbeite jeden Sommer als Stewardess auf der *Carina*, weil ich das Schiff genau so gern mag wie der Skipper und lieber für einen Hungerlohn draußen in der Sonne bin, als in einem engen Büro eingesperrt zu sein.«

Um einen Job auf einem Charterboot muß man sich mindestens zwei Monate vor Beginn der Saison bemühen. Es herrscht eine rege Konkurrenz, und die Skipper brauchen immer Hilfe bei der Frühjahrsüberholung. Als potentielle Crewmitglieder bevorzugt werden diejenigen, die auch schon bei der Schmutzarbeit mit angefaßt haben.

»Molenspringer« sind eine besonders unbeliebte Art von potentiellen Crewmitgliedern. Sie suchen hier und suchen da, sagen auf vier oder fünf verschiedenen Yachten zu und überlegen es sich eine Stunde vor dem Auslaufen wieder anders. Auf diese Weise entgeht der Molenspringer der langweiligen Arbeit, die es zur Vorbereitung auf jeden Törn zu erledigen gilt. Der Molenspringer betrügt sich selbst und seine künftigen Bordkameraden. Er hat keine Zeit, sich mit dem Schiff, auf das er geht, vertraut zu machen. Weil er nicht dabei gewesen ist, als die Vorräte gekauft und verstaut wurden, muß er dauernd fragen, wo sich dieses und jenes befindet und wohin dieses und jenes gehört, bis sich schließlich alle an Bord über ihn ärgern. Auf einem Segelboot gemeinsam zu arbeiten und zu leben, erfordert unabhängig von der Größe des Bootes Teamarbeit und Verständnis. Deshalb tut man gut daran, eine oder zwei Wochen mit seinen potentiellen Segelpartnern zu verbringen und dabei gemeinsam das Boot zu überprüfen, vielleicht ein paar neue Fallen zusammenzuspleißen, noch einen Satz Reservebatterien zu kaufen, weitere fünf Dutzend Tomaten einzuwickeln oder den letzten Wasserkanister zu verzurren, um sich so einen Eindruck von den Persönlichkeiten an Bord zu verschaffen.

Es ist schwer zu sagen, ob Pärchen bei der Suche nach freien Plätzen an Bord genau so viel Glück haben wie Einzelpersonen. Ich weiß nur, daß wir für Langstreckenüberführungen, für die wir zwei Crewmitglieder brauchen, nur sehr ungern ein Pärchen anheuern. Wir gehen davon aus, daß wir im nächsten Hafen die gesamte Crew verlieren, wenn sich einer der beiden als ungeeignet herausstellt. Auf der anderen Seite ist es wahrscheinlich so, daß ein Ehepaar auf einem Tourensegler wohl die sozialen Vorteile schätzen dürfte, die ein Pärchen als Crewmitglied auf einer Ozeanüberquerung mit sich bringt.

Wenn man erst einmal eine Koje auf einem Schiff gefunden hat, kann man sich und den anderen das Leben angenehmer machen, wenn man ein paar Hinweise befolgt. Zu allererst muß man immer daran denken, daß jede Yacht, wie sie auch aussehen mag und welche Größe sie auch hat, der ganze Stolz und die ganze Freude ihres Eigners ist. Man verletzt nur seine Gefühle, wenn man beispielsweise sagt: »Die 12m-Ketsch, auf der ich zuletzt war, hatte aber bessere Winschen« oder »Wenn das hier kein Schoner, sondern eine Slup wäre, könnten wir am Wind segeln wie die 11,5m-Yacht, auf der mein Freund Bill ist.« Yachteigner reagieren besonders empfindlich auf jede – wenn auch nur vermutete – Herabsetzung ihres Schiffes oder ihres seemännischen Könnens. Schließlich liegt der Hauptgrund dafür, daß sich jemand eine Yacht kauft und auf Tour geht, darin, daß er sich den Freiraum schaffen will, in dem er machen kann, was und wie er es will. Es zahlt sich also aus, darauf zu achten, wie der Skipper mit seinem Boot umgeht, sich zu merken, wie er seine Fallen und Schoten belegt, die Leinen genau wie er aufzuschießen und die Segelhüllen mit denselben Knoten beizubändseln, auch wenn die eigene Methode besser zu sein scheint. Wenn die eigene Methode wirklich viel besser ist, wartet man am besten auf einen entspannten Augenblick und zeigt dem Skipper dann taktvoll, warum man es anders macht.

Wenn man Anfänger im Segeln ist oder zum ersten Mal für einen Langstreckentörn anheuert, tut man möglicherweise im Interesse des eigenen Lebens gut daran zu lernen, wie das Boot gesegelt und wie navigiert wird. Ein Skipper fühlt sich unweigerlich geschmeichelt, wenn man ihn bittet, einem beizubringen, wie man eine Karte liest oder ein Mittagsbesteck berechnet. Wenn dann wirklich ein Notfall eintritt, wenn der Skipper durch Krankheit oder Verletzung ausfällt, machen sich die Minuten, die man mit dem Lernen verbracht hat, letztendlich bezahlt. Larry beispielsweise lernte die astronomische Navigation auf seiner ersten Ozeanüberquerung als Crewmitglied auf einem 26m-Schoner, der von Newport Beach in Kalifornien nach Honolulu fuhr. Der Skipper Bob Sloan, der ein meisterhafter Takler war, brachte ihm außerdem ein paar schöne Kniffe für die Arbeit mit dem Tauwerk bei. Eines gibt es bei all dem jedoch zu beachten: Bitte niemals einen anderen Segler, seinen Sextanten benutzen zu dürfen. Sextanten scheinen nämlich etwas ähnlich Persönliches wie eine Geliebte zu sein. Der arme Skipper, der zu höflich ist, eine solche Bitte abzuschlagen, sitzt dann da, leidet stille Qualen, während er dir beim Umgang mit dem kostbaren Stück zusieht, und betet, daß du nicht ausrutscht oder gar über Bord gehst. Wenn man dir die Benutzung eines Sextanten anbietet, binde ihn dir mit einem Lederriemen um den Hals.

Kaum irgendwo auf der Welt ist Sinn für Humor so wichtig wie auf einem Segelboot mit seinem beengten Platz. Wir überführten mal einen neuen 11m-Motorsegler von Miami nach Puerto Rico. Dieses Serienboot überraschte uns täglich mit neuen Problemen. Der Diesel gab den Geist auf, weil die Einspritzpumpe mit Glasfaserstaub verstopft war, der beim Bau in den Kraftstofftanks zurückgeblieben war. Wir fuhren unter Segeln in Richtung San Salvador, Böen mit 40 Knoten machten jede Wache zu elend nassen zwei Stunden. Gischt spritzte heftig über das Mittelcockpit. Es gab keinen Sitz für den Rudergänger. In dieser Situation rettete eine einzige Bemerkung unseres Crewmitglieds Rod Pringle unsere gute Laune. Er steckte den Kopf durch die Luke und rief, während ihm das Wasser in Strömen über das Gesicht rann: »Reise-Reise, Lin, zwei Stunden karibische Sonne für dich!« Diese Fähigkeit, auch unangenhme Situationen mit Humor nehmen zu können, war einer der Hauptgründe dafür, daß wir Rod für den Fall, daß er wieder einmal als Crewmitglied anheuern wollte, gern ein Empfehlungsschreiben mitgaben.

Wenn man weiß, daß man seinen Job auf einer Yacht gut erledigt hat, sollte man sich nicht scheuen, um ein Empfehlungsschreiben zu bitten. Die Tatsache, daß man so weitsichtig gewesen ist, könnte künftige Skipper durchaus beeindrucken. Außerdem erhält man damit einen Nachweis über gesammelte Erfahrungen und zurückgelegte Seemeilen für den Fall, daß man später einen entsprechenden Schein erwerben will.

Jedes Jahr steigt die Zahl der Frauen, die sich um freie Plätze auf Hochseeyachten bewerben. Diese Frauen haben mit einem zusätzlichen Problem zu kämpfen. Ich habe mehrfach von Bootseignern gehört, die sagten: »Mach dir keine Sorgen; du bist einfach nur Teil der Crew, getrennte Kajüte, kein romantisches BlaBla und so.« 2000 Meilen auf See sollte sich das dann plötzlich ändern. Bevor man als einzige Frau an Bord auf Fahrt geht, sollte man deshalb schon einige Zeit mit Crew und Skipper an Bord gelebt und möglichst ein paar kürzere Törns mit ihnen gemacht haben.

Ob als Mann oder Frau – wer als Crewmitglied anheuert, schuldet es sich selbst, sich vor dem Auslaufen der finanziellen, sozialen und arbeitstechnischen Einzelheiten zu vergewissern. Wenn es um eine Kostenbeteiligung geht, sollte man schriftlich festhalten, was gemeinsam getragen wird. In der Regel sind das Lebensmittel und Treibstoff, nicht aber die Kosten für Reparaturen und Instandhaltung. Alles andere muß von vornherein eindeutig geregelt werden. Wer das Glück hat, einen bezahlten Job an Land zu ziehen, sollte schriftlich festhalten, was gezahlt wird und was dafür zu tun ist. Wie verhält es sich mit der Verpflegung? Wer bezahlt Übernachtungen an Land? Ist es gestattet, eigene Getränke mit an Bord zu bringen? Wenn der Eigner oder Skipper ein »trockenes« Schiff will, ist das sein gutes Recht. Aber wenn die tägliche Cocktailstunde zu den Gepflogenheiten an Bord gehört, kann man alle glücklich machen, wenn man auch mal einen Drink spendiert. Bei den Gesprächen über die Arbeitsbedingungen sollte man weiterhin fragen, welche Koje man bekommt und was außer Ölzeug und Stiefeln an Ausrüstung mitzubringen ist. Steht Bettzeug zur Verfügung oder braucht man einen Schlafsack? Wer zahlt bei Überführungen die Rückreise? Ist in der Rückreise nur der Flug oder auch die Fahrt zum Flughafen enthalten? Wenn alles geklärt ist, sucht man sich ein ruhiges Plätzchen und schreibt die Einzelheiten auf. Dann geht man die Liste noch einmal mit dem Skipper durch und gibt ihm eine Kopie, auf die er dann gegebenenfalls zurückgreifen kann. Ich weiß, daß es schwer ist, über all diese Dinge zu reden und sie schriftlich festzuhalten, wenn man sich möglichst schnell in das neue Erlebnis einer Ozeanüberquerung stürzen will. Aber es ist noch schwerer, die Wunden zu heilen, die eventuell entstehen, weil vor dem Auslaufen nicht alles eindeutig geklärt wurde.

Ob es um eine kostenlose Überfahrt nach Amerika, um einen Törn nach Tahiti oder um die Chance geht, die nötigen Erfahrungen zu sammeln, um später beruflich als Skipper arbeiten zu können – der Süden bietet die besten Möglichkeiten. Ich erinnere mich, daß in einem Winter einmal allein auf Malta – vorsichtig geschätzt – sechzig freie Plätze angeboten wurden. Und Malta hat nur einen unter einem Dutzend von Häfen, in denen Yachten ausgerüstet werden. Es gibt nur eines zu tun, nämlich etwas herumhören, ein wenig Geld sparen und auf die günstigste Art, die es gibt, in die wunderbare Welt des Hochseesegelns einzusteigen. Als Crewmitglied auf einer Hochseeyacht.

# 2
# Jetzt segeln – später zahlen

Segeln kostet Geld. Vorräte und Instandhaltung lassen die Mittel langsam schmelzen. Unterhaltung verdoppelt das Vergnügen, kostet aber Geld. Kein Mensch macht sich eine genaue Vorstellung davon, was der erste längere Törn kostet; alle neigen dazu, die Ausgaben zu niedrig anzusetzen.

Eine einfache bescheidene Yacht macht das Segeln günstiger. Zwei Leute und eine Selbststeueranlage können eine kleinere Yacht allein segeln, ohne Crew und somit günstiger. Gäste können kommen und gehen, man ist aber nicht von ihnen abhängig.

Ein Schiff, das bei Schwachwind gut segelt, mit nur einem Mast und jeder Menge Leichtwettersegeln, hält die Kosten niedrig. Weniger Fahrt unter Maschine, geringerer Kraftstoffbedarf, geringere Abnutzung der Maschine.

So sehr man sich aber auch einschränkt, man braucht trotzdem Geld. Und dieses Geld zu bekommen und gleichzeitig zu segeln ist durchaus möglich.

Es ist beruhigend, irgendwo genügend Geld doponiert zu haben, um davon im schlimmsten Fall sechs Monate leben zu können. Man darf an dieses Geld nicht ohne weiteres herankommen, um nicht in die Gefahr zu geraten, es leichtfertig auszugeben. Wir versuchen, jederzeit einen Betrag von mindestens 3000 Dollar auf der hohen Kante zu haben. Dann packen wir die *Seraffyn* möglichst voll (Proviant für etwa drei bis vier Monate). Wir erarbeiten uns genügend Geld für sechs bis neun Monate und segeln los. Wenn der Zeitpunkt gekommen ist, an dem die verfügbaren Mittel nur noch für drei Monate reichen, suchen wir uns Arbeit. Im Verlauf von elf Jahren haben wir festgestellt, daß drei Monate ausreichen, um einen Job zu finden, der gut bezahlt wird und interessant ist.

Was kostet uns das Segeln? Wir leben auf einer sehr kleinen Yacht ohne Maschine und machen außer am Funkgerät und an der Stereoanlage alle Reparaturen und Wartungsarbeiten selbst. Wir trinken zum Abendessen fast immer Wein und essen sehr gut. Wir machen sehr gern Abstecher ins Inland, manchmal mit öffentlichen Transportmitteln, gelegentlich mit einem Mietwagen. Von 1977 bis 1980 beliefen sich unsere Kosten im Schnitt auf 450 Dollar im Monat; darin waren eine neue Kamera und zwei neue Segel enthalten. Das scheint so etwa der Durchschnitt dessen zu sein, was auch andere Segler mit Booten unter 9m Länge benötigen (das folgende Kapitel enthält weitere Informationen über das Verhältnis zwischen Kosten und Bootsgröße). Wer nur ein Jahr oder weniger segeln will, braucht weniger Geld, weil die Instandhaltungskosten bei einem neuen Boot niedriger sind.

Eins haben wir selbst und auch andere Segler überall auf der Welt gelernt, nämlich, daß man sich nicht darauf verlassen kann, die eigenen Fahrten durch Vercharterung zu finanzieren. Wir sind nie einem Fahrtensegler begegnet, der auf diese Weise genügend Geld verdient hätte. Manch einer hat sich gelegentlich etwas dazu verdient, aber nie genug, um die eigenen Törns vollkommen finanzieren zu können.

Um ein Boot erfolgreich verchartern zu können, muß es groß genug sein für mindestens vier Gäste plus Crew. Das heißt, daß man die Ausgaben für ein großes Schiff hat, wenn man selbst segelt, und daß sich dieses Schiff nur dann selbst trägt, wenn man es verchartert.

Das Verchartern ist ein Saisongeschäft, für das man im allgemeinen einen gewissen Ruf braucht; man muß also mindestens zwei Jahre lang in der Saison vor Ort sein, um einen gewissen Kundenstamm zu gewinnen. In dieser Zeit kann man schon einmal nicht selbst segeln Man steht im Wettbewerb mit professionellen Organisationen, die makellose, gut konstruierte Yachten anbieten, die speziell auf das Verchartern ausgelegt sind – für Crew, Agenten und Werbung stehen beträchtliche Mittel zur Verfügung.

Freunde, die ihr Schiff verchartern, beklagen sich darüber, daß sie sich krumm arbeiten – kochen, segeln, aufräumen und Kojen machen. Das ist, als wenn man ein Hotel hoch am Wind betreibt, und kann einfach keinen Spaß machen.

Wenn man auf Tagesbasis verchartert, kann man etwas dazu verdienen, ohne sich mit Verpflegung und Übernachtung abgeben zu müssen. Roger Olsen hat sich beispielsweise 1980 mit seiner *Xipthias*, einem 8,5m-Kutter, außer der Reihe Geld für die Fortsetzung seines eigenen Törns verdient, indem er für einen Ferienclub in Bora Bora auf Tahiti arbeitete. Sein Kutter hat breite Seitendecks mit Platz für sechs Gäste, ihre Kameras und ihre Lunchpakete, doch er klagt über starken Verschleiß an seinem Boot. Tagescharter heißt, daß man lange genug in einem Ferienort sein muß, um bekannt zu werden, und die beste Chartersaison ist in der Regel auch die beste Segelsaison.

Außerhalb der Saison kann man gutes Geld verdienen, indem man das eigene Boot als Werkstatt benutzt und anderen, weniger gut vorbereiteten oder nicht so geschickten Seglern bei der Instandhaltung, Reparatur oder Verbesserung ihrer Yachten hilft. Takler und Segelmacher sind überall gefragt. Im Panamakanal sind beispielsweise über einhundert Yachten zu Hause, aber es gibt dort keinen einzigen Segelmacher und keine einzige Segelnähmaschine. Als geschickter Mechaniker mit allem erforderlichen Werkzeug erweist man sich überall als Segen. Gute Elektriker sind ebenso gefragt. Auch Fachleute für Kühlanlagen finden oft Arbeit. Die meisten und bestbezahlten Jobs gibt es jedoch für Schiffszimmerleute, und zwar unmittelbar vor Beginn der Chartersaison.

Allgemeine Instandhaltungs- und Reparaturarbeiten lassen sich ohne weiteres mit dem Werkzeug erledigen, das man auf einem kleinen Boot mitführen kann. Wenn man zur passenden Zeit in einem Hafen anlegt, in dem sowohl private Schiffe als auch Charterboote ausgerüstet werden, findet man nahezu hundertprozentig jede Menge Arbeit. Im September in Florida, im März in England, im Oktober auf den Jungferninseln, im Februar im gesamten Mittelmeer – wo auch immer die Segelsaison beginnt, sind Anstreicher, Lackierer und Instandsetzungspersonal überarbeitet. Der Schlüssel zu den Jobs liegt im eigenen Boot – es ist sozusagen die Visitenkarte. Wenn es gut in Schuß ist, folgen bald die Aufträge. Eine gute Adresse für saisonale Instandhaltungsarbeiten sind Motoryachten, da deren Eigner sehr oft lieber zahlen, als selbst zu arbeiten.

Auf keinen Fall darf man einheimische Handwerker unterbieten. Wir berechnen entweder unseren normalen Satz oder den der Einheimischen, je nach dem, welcher höher liegt. Anschließend arbeiten wir doppelt so hart. Unterbieten ergibt nur Ärger.

Dasselbe gilt für Yachtüberführungen. Als Fahrtensegler kommt man gelegentlich in einen Hafen, in dem eine Yacht festliegt, die zurück in den Heimathafen muß, deren Eigner aber nicht die Zeit, die Crew oder das Können hat, sie zurückzuführen. Deswegen heuert er ein Überführungsteam an. Das ist eine großartige Möglichkeit, Geld zu verdienen, auf die man sich aber nicht verlassen darf. Je gepflegter das Boot des Kandidaten für die Überführung aussieht, desto mehr Vertrauen wird der Eigner einer wertvollen Yacht in seine Fähigkeiten haben, sein kostbares Stück in gutem Zustand nach Hause zu bringen (siehe Kapitel 4 zu weiteren Einzelheiten über Yachtüberführungen).

In Ferienorten herrsch immer Mangel an Hilfe. Als Kellnerin, Barkeeper, Segellehrer, Führer oder Koch kann man in einer viermonatigen Saison gutes Geld verdienen, wenn man einigermaßen geschickt ist oder einfach nur hart arbeitet. Wenn man dann noch auf dem eigenen Boot lebt, kann man schnell einiges sparen.

Ein paar Freunde von uns führen außerhalb der Saison kleine Geschäfte in Ferienorten, so daß deren Besitzer länger Urlaub machen können. In solch einem Ferienort zu leben und zu arbeiten, ist eine totale Abwechslung vom Fahrtensegeln, die nicht nur die Finanzkraft stärkt, sondern wahrscheinlich auch das Verlangen größer werden läßt, bald wieder in Richtung auf eine verlassene Insel auszulaufen.

In der Saison kann man auch gut als Crewmitglied arbeiten. Köche sind auf Charteryachten immer gefragt – die Arbeit ist schwierig, wird aber oft gut bezahlt; auf Luxusyachten gibt es dazu meistens noch Trinkgelder.

Am besten fährt man oft, wenn man sich ganz vom Wasser löst. Technisches Können ist in allen Entwicklungsländern gefragt. Bekannte von uns, beide Elektronikfachleute, haben in Costa Rica, Panama und Kolumbien gearbeitet. Ärzte, Lehrer und Landwirtschaftsfachleute erhalten in den lateinamerikanischen Entwicklungsländern sehr hohe Gehälter. Man schreibt einfach im voraus an die Behörde oder das Ministerium, das für den jeweiligen Beruf zuständig ist, und erhält möglicherweise sogar eine Aufstellung verfügbarer Stellen, die sich perfekt eignen. Celia Vanderpool schrieb an die Schulbehörde in Neuseeland und erhielt ein Angebot, körperlich behinderte Kinder zu unterrichten, wenn sie ihre Unterlagen rechtzeitig einreichte. Auf diese Weise hatte sie ein Jahr im voraus einen hochbezahlten Job sicher, so daß sie sich für ihren Törn im Südpazifik finanziell weniger Sorgen zu machen brauchte. Wenn man im Ausland

26

eine Stelle angeboten bekommt, kann man in der Regel sicher sein, auch ein Visum zu erhalten. Niemand erwartet, daß man für immer dort bleibt. Ein halbes Jahr ist die Durchschnittszeit, die jemand, der in gemäßigten Breiten aufgewachsen ist, problemlos in den Tropen arbeiten kann; in den Ländern des Commonwealth sind Arbeitsverträge üblicherweise auf ein Jahr begrenzt.

Wir kennen mehrere Ärzte und Zahnärzte, die sich nach Schließung der eigenen Praxis auf Stellvertreterlisten haben setzen lassen, die weltweit von verschiedenen Agenturen geführt werden. Sie übernehmen dann zwei oder drei Monate lang bei einem sehr guten Gehalt die Praxis eines anderen Arztes, der in dieser Zeit Urlaub macht. George Bilsbarrow, ein kanadischer Arzt, hat auf diese Art und Weise ganz Europa und den Mittelmeerraum bereist. Er nahm dabei zeitlich befristete Stellen in England und Schottland an, bei denen er meistens auch Wohnung und Wagen des jeweiligen Arztes übernehmen konnte. Er arbeitete drei Monate und ging anschließend sechs oder sieben Monate auf Fahrt.

In den Vereinigten Staaten und den meisten Commonwealth-Ländern bekommt man problemlos einen Job als Bauarbeiter, Kellnerin, Besatzungsmitglied auf Fischerbooten oder Klempnergehilfe. Gelegentlich muß man einen Arbeitsvertrag schließen, um das entsprechende Arbeitsvisum zu bekommen. Irgend jemand unter den anderen Fahrtenseglern weiß immer, wie und wo es die richtigen Papiere gibt. Manchmal kommt es nur darauf an, sich zuerst an die richtige Behörde zu wenden.

Bücher oder Zeitschriftenartikel zu schreiben scheint eine perfekte Möglichkeit zu sein, seine Segeltouren zu finanzieren; sobald man sich erst einmal etabliert hat und bei den Redakteuren bekannt ist, kann es mit Sicherheit dazu beitragen, den Ausgaben ihren Stachel zu nehmen. Die Hiscocks verdienen damit beispielsweise genug, um bescheiden, aber durchaus angenehm zu leben. Sie haben allerdings fast zwanzig Jahre und fünf Bücher dazu gebraucht. Besonders seit in der letzten Zeit mehrere Yachtzeitschriften eingegangen sind oder sich mit anderen zusammengeschlossen haben, herrscht starke Konkurrenz um den begrenzten Platz in den übriggebliebenen Magazinen. Schlimmer noch sind die Verzögerungen durch den Postversand und die Zeit, die die Redakteure brauchen, um zu einem speziellen Manuskript vorzudringen. Ich weiß von einer Zeitschrift, bei der jeden Monat fast sechzig unverlangt eingesandte Manuskripte eingehen. Von daher ist es nichts

Ungewöhnliches, daß das Manuskript eines unbekannten Autors erst mit zwei Monaten Verzögerung gelesen wird. Wenn man dann die Verzögerungen auf dem Postweg noch hinzurechnet, heißt das, daß man unter Umständen vier bis sechs Monate warten muß, bevor man erfährt, ob der Artikel angenommen ist. Auf der anderen Seite ist das Schreiben eine wunderbare Möglichkeit, die regnerischen, nebligen oder stürmischen Tage auszufüllen, in denen man im Hafen festsitzt. Es ist ein extrem flexibler Beruf, und wenn man das Geld für einen verkauften Artikel als Bonus und nicht als Notwendigkeit betrachten kann, kommt man möglicherweise dahin, diese Art von Tätigkeit richtig zu genießen.

Wir kennen Künstler, die ihre Aquarelle und Skizzen an einheimische Geschäftsinhaber und andere Segler verkaufen konnten. Ein reizender junger Mann, der auf einer 8m-Dory auf den kanadischen Gulf Islands wohnt, zeigte uns einmal ein paar Skizzen, die er von der *Seraffyn* gemacht hatte. Wir saßen an der Angel und bestellten bei ihm eine Federzeichnung in der Größe 30x45 cm. Einen anderen geschäftstüchtigen Künstler lernten wir auf Antigua kennen. Nick Skeates, der mit seiner 9m-Yacht *Wylo* unterwegs war, verdiente sich zusätzliches Geld damit, daß er die Boote anderer Segler als Buddelschiffe nachbaute.

Nahezu alle Fahrtensegler versuchen sich letztendlich als Händler, um ihre Mittel aufzubessern. Wir haben einmal bei den Cuna-Indianern in Panama ein paar schöne handgenähte Stücke gekauft und auf diese Weise im Verlauf des nächsten Jahres aus einer Investition von 75 Dollar einen Ertrag von 600 Dollar gemacht. Dabei hatten wir allerdings die Unterstützung von einheimischen Fachleuten. Einmal trafen wir zwei ehemalige Angehörige des Friedenskorps, die vier Jahre lang indonesische Kunst studiert hatten. Sie waren von Indonesien aus auf ihrem Trimaran mit Antiquitäten und Kunstgegenständen im Wert von fast 2000 Dollar nach Israel gesegelt. Dort machten sie für die Mitglieder und Freunde eines örtlichen Yachtclubs eine Ausstellung und zogen schon am ersten Abend 6000 Dollar an Land. Um erfolgreich zu handeln, braucht man eine gewisse Kenntnis von dem, was man kauft, und anschließend die Geduld, auf den richten Markt und Zeitpunkt für den Wiederverkauf zu warten. Es gab einmal einen ahnungslosen Segler, der bei einem angesehenen Händler auf Sri Lanka Edelsteine kaufte. Es stellte sich heraus, daß die Rubine und Opale zu der Zeit keine günstige Gelegenheit gewesen, sondern nur zu einem angemessenen Preis verkauft worden waren. Doch im Verlauf der nächsten zwei Jahre stiegen die Edelsteinpreise derart an, daß der Segler einen guten Profit hätte machen können, wenn er genügend Geld gehabt hätte, um zu warten. Stattdessen hatte er die Edelsteine ohne Gewinn verkauft und den Händler auf Sri Lanka verflucht. Falls man sich also nicht ausgezeichnet mit Edelsteinen und Juwelierarbeiten auskennt, läßt man von dieser Art des Handelns besser die Finger.

Das Handeln kann äußerst interessant sein und ist, um es noch einmal zu sagen, eine gute Möglichkeit, zusätzlich etwas zu verdienen; man darf sich aber nicht darauf verlassen. Unbedingt achten muß man auf die jeweiligen Einfuhrbestimmungen, bevor man etwas verkauft. Alle Segler wissen, daß sie ihr Boot und ihre Freiheit aufs Spiel setzen, wenn sie Drogen verkaufen oder auch nur an Bord haben. Aber nur wenige sind sich bewußt, daß sie in Saudi Arabien dasselbe Risiko eingehen, wenn sie nur eine Flasche Hochprozentiges verkaufen. Auf Sri Lanka darf man nichts verkaufen, das ohne Bezahlung der Einfuhrsteuer von 100 Prozent importiert wurde. Also immer erst nach den Bestimmmungen erkundigen und dann ins Geschäft einsteigen.

Mit Muscheln kann man sich etwas hinzuverdienen, wenn man gern taucht und Gegenden mit guten Riffen und warmen Wasser besucht. Das ist allerdings etwas, bei dem man sowohl von Muscheln als auch von der Verpackung für den Transport viel verstehen muß. Außerdem sollte man schon vor dem Auslaufen jemanden gefunden haben, der den Verkauf übernimmt.

Die exklusivste Art der Finanzierung eines Segeltörns lernten wir bei dem französischen Eigner einer prächtigen 17,5m-Herreshoff-Ketsch kennen. Er besaß acht große Unternehmen in acht verschiedenen Ländern, die er eines nach dem anderen mit dem Schiff besuchte, um nach dem Rechten zu sehen. So etwas dürfte jedoch wohl sehr selten sein. Fahrtensegeln und ein Geschäft zu Hause vertragen sich in der Regel nicht sehr gut. Davon können wir ein Lied singen. Als wir es im letzten Jahr unserer Fahrten versuchten, verdarb uns der dauernde Zwang, ein Telephon zu erreichen, ein paar der schönsten Tage. Abgelegene Buchten kamen für uns überhaupt nicht mehr in Frage, weil wir dauernd in der Nähe von Postämtern sein mußten, um Briefe abzuschicken und abzuholen.

In der Bar des Bayonna-Yachtclubs in Nordspanien trafen wir einmal einen Segler inmitten seines Gepäcks, obwohl er erst am Tag vorher eingetroffen war. »Ich habe heute morgen im Büro angerufen, um zu hören, ob alles in Ordnung ist. Jetzt kann ich meinen Törn über den Atlantik streichen, mein Schiff hier lassen und nach Hause fliegen. Wenn ich nicht angerufen hätte, wären sie dort wahrscheinlich auch ohne mich zurechtgekommen. Aber jetzt würde ich mir zu viele Sorgen machen, um den Törn noch genießen zu können.« Wenn man auf Fahrt gehen und richtig frei sein will, sollte man also sein Geschäft schließen oder verkaufen und das Geld dafür so investieren, daß man sich nicht dauernd damit beschäftigen muß.

Annabell und Gordon Yates sind mehrere Jahre lang mit den Einkünften aus der Vermietung ihres vollbezahlten Hauses in der Welt herumgesegelt. Annabell flog einmal im Jahr nach Hause, um nach dem Rechten zu sehen und ihre Bankgeschäfte zu erledigen. Das war für sie die Gelegenheit, einmal vom Segeln abzuschalten und die Kinder zu besuchen. Das restliche Jahr über brauchten sie und Gordon nicht ans Geschäft zu denken.

Auf welche Weise man seine Einkommensprobleme auch zu regeln beschließt, man darf sich nicht zu viele Sorgen darüber machen, unterwegs etwas zu verdienen. Wir haben keinen einzigen wirklich unternehmungslustigen Fahrtensegler kennengelernt, der nicht auf irgendeine Art und Weise unterwegs etwas verdient hätte. Man besorgt sich ein Schiff in vernünftiger Größe, deponiert etwas Geld auf der Bank und segelt los. Wenn man wartet, bis man es sich leisten kann, so zu leben, wie man es gern möchte, kommt man nämlich niemals dazu, Kurs auf ferne Horizonte zu nehmen.

# 3
# Neun Meter sind genug

Warum wohl empfehlen die meisten Schiffsmakler, Werften und Yachtkonstrukteure einem immer das größte Boot, das man finanzieren kann? Sie haben den Nutzen davon, wenn sie anstelle eines Schiffes mit nur 10 m eines mit 15 m verkaufen oder konstruieren. Ihre Kommission ist vom Schiffswert abhängig – je teurer das Schiff, desto höher der Profit.

Aber Schiffsmakler, Konstrukteure und Werftbesitzer nehmen sich nur äußerst selten die Zeit, zwei oder drei Jahre lang in fremden Gewässern zu kreuzen.

Es gibt nur eine Gruppe von Leuten, die wirklich gut darüber Bescheid wissen, wie groß ein Boot zum Fahrtensegeln sein muß: Erfahrene Fahrtensegler. Wir haben drei Jahre damit verbracht, diese Leute zu befragen, während wir in unserer eigenen kleinen Yacht unterwegs waren.

Von den siebenundfünfzig befragten Fahrtenseglern verfügten sechzehn über ein ständiges Einkommen oder eine Pension von mehr als 600 Dollar im Monat. Die Deckslänge der Yachten betrug im Schnitt 11,3 m. Bei denen, die seit sechs Monaten oder länger unterwegs waren, waren es durchschnittlich 11,15 m, ein Wert, der unter Weglassung der Leute mit selbständigem Einkommen auf nur 10,62 m fiel. Yachten, die über ein Jahr unterwegs waren, erreichten im Schnitt 9,63 m. Die sechs Eigner, die mit oder ohne selbständiges Einkommen seit mehr als zwei Jahren segelten, besaßen Schiffe mit einer durchschnittlichen Deckslänge von nur 8,83 m.

Seit dieser Zeit sind wir sieben weitere Jahre auf Fahrt gewesen und meinen, daß diese Fakten sehr positiv sind. Bei einem selbständigen Einkommen sollte die Yacht nicht größer als etwa 11 m sein. Wenn man sich unterwegs seinen Lebensunterhalt verdienen muß, sind etwa 8,8 m die Schiffsgröße, die Spaß macht und die man sich leisten kann. Das gilt für Leute, die an Bord leben und längere Zeit im Ausland segeln wollen. Bevor man also von all den Annehmlichkeiten eines 12m-Schiffes träumt, sollte man sich die Vorteile einer kleinen Yacht vor Augen führen.

Der offensichtlichste Vorteil einer 9m-Yacht gegenüber einem 12m-Schiff sind die Anschaffungskosten. Wenn man nur die Hälfte der verfügbaren Mittel für das Schiff ausgibt, kann der Rest unabhängig davon, wie die Finanzierung aussieht, als eine Art Puffer oder Versicherung dienen. Eine Hälfte für das Schiff, die andere als flüssiges Kapital – das ist eine definitive Beruhigung, wenn man unterwegs ist.

Wer ein kleines Boot kauft, kann auf Qualität achten. Statt nach dem größten Schiff für das wenigste Geld sucht man besser nach dem am besten gebauten, konstruierten und ausgerüsteten 9m-Boot, das auf dem Markt zu haben ist. Mit dem gesparten Geld kann man es dann exakt nach den eigenen Bedürfnissen ausrüsten.

Wenn man dann unterwegs ist, spielt das Geld eine noch wichtigere Rolle. Man hat nur Ausgaben und keine Einnahmen. Die Leute, mit denen wir gesprochen haben, waren sich ihrer jährlichen Ausgaben sehr bewußt. Diejenigen mit Schiffen von etwa 9 m kamen einschließlich Instandhaltung, Proviant und Ausgaben für Unterhaltung je nach Fahrtgebiet auf durchschnittlich 200 bis 300 Dollar im Monat. Die Eigner von Schiffen mit 12 m und darüber gaben Durchschnittswerte zwischen 600 und 800 Dollar im Monat an. Woher kommen die riesigen Unterschiede? Die Instandhaltungskosten steigen mit der Wasserlinienlänge nahezu in der dritten Potenz. Zum Streichen des Unterwasserschiffs reichen bei 9 m etwa viereinhalb Liter Farbe, bei einem 12-m-Schiff braucht man schon dreizehneinhalb Liter. Ein Austausch des stehenden und laufenden Gutes ist auf dem größeren Boot in der Regel mehr als doppelt so teuer. Ein neuer Anker für das kleine Schiff kann weniger als halb so groß wie für das nur drei Meter längere Boot sein, und Anker werden nach Gewicht verkauft.

Ein weiterer Vorteil der kleineren Yacht besteht darin, daß Werftmanager, Ladenbesitzer und Tankstellen die Größe des Portemonnaies nach der Länge der Yacht beurteilen. Wir haben es schon selbst beobachtet, wie ein und dasselbe Produkt bei zwei unterschiedlich großen Booten zu unterschiedlichen Preisen in Rechnung gestellt wurde. Und was erklärte der Verkäufer uns damals:»Wer sich eine so große Yacht leisten kann, muß reich sein.«

Ein echter Pluspunkt der *Seraffyn* ist ihre geringe Größe und der begrenzte Platz. Das mag zwar meine ganz persönliche Ansicht sein, sollte aber mal erwähnt werden. Wenn ich mehr Platz hätte, würde ich auch mehr kaufen. Souvenirs, Spielzeug, Kleidung. Wir würden viel mehr Geld für Dinge ausgeben, von denen wir mittlerweile wissen, daß es sehr gut ohne geht. Auch so kann man seine Ausgaben einschränken.

Lassen wir das Thema Geld mal für einen Augenblick beiseite. Ein kleines Boot zu segeln ist viel einfacher. Sobald ein 9m-Schiff mit einer Selbststeueranlage ausgerüstet ist, läßt es sich ohne weiteres allein oder zu zweit segeln. Man kann sich die Probleme mit weiteren Besatzungsmitgliedern sparen, die sehr groß werden können, wenn man unbedingt eine Crew braucht. Ein 9m-Schiff ist groß genug, um Gäste zu einem Vergnügen, nicht zu einer Notwendigkeit zu machen. Bei einem guten Design – Eignerkajüte vorn und Gästekojen in der Mitte – kommt man sich auch nicht ins Gehege.

Von Verkäufern hört man oft:»Dieses 12m-Schiff ist für zwei Personen ausgelegt, die nach der Pensionierung zu irgendwelchen verlassenen Inseln segeln wollen.« Aber was passiert, wenn man bei einer kräftigen anlandigen Brise Anker samt Kette einholen muß und selbst krank ist oder sich beispielsweise das Handgelenk verstaucht hat? Ist die Mitseglerin in der Lage, das Ankergeschirr einzuholen, die Segel zu setzen und das Schiff in Fahrt zu bringen? Kann man mit seiner Partnerin in kurzen Schlägen auf einem engen Kanal kreuzen, wenn die Maschine den Geist aufgibt? Kann man zu zweit unter Segeln in einem überfüllten Hafenbecken anlegen? Ich habe die nervösen Ehefrauen auf 12m-Schiffen gesehen. Sie machen sich wirklich Sorgen:»Was passiert, wenn etwas schiefgeht, was ist, wenn ich dieses Boot allein segeln muß?«

Ich habe die *Seraffyn* alleine gesegelt, und es macht mir Spaß. Ich spiele Skipper, hisse das Großsegel, hole den Anker ein und bekomme dabei jede Menge Selbstvertrauen. Sollte Larry einmal krank werden, könnte ich weitersegeln, das weiß ich. Wenn ich nachts auf Wache bin, kann ich allein reffen, kreuzen und die Fock wechseln. Larry bekommt mehr Schlaf, und das gilt auch für mich, wenn ich Freiwache habe. Man muß schließlich daran denken, daß es auf einem Schiff noch mehr zu tun gibt, als nur zu segeln, nämlich unter anderem kochen, navigieren, reparieren und schlafen. Bei nur zwei Personen an Bord müssen beide in der Lage sein, allein mit dem Boot fertig zu werden.

Vor einigen Jahren verbrachten wir einmal einen Nachmittag auf der 15 m langen *Wanderer IV* von Eric und Susan Hiscock, die sich auf ihrer dritten Weltumsegelung befanden. Die beiden ersten hatten sie mit ihrer 9m-Slup *Wanderer III* unternommen. Von Frau zu Frau hatte Susan ein paar interessante Anmerkungen zu machen: »Der Hauptgrund dafür, daß wir ein größeres Schiff wollten, lag in unserem Wunsch nach einer Achterkajüte. Die wird heute aber kaum noch benutzt. Sie dient nur noch als zusätzlicher Stauraum für uns beide. Außerdem regt es mich auf, daß man das Schiff nicht bis an den Liegeplatz segeln kann.« Damit hatte sie ihre Gefühle auf den Punkt gebracht.

Man braucht nur einmal daran zu denken, wie viel Spaß es früher machte, ein kleines Boot zu nehmen, etwas zu essen einzupacken und einen kleinen Nachmittagstörn um die Bucht zu machen. Ein 9m-Schiff ist ein schönes Schiff für Tagestörns. Zwölf Meter bedeuten einfach zu viel Arbeit, um erst einmal in die Gänge zu kommen. Wir fordern Freunde auf anderen Booten immer wieder zu einem Rennen in die nächste Bucht und zurück auf: der Sieger hat die Ehre, die Cocktails machen zu dürfen. Diese Rennen und Nachmittage sind der Stoff, aus dem Erinnerungen entstehen. Sie lassen den Segelteil am Fahrtensegeln zu einer wahren Freude werden.

Die Wartung und Instandhaltung wird unterwegs zu einem persönlichen Problem. Man kann nicht mehr in seiner beliebtesten Werft anrufen, sagen »Mein Boot braucht eine neue Schicht Farbe« und sich bequem hinsetzen, bis die Arbeit getan ist. In fremden Gewässern muß man sich selbst ans Werk begeben oder sich mit endlosen Verzögerungen, schlechter Qualität und Spitzenpreisen abfinden. Eine kleine Yacht gegen eine Kaimauer zu legen, sie bei Ebbe trocknen zu lassen, abzuschrubben, neu zu streichen und wieder aufschwimmen zu lassen, dauert nur einen Tag. Allein die Fachleute für diese Arbeit an einem großen Boot zu finden, dauert schon länger, und dann ist die Arbeit noch längst nicht getan.

Ein Boot, das gut in Schuß ist, bedeutet nicht nur Sicherheit für das eingesetzte Kapital und die eigene Person, sondern zahlt auch unerwartete Dividenden. Die Leute beurteilen einen nach dem Erscheinungsbild seines Schiffes. Wenn das Boot also klein genug ist, um die Instandhaltung zu einem Freizeitvergnügen zu machen, hat man gleich doppelt gewonnen. Mir macht es echt Spaß, drei Luken und die Kajütenseiten zu streichen. Das dauert einen Tag, und ich bin dabei in der Sonne. Alles, was darüber hinausgeht, riecht schon nach Arbeit. Vom Gesichtspunkt der Frau aus bedeutet ein kleines Boot weniger Hausarbeit. Wir gehen auf Fahrt, um zu sehen, wie andere Menschen leben. Dabei wäre es ein Hemmschuh, wenn wir uns den ganzen Tag um das Boot kümmern müßten.

Hal Roth und seine Frau haben den Pazifik umsegelt und dabei in drei Jahren 25.000 Meilen zurückgelegt. Als Hal nach der Rückkehr in Vancouver einen Vortrag hielt, wurde er von einem der Zuhörer gefragt:»Wieso haben Sie ein Schiff, das nur 10,5 m lang ist?« Er antwortete:»Wir segeln, um andere Leute kennenzulernen, und unser Boot ist schon fast so groß, daß sich kaum jemand traut, uns anzusprechen. Es hat den Anschein, als ob die Einheimischen annehmen, daß Segler mit größeren Schiffen weniger angenehme Zeitgenossen sind.«

Dieser Meinung können wir uns nur anschließen. Eines Samstagsnachmittags liefen wir in einen winzigen Yachthafen im Limfjord in Dänemark ein.»Können wir neben der blauen Slup festmachen?« fragten wir in der Hoffnung, daß uns jemand verstand. "Sicher, gebt mir eure Leinen herüber. Kann ich euch zum Tanz heute abend im Yachtclub einladen?«

Wir nahmen mit Vergnügen an. Als ich später am Abend mit unserem neuen Bekannten tanzte, fragte ich ihn:»Wie kommt es, daß du uns zu dieser großartigen Party eingeladen hast, noch bevor du unsere Leinen festgemacht hattest?«

"Ich weiß, daß jeder, der mit einem 7,5m-Schiff unterwegs ist, ein interessanter Mensch sein muß.« Diese Erfahrung haben wir immer wieder gemacht. Wenn wir aber in denselben Gewässern Leute mit größeren Schiffen treffen, hören wir häufig:»Die Leute hier sind aber nicht sehr freundlich.«

Wenn man nun aber nach all der Planung und ein bißchen Segeln feststellt, daß das doch alles nicht das Richtige ist, hat ein kleines Schiff noch einen letzten Vorteil: Es ist leichter zu verkaufen. Wenn man sich dazu aber nicht durchringen kann, war die Investition auch wieder nicht so groß, daß man das Schiff nicht an einem Liegeplatz lassen und sich ein Heim an Land suchen könnte.

Die Länge ist nicht der einzige bestimmende Faktor für den Platz in einem Boot. Die Schiffsbreite vergrößert den verfügbaren Raum viel schneller als die Länge. Die 9 m lange *Wanderer III* hatte eine Breite von nur 2,4 m und einen überkragenden Bug. Unsere 7,3 m lange *Seraffyn* ist 2,7 m breit, hat Überhänge von nur 53 cm und fast das gleiche Volumen wie die *Wanderer*. Tom Steeles 9,75m-Yacht mit 3,05 m Breite ist innen riesig; sie bietet so viel Platz wie ein 11m-Schiff, das nur 2,7 m breit ist. Da es die Länge über alles ist, die Geld kostet, ist ein breiteres Boot ein echtes Geschäft.

Wer immer noch überzeugt ist, daß er ein 12m-Schiff braucht, der sollte zunächst einmal das Geld dafür opfern, ein entsprechendes Boot zu chartern und drei Wochen nur mit seiner Frau auf Fahrt gehen. Man simuliert einen Maschinenschaden, ankert und versucht, unter Segel zu gehen. Man tut so, als habe man einen gebrochenen Arm, und läßt seine Frau allein unter Segel ablegen. Man erkundigt sich bei verschiedenen Werften nach den Kosten für Verholen und Streichen. Man fragt nach dem Preis eines neuen Großsegels. Die Charterkosten sind weitaus niedriger als das, was der Makler für den Kauf und anschließenden Verkauf einer 12m-Yacht an Kommission nehmen würde. Zum guten Schluß sucht man sich noch einen Bekannten mit einem großen Schiff und fragt ihn, ob man das Unterwasserschiff reinigen und neu streichen darf. Der Bekannte wird möglicherweise verständnislos dreinblicken, die Hilfe aber gern annehmen. Nach ein paar elend langen Stunden mit Schrubben und Streichen ist man dann wahrscheinlich von seinem »Größenwahn« geheilt.

Ich weiß, daß kleine Boote ihre Nachteile haben. Man kann nicht genügend gute Bücher mitnehmen. Gäste haben keine eigene Kajüte. Duschen muß man im Sitzen. Das Motorrad läßt sich nicht unterbringen. Doch letztendlich kommt man mit einem kleinen Schiff jederzeit zurecht. Eric und Susan Hiscock waren mit ihrer 9 m langen *Wanderer III* fünfzehn Jahre lang unterwegs und legten dabei 110 000 Meilen zurück. Peer Tangvald segelte mit seiner 9,75m-Yacht *Dorthea* ohne Maschine fünf Jahre lang kreuz und quer um die Welt. Wir selbst leben seit elf Jahren auf unserer 7,3 m langen *Seraffyn*, die auch keine Maschine hat. Tom Steele hat vierundzwanzig Jahre auf seiner 9,72 m langen *Adios* verbracht und befand sich mit seiner Frau auf der dritten Weltumsegelung, als wir die beiden zum letzten Mal sahen. Hal Roth rüstet gerade sein 10,5m-Schiff aus und ist bereit, die Leinen wieder loszuwerfen. Keiner von uns ist vermögend. Wir alle arbeiten unterwegs, aber wir segeln und haben viel Spaß und Freude dabei.

# 4
# Überführungen

Jede geschäftliche Transaktion hat zwei Seiten, und da machen auch Schiffsüberführungen keine Ausnahme. Der Eigner übergibt seine Yacht, die ihm so lieb und teuer ist wie seine junge Tochter, einem völlig Fremden, der mit ihr auf eine Fahrt voller potentieller Gefahren geht. Er möchte natürlich, daß sein Schiff möglichst bald in dem Zustand eintrifft, in dem er es verlassen hat.

Der Überführer hingegen sieht ein Boot vor sich, das für ihn wie die Büchse der Pandora voller verborgener Probleme steckt. Er will einzig und allein das Schiff möglichst schnell von Punkt A nach Punkt B schaffen, um sein Geld einstecken und sich seinen weiteren Plänen widmen zu können.

Es gibt nur wenige Geschäftsbeziehungen, bei denen Arbeitnehmer und Arbeitgeber weniger persönlichen Kontakt miteinander haben. Das ist der Grund dafür, daß man es sich sehr gut überlegen sollte, einen Überführungsvertrag abzuschließen. Der Eigner muß wissen, was er verlangt und wen er anheuert. Der Überführer muß an die Verantwortung denken, die er auf sich nimmt.

**Der Eigner**
Überführungen kosten Geld, es gibt kaum einmal »Sonderangebote«. Wer jemanden anheuern will, um seine Yacht im Wert von 80 000 bis 400 000 Dollar über einen Ozean zu bringen, braucht einen fähigen Mann, die darauf achtet, daß das investierte Kapital seinen Wert behält. Der Mann muß nicht nur in der Lage sein, zu navigieren, zu segeln, mit der Crew fertig zu werden und die Maschinen und Generatoren zu bedienen, er muß auch – und das ist noch wichtiger – nahezu alles an Bord mit den vorhandenen Mitteln reparieren können. Er muß

wissen, wie und wo er im Ausland all das bekommt, was er braucht. Und er muß in der Lage sein, das Schiff unterwegs instand zu halten, Lackier- und Streicharbeiten vorzunehmen und dafür zu sorgen, daß der Innenraum sauber bleibt. All das erfordert schon einen sehr fähigen Mann. Wenn man jetzt noch daran denkt, daß der Überführungsskipper vierundzwanzig Stunden am Tag im Einsatz ist, versteht man auch, warum die Überführungskosten auf den ersten Blick so hoch erscheinen.

Gegenwärtig kostet eine Überführung etwa 1,5 – 2,00 US-Dollar pro Seemeile plus Treibstoff und Flugticket für den Skipper und eine angemessene Crew. Eine andere Möglichkeit besteht darin, einen Skipper zu einem Tagessatz von ca. 150 Dollar plus aller Ausgaben für Crew, Proviant, Treibstoff und Flugtickets anzuheuern. Bei einem guten Mann kommt letztendlich etwa das Gleiche dabei heraus.

Welche Alternativen gibt es sonst noch? Man kann seine Yacht per Lkw oder Schiff transportieren lassen. Wenn sie aber mehr als 11 m lang ist, muß man dafür oft mehr bezahlen. Beim Transport per Schiff entstehen zusätzliche Kosten für Abbauen des Mastes, Transportbock, Agenten, Zuwasserbringen, Aufbauen des Mastes und Verholen von einem Großschiffhafen zum nächsten Yachthafen. Die eigentlichen Frachtgebühren werden nach dem Schiffsraum berechnet, den die Yacht samt Mast einnimmt. Die Zahlen schwanken gewaltig, doch ein Bekannter von uns mußte 1974 für den Transport seiner 13,7m-Yacht von Dänemark nach New York insgesamt 13 000 Dollar hinlegen. Eine Überführung hätte ihn etwa 8 000 Dollar gekostet. Dafür hatte er aber 6 000 sm weniger Verschleiß an Schiff und Gut. Sein Schiff hatte allerdings einige Beschädigungen aufzuweisen, darunter eine verkratzte Fußreling, ein eingedellter Baum und Risse im hölzernen Deck, das der Sonne ausgesetzt gewesen war, ohne daß es man mit Salzwasser abgewaschen hatte.

Gute professionelle Überführungsskipper sind teuer, ein Transport ist teuer, aber Überführungen zum Sonderpreis können noch mehr kosten. Frank konnte sich kein richtiges Überführungsteam leisten und nahm dankbar an, als ein Bekannter ihm anbot: »Ich habe zwei Monate Zeit. Ich hole dir deine Ketsch nach England zurück, wenn du mir das Essen und das Flugticket bezahlst.« Frank hatte ein paar Wochen mit diesem Bekannten gesegelt und wußte, daß sein längster Hochseetörn über 200 sm gegangen war. Er wußte aber auch, daß dieser Mann sein Schiff richtig gern hatte. Zwei Monate später erhielt

Frank eine Nachricht. Das Boot war 200 sm vom Abfahrtspunkt in einem winzigen Hafen aufgegeben worden. Alles, was nicht niet- und nagelfest war, fehlte mittlerweile. Der Bekannte hatte sich nach einem zweitägigen Sturm in der Nähe von Kapstadt nicht getraut auszulaufen. Die Crew war von Bord gegangen. Die Maschine hatte den Geist aufgegeben. All das kostete Frank am Ende sein Schiff. Er konnte seinen Arbeitsplatz in England nicht aufgeben, um die Schäden am Schiff selbst zu reparieren. Kein Überführungsteam war mehr bereit, es zu holen, nachdem sein Zustand bekannt war. Frank mußte sein Traumschiff schließlich zum Preis des Bleiballasts verkaufen.

Ein Schiff zu überführen ist kein Vergnügen, sondern Arbeit. Einen Amateur damit zu beauftragen bedeutet möglicherweise, den Ärger geradezu heraufzubeschwören. Wir kennen Geschichten, bei denen es zwei Monate dauerte, ein Schiff über 800 sm zu überführen, bei denen Boote im Sturm aufgegeben wurden und bei denen Schiffe konfisziert wurden, weil Amateure sie zum Drogenschmuggel eingesetzt hatten. Ein Amateurskipper, der keinen Ruf zu verlieren hat, denkt zuerst an sich selbst und dann an das Schiff.

Deshalb unser Rat: Im eigenen Interesse und zum Schutz des investierten Kapitals nie jemanden für eine Überführung anheuern, ohne vorher nach Namen und Anschriften von mindestens zwei Leuten gefragt zu haben, deren Boote der potentielle Skipper überführt hat. Diese Leute dann anrufen und fragen, in welchem Zustand ihre Schiffe eingetroffen sind. Wenn es dann heißt, daß die Yachten zeitgerecht und in gutem Zustand abgegeben worden sind, hat man einen guten Überführungsskipper gefunden.

Wer die Überführung seines Schiffes durch eine Agentur abwickeln lassen will, sollte darauf bestehen, genau über den Verantwortlichen informiert zu werden, und ihn dann anrufen und um Referenzen bitten. Agenturen, die sehr viel zu tun haben, setzen möglicherweise relativ unerfahrene Leute ein, wenn der Job einfach erscheint. Vor vier Jahren überführten wir zwei Yachten von Miami nach Puerto Rico. Als wir bei der ersten Fahrt in San Juan einliefen, fiel uns ein 9m-Schiff auf, das mit rußgeschwärztem Spiegel und ausgebautem Diesel an der Pier lag. Als wir nach drei Wochen zum zweiten Mal eintrafen, bemerkten wir ein zweites Boot, das genau wie das erste aussah – ebenfalls mit rußgeschwärztem Spiegel und ausgebautem Diesel. Beide Schiffe waren im Rahmen eines großen Auftrags von einer Firma mit ausgezeichnetem Ruf überführt worden. Da die Törns nur über jeweils

700 sm gingen, waren in beiden Fällen Segler mit der Überführung beauftragt worden, die so etwas zum ersten Mal professionell machten. Deshalb gilt es, ohne Rücksicht auf den Ruf der Agentur die Referenzen desjenigen, der an Bord die Verantwortung trägt, zu überprüfen. Niemals auf das verlassen, was irgendwelche Leute, die man zufällig kennenlernt, so erzählen. Nur Referenzen zählen! Eines Tages hörten wir von dem Eigner einer 15m-Yacht aus Südafrika, er habe zu einem sehr günstigen Preis einen Überführungsskipper gefunden. Es handelte sich um den Führer eines Charterboots, einen jungen bärtigen Seemann, der tolle Stories erzählen konnte. Erst nachdem seine Yacht schon auf See war, erfuhr der Eigner, daß der längste Törn, den sein Skipper gemacht hatte, von Barcelona nach Palma de Mallorca geführt hatte – eine Strecke von 120 sm. Der Eigner erzählte uns, er habe angefangen, sich Sorgen zu machen, als er das eigene Boot seines Skippers gesehen habe. Es habe sich einem fürchterlichen Zustand befunden und sei an einem Liegeplatz in einem ungeschützten Teil des Hafens zurückgeblieben. Wörtlich meinte er: »Wenn der so für sein eigenes Boot sorgt, wie wird meins dann nach zwei Monaten erst aussehen?«

Sobald der gewünschte Mann gefunden ist, informiert man ihn über alle eventuellen Schwierigkeiten mit dem Boot, damit er entsprechend planen kann. Er muß beispielsweise wissen, daß keine Selbststeueranlage an Bord ist, damit er sich nach einer Crew umsieht. Er muß über den Zustand der Maschine, den Treibstoffverbrauch, die elektronischen Anlagen und die gesamte Ausstattung Bescheid wissen. Keine zu optimistischen Angaben über den Fahrtbereich oder das Tankvolumen machen. Alles aufführen, was an Bord ist. Der Skipper stellt sonst möglicherweise bei der Ankunft fest, daß er die falschen Ersatzteile mitgebracht hat, und muß dann auf Kosten des Eigners sehen, wie er das Schiff auslaufbereit macht. Je vollständiger die Beschreibung, desto besser kann sich der Skipper vorbereiten.

Ein Eigner wurde einmal von seinem Überführungsskipper aus Übersee angerufen: »Tut mir leid, aber Ihre Ketsch braucht neues stehendes Gut, bevor ich sie über den Atlantik bringe.«

Der Eigner antwortete: »Was? Das Gut ist erst sechs Jahre alt. Ich bin damit erst vor zwei Jahren über den Atlantik gefahren.«

Der Skipper, ein sehr erfahrener Mann mit gutem Ruf, lehnte den Job daraufhin ab, und der Eigner hatte sich mit einem Verlust in Höhe der Kosten für zwei Flugtickets abzufinden. Er wandte sich an einen zweiten Skipper, der sich das Schiff ansah und zu derselben Ansicht gelangte wie der erste. Daraufhin wurde das Gut ersetzt. Wer einen guten Mann angeheuert hat, sollte dessen Urteil vertrauen. Er ist nämlich derjenige, der sein Leben und seinen guten Ruf bei der Überführung aufs Spiel setzt.

Der Überführungsskipper und seine Crew leben mehrere Wochen lang bei möglicherweise rauhen Bedingungen auf dem Schiff. Wenn also irgendwelche kostbaren Dinge an Bord sind, bringt man sie entweder vorher an Land oder verstaut sie sorgfältig und informiert den Skipper entsprechend. Auf jedem Törn gibt es unweigerlich einen gewissen Verschleiß, und man muß als Eigner immer mit dem Verlust von ein oder zwei Gläsern, durchgescheuerten Leinen oder auch größeren Schäden rechnen.

Es gab einmal einen Fall, in dem wir beide Seiten der Geschichte hörten. Dabei wurde ein Skipper mit gutem Ruf gebeten, Ende November eine 14,5m-Rennyacht von der US-Nordostküste nach Florida zu überführen. Weil Sturmgefahr bestand, wurden nur Profis in die Crew aufgenommen. Nach zwei Tagen auf See geriet die Yacht in einen Wirbelsturm. Drei Tage lang hielt die Mannschaft das Schiff beigedreht; sie hatte Warpanker ausgebracht und tat alles nur Mögliche, um die heftigen Schiffsbewegungen zu dämpfen. Am letzten Tag ließ eine See das Boot kentern, der Besanmast brach. Die Crew schaffte es, die Trümmer loszuschneiden, ohne daß weiterer Schaden geschah. Als das Unwetter nachließ, lief sie Norfolk in Virginia an, um den Eigner und dessen Versicherung zu informieren. Statt sich zu freuen, daß die Crew wohlauf war, geriet der Eigner in Wut, weil die in Taschen an Deck verstauten Kurbeln der achtzehn Barient-Winschen über Bord gegangen waren, als das Schiff umgeschlagen war. Wenn man bedenkt, daß bei diesem Sturm mehrere Fischerboote auf See verloren gingen und daß die vier Mann an Bord drei Tage Sturm mit über hundert Knoten Windgeschwindigkeit überlebt hatten, dürfte der Eigner sich hier über den Verlust einiger Kurbeln wohl etwas zu sehr aufgeregt haben.

Bei einer Überführung, die überwiegend nach Luv geht, muß man auch mit einem gewissen Verschleiß an der Maschine rechnen. Die Überführungsskipper sind meistens an einen bestimmten Zeitplan gebunden und nehmen deshalb die Maschine zu Hilfe, wenn sie unter Segel nicht ausreichend Höhe laufen können. Bei einer Rennyacht ist das möglicherweise sogar billiger, weil die geringere Abnutzung der

Segel die zusätzlichen Betriebsstunden der Maschine mehr als wettmacht.

Die meisten professionellen Überführungsskipper wollen den Eigner nicht mit an Bord haben. Die Eigner wollen segeln, navigieren lernen und den Törn genießen. Die Skipper wollen schnell vorwärts kommen und eine Crew für die niederen Dienste an Bord. Es ist schwierig, einem Eigner zu erklären, er solle gefälligst die Bilge schrubben oder das Vorschiff säubern. Noch schwerer ist es, dem Eigner klarzumachen, daß ausgelaufen werden soll, wenn er lieber noch einen Tag länger im Hafen bleiben will. Einen Eigner auf die Überführungsfahrt mitzunehmen läuft grundsätzlich auf einen Interessenkonflikt hinaus.

Bleibt letztlich noch wie bei allen geschäftlichen Transaktionen der Vertrag. Darin ist genau festzulegen, welche Zeit der Skipper voraussichtlich braucht, welche Route er nehmen will, wie viele Crewmitglieder er einplant und welche Ausgaben er selbst bzw. der Eigner trägt.

**Der Überführungsskipper**

»Überführungen sind eine großartige Sache. Einhundertfünfzig Dollar pro Tag nur für das Vergnügen, segeln zu gehen.«

So einfach ist die Sache leider nicht. Nur wenige Überführungsjobs erweisen sich als Vergnügen. Job bedeutet Arbeit. Niemand gibt Geld dafür aus, daß ein anderer mit seiner gut ausgerüsteten schönen Segelyacht zur besten Jahreszeit einen gemütlichen Törn vor dem Wind unternimmt. Überführungen gehen fast immer luvwärts. Es werden alte und vernachlässigte Schiffe überführt. Es werden Yachten überführt, die gerade aus der Werft kommen und voller Macken und unerprobter Anlagen stecken. Und in welchem Zustand das Boot auch ist, der Eigner will es in der Regel möglichst bald an seinem Liegeplatz sehen. In den meisten Fällen rechnet man bei Überführungen mit einem Tag je 100 sm plus Vorbereitungszeit. Da bleibt für gemütliches Segeln nicht viel Zeit. Bei unserer letzten Überführung über 5 800 sm verteilte sich die Gesamtzeit von einundsiebzig Tagen auf zehn Tage Vorbereitungen, fünfzig Tage auf See und elf Tage in vier Häfen. Zwei Tage je Hafen brauchten wir, um die Vorräte aufzufrischen, die Maschinen nachzusehen und Segel und Anstrich auszubessern. Damit blieben uns in zwei Monaten drei Tage zur Entspannung, d.h., weniger als ein Tag pro Hafen.

Die meisten Profiskipper kombinieren ihre Überführungstätigkeit mit einem anderen Beruf, weil sie selbst dann, wenn ihre Dienste als

Skipper äußerst gefragt sind, mit Überführungen nur selten genügend Geld verdienen, um beispielsweise eine Familie zu unterhalten. Aber für Fahrtensegler wie uns oder für Leute, die nicht in feste Zeitpläne eingezwängt sind, bieten Überführungstörns eine gute Möglichkeit, Erfahrungen zu sammeln und – weil es schwer ist, auf See viel auszugeben – ein paar Mark zu verdienen.

Das Traumschiff eines anderen zu überführen ist eine große Verantwortung. Statt sich mit dem Boot einen Monat lang vertraut zu machen, kommt man an Bord und hat dann noch eine Woche oder auch weniger, um sich einen Überblick zu verschaffen, das Boot auszurüsten und auszulaufen. Einmal an Bord, muß man ein Hans Dampf in allen Gassen sein. Man muß in der Lage sein, ein Boot, das einem vollkommen neu ist, behelfsmäßig zu takeln, Murks zu beseitigen und für die Instandhaltung zu sorgen. Man muß wissen, welche Ersatzteile lebenswichtig sind. Der Eigner hat sich für diesen Job schließlich jemand anderen gesucht, weil er sich selbst nicht damit abgeben will. Zuallerletzt will er aus jedem Hafen angerufen werden und hören, daß der Impeller der Lenzpumpe durchgebrannt ist, der Generator nicht richtig funktioniert usw.. Die besten Überführungsskipper sind deshalb an erster Stelle gute Mechaniker und Takler und dann erst gute Seeleute und Navigatoren.

Ein Yachteigner läßt sich wie jeder andere Mensch durch den ersten Anblick beeinflussen. Wenn seine Yacht mit hübschem Anstrich, geschrubbtem Deck und makellosem Inneren im Hafen eintrifft, übersieht er die meisten kleinen mechanischen Probleme. Es zahlt sich also wirklich aus, wenn man die Zeit auf See damit verbringt, das Schiff auf Vordermann zu bringen. Es zahlt sich weiterhin aus, Teppiche und Vorhänge aufzurollen und gut zu verstauen. Auf einem Boot, das frisch aus der Werft kommt, sollte man während der Überführung nur das absolut Notwendige benutzen, damit der Eigner später bei der Übernahme das erregende Gefühl hat, ein nagelneues Schiff zu betreten. Die meisten Eigner sind gern bereit, noch ein Trinkgeld oder ein gutes Essen zu spendieren, wenn die Überführungscrew eine Yacht abliefert, die besser aussieht als bei der Abfahrt. Und sie sind bestimmt bereit, die entsprechenden Referenzen für den nächsten Überführungsjob zu geben.

Als Überführungsskipper setzt man auf jeden Fall einen Vertrag auf und läßt sich ein Drittel bis die Hälfte des Gesamtbetrages anzahlen, bevor man sich auf den Weg macht, um die Yacht zu übernehmen.

Darauf achten, daß aus dem Vertrag hervorgeht, wie und in welcher Währung die Schlußzahlung erfolgt. Zusätzlich sollte eine Bestimmung enthalten sein, die den Aufwand bei Pannen regelt, z. B.: »Der Überführende gewährt kostenfrei während der gesamten Überführungsdauer drei Tage für Pannen aufgrund fehlerhafter oder verschlissener Ausrüstung. Ab dem vierten Tag zahlt der Eigner zusätzlich siebzig Dollar pro Tag für den Unterhalt von Crew und Schiff in der für die Behebung der Pannen benötigten Zeit.« Diese Bestimmung ist natürlich nicht notwendig, wenn die Überführung nach Tagessätzen abgerechnet wird.

Im Hinblick auf die Schlußzahlung dürfte es am sichersten sein, Barzahlung in der Währung des eigenen Landes zu verlangen. Das Schiff erst dann übergeben, wenn der Eigner oder sein Beauftragter alles bezahlt hat. Wir selbst haben mit der Bezahlung nie Probleme gehabt, aber von anderen gehört, daß es Schwierigkeiten geben kann. Darunter war die Geschichte von einem Überführungsskipper, der zwei Wochen warten mußte, bis der Eigner seine Krügerrand in Dollar umgetauscht hatte. Aufgrund dieser Verzögerung mußte der Skipper auf einen ihm angebotenen Platz bei der Regatta Kapstadt-Rio verzichten.

Zum eigenen Schutz im Ausland läßt der Skipper den Eigner ein Dokument ausstellen, in dem er erklärt, daß der Skipper zu einer bestimmten Zeit in bestimmten Gewässern als voll verantwortlicher Kapitän der Yacht fungiert. Besonders in afrikanischen Ländern kommt ein solches Dokument möglicherweise ganz gelegen.

Letztlich bliebe noch zu sagen, daß der Überführende ein Logbuch für den Eigner führen sollte, der es wirklich zu schätzen wissen wird, wenn er erfährt, welche Probleme unterwegs aufgetreten sind, wieviel Betriebsstunden die Maschinen hinter sich haben und welche Ersatzteile verbraucht worden sind.

Bei Yachtüberführungen ist viel Geld im Spiel. Doch wie jedes andere Geschäft sollte auch eine Yachtüberführung so ausgehen, daß beide Parteien zufrieden und bereit sind, wieder miteinander ins Geschäft zu kommen.

# TEIL II

# Wie komme ich mit dem Schiff zurecht?

Der Kernpunkt eines jeden Törns ist das Segelschiff, diese wundervolle dreitausend Jahre alte Erfindung. Diese einfache ''Maschine« läßt sich ohne großartige Schulbildung bedienen, sie braucht keinen Treibstoff und gestattet es dem Menschen unserer Tage, ein Gefühl des geistigen und körperlichen Triumphs über die Elemente zu verspüren.

Sich die Grundlagen des Manövrierens unter Segel anzueignen kann eine erregende Erfahrung sein. Das Selbstvertrauen, das man dabei gewinnt, das Gefühl, etwas geschafft zu haben, und die geringen Kosten machen die dafür aufgewandte Zeit mehr als wett. Wenn es dann einmal hart auf hart geht, können seglerisches Können und Seemannschaft den Unterschied zwischen Erfolg und Mißerfolg bedeuten.

Bei all den aufregenden Träumen und Vorbereitungen auf einen Törn darf man aber das Einfachste und zugleich Wichtigste nicht vergessen. Auch wenn es abgedroschen klingt: Man muß lernen, mit seinem Boot unter Segel zurecht zu kommen.

# 5
# Unter Segel ohne Maschine

Vor ein paar Jahren sprach ich einmal mit einem Freund, der mit dem verstorbenen Peter Pye, einem bekannten englischen Segler, unterwegs gewesen war. Hal Field erzählte, wie sie mit der *Renegade* und der *Moonraker* den Schwimmsteg für Besucheryachten im San Diego Yacht Club angelaufen hatten. Peter hatte einen längeren Aufenthalt geplant und war daher gebeten worden, seine *Moonraker* an einen anderen Steg in etwa 300 m Entfernung zu verholen. Statt nun die Maschine anzuwerfen, waren Peter und seine Frau zur neuen Anlegestelle gesegelt. Auf Hals Frage, warum er nicht die bequemere Möglichkeit, nämlich mit der Maschine, gewählt habe, hatte Peter geantwortet:»Es ist leicht, draußen auf hoher See zu segeln, deshalb nehme ich bei Flaute auch ohne weiteres die Maschine zu Hilfe. Aber wenn ich das Segeln auf engstem Raum nicht dauernd übe, kann ich es möglicherweise nicht, wenn ich es wirklich brauche.«

Ohne Maschine zu manövrieren kann man überall lernen, wo das Schiff genügend Wasser unter dem Kiel hat. Aber dabei muß man sich vorher ein paar Gedanken machen. Beim Manövrieren ohne Hilfsmaschine muß man auf alle möglichen Dinge vorbereitet sein. Auf jeden Fall immer den Anker bereithalten. Die Maschine hilft möglicherweise nicht, wenn es eng wird; es könnte nämlich sein, daß sie nicht anspringt.

Jedes Mal, wenn man an einer Stelle, die man nicht kennt, anlegen will, geht man folgendermaßen vor: Als erstes kommt ein Versuch, d.h., man segelt nahe an die geplante Anlegestelle heran und schaut sich die Gegebenheiten wie Poller, Dalben und andere Schiffe an. Bei dieser Gelegenheit kann man auch eventuell um die Erlaubnis bitten, an einem anderen Boot längsseits zu gehen. Dann geht es zurück in freieres Wasser. Die Probleme sind jetzt bekannt. Man weiß, welche Leinen oder welches Ankergeschirr gebraucht wird. Man kennt den Wind und die Strömung. Bei dem Versuch hat sich gezeigt, wie das eigene Boot auf beengtem Raum reagiert und welche Grenzen es hinsichtlich der Manövrierfähigkeit hat.

Als zweites erklärt man jetzt der Crew genau, was man vorhat. Dazu ist in freierem Wasser jede Menge Zeit. Dieser Schritt ist sehr wichtig, wird aber von schlechten Skippern fast immer vergessen. Stattdessen beschuldigen sie dann ihre ahnungslose Crew, wenn etwas schiefgeht. Daran denken, daß immer der Skipper dafür verantwortlich ist, alle Unklarheiten zu beseitigen, und daß es sein Fehler ist, wenn ein Manöver fehlschlägt.

Als drittes das notwendige Geschirr bereitlegen und die einzelnen Aufgaben verteilen, d.h., man sagt klipp und klar: »Du nimmst die Vorleine. Ich nehme die Achterleine. Charly, du gehst an das Fockfall und machst dich bereit, es laufen zu lassen, wenn wir anlegen.« Anschließend sollte man nicht zögern, noch einen zweiten oder auch dritten Versuch zu machen, um sicherzugehen, nichts übersehen zu haben. Muß ich hoch am Wind laufen? Laufe ich etwa vor dem Wind in schmalem Fahrwasser ohne die Möglichkeit, bei Schwierigkeiten in den Wind zu drehen? Oder habe ich es ganz einfach, weil ich raum-schots mit halbem Wind in breitem Fahrwasser laufen kann?

Jetzt sind die Spielregeln bekannt, man kann zur Anlegestelle segeln und weiß, was einen erwartet.

Beim Manövrieren auf beengtem Raum muß man natürlich wissen, wie viel Platz die Yacht zum Wenden und Halsen benötigt und welche Strecke sie noch zurücklegt, wenn man sie in den Wind dreht. Wenn man mit einem nicht vertrauten oder neuen Schiff unterwegs ist, tut man gut daran, eine oder zwei Stunden mit einer Kunststoffboje zu üben. Man segelt bis auf Höhe der Boje und dreht dann in den Wind. Kommt das Boot früher oder später als erwartet zum Stehen? Als nächstes kommt der Versuch, vor Topp und Takel anzulegen. Das Ziel dabei ist, mit sehr wenig Fahrt an der Boje anzukommen. Ich richte mich gern nach dem Kielwasser der *Seraffyn*, weil ich daran abschätzen kann, wie weit sie noch laufen wird. Dieses Urteilsvermögen braucht man, um auf engem Raum irgendwo längsseits zu gehen oder zu

ankern. Bis man die Restfahrt des Bootes abschätzen kann, sollte man es gar nicht erst versuchen, auf beengtem Raum zu manövrieren (in diesem Zusammenhang ist auch daran zu denken, daß der Zustand des Unterwasserschiffs die Restfahrt beeinflußt; starker Bewuchs hat eine beträchtliche Bremswirkung).

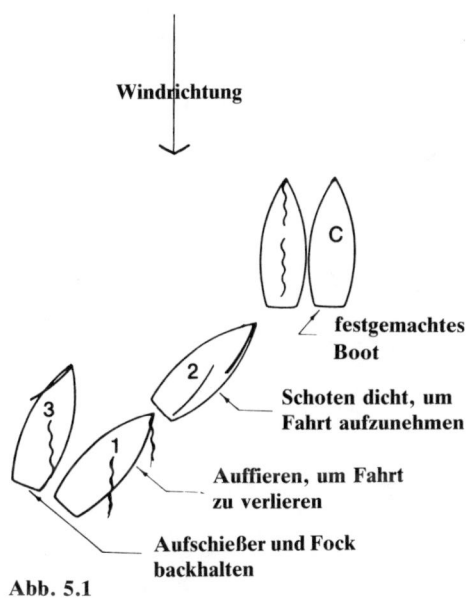

Abb. 5.1

Das Anlegen an einer Boje erfolgt möglichst von Lee bzw. gegen den Strom, damit das Boot nicht über die Boje läuft, sondern langsam von ihr weggetrieben wird. Mit ein bißchen Übung fällt das Anlegen nachher genau so leicht wie das Einparken eines Autos.

Wir bedienen uns ein paar spezieller Methoden, um die *Seraffyn* zu beschleunigen oder abzubremsen. Mit diesen Tricks kann man bei vorlichem Wind ein ansonsten perfektes Anlegemanöver glücklich zu Ende bringen. Auf Abb. 5.1 kann Boot 1 die Schoten fieren und

49

anluven. Das bremst ab, und dadurch, daß das Boot höher an den Wind gebracht wird, wirkt man der Abdrift entgegen. Bei zu großem Fahrtverlust kann man abfallen und die Schoten dichtholen, um die Windkraft etwas zu verstärken (Boot 2). Längsseits von Boot C holt man alle Segel nieder oder fiert die Schoten, bis die Segel im Wind stehen; dabei muß man natürlich darauf achten, daß Schoten und Großbaum sich nicht auf Boot C verfangen. Eine andere Möglichkeit, die Fahrt aus dem Schiff zu nehmen, wenn anluven nicht ausreicht, besteht darin, noch höher an den Wind zu gehen und ein Crewmitglied die Fock bzw. das Großsegel backhalten zu lassen (Boot 3). Bei größeren Schiffen und stärkerem Wind braucht man dazu in der Regel einen großen kräftigen Mann. Durch abwechselndes Fieren, Dichtholen und Backhalten der Segel läßt sich die Fahrt überraschend gut regulieren. Um das zu üben, ist ein überfüllter Ankerplatz aber natürlich nicht der richtige Ort.

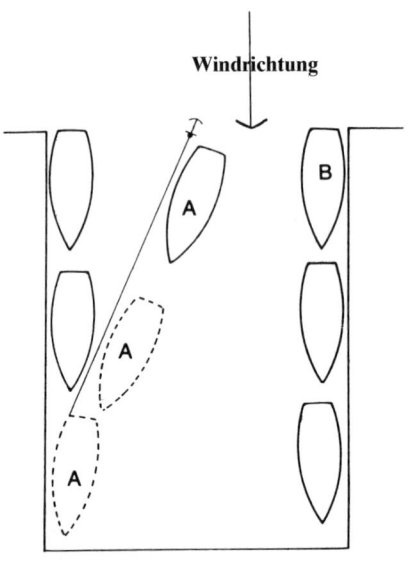

**Abb. 5.2**

Eine äußerst wirkungsvolle Bremsmethode, die von Seglern auf der Ostsee angewandt wird, besteht darin, einen Heckanker bereitzuhalten, wenn man vor dem Wind in eine schmale Anlegestelle einläuft (Abb. 5.2). Wenn A längsseits von B ist, wird der Anker fallen gelassen. In tieferem Wasser muß der Anker natürlich früher ausgeworfen werden, wenn man bedenkt, daß das Verhältnis von Kettenlänge zu Wassertiefe mindestens drei zu eins betragen muß, wenn der Anker halten soll. Anschließend legt man die Ankerleine einmal um eine Klampe oder Winsch; durch Fieren oder Dichtholen kann man die Fahrt jetzt prima steuern. Den Anker kann man stecken lassen, um sich später wieder daran herauszuziehen. Diesen Trick benutzen wir auch, wenn wir unser Boot auf einem Slipwagen zu Wasser lassen wollen. Wir befestigen den Ankerschaft an einer passenden Stelle an Land und lassen uns daran ab, wenn die Arbeit getan ist.

Wenn man gelernt hat, die Fahrt des Bootes zu regeln, besteht der nächste Schritt darin, mit Hilfe der Erfahrungen an der Übungsboje längsseits an einem anderen Boot anzulegen. Dazu sucht man sich einen kleinen Lastkahn, der vor Anker liegt, oder fragt einen Freund, dessen Boot einen festen Liegeplatz weitab von anderen Schiffen und Hindernissen hat. Man geht mit ausgebrachten Fendern und klaren Festmacheleinen längsseits und achtet dabei darauf, daß der Bug im Wind bzw. in der Strömung steht. Nach ein paar Dutzend Versuchen klappt es wahrscheinlich dann jedes Mal. Je unterschiedlicher Wind- und Strömungsverhältnisse dabei sind, desto mehr Selbstvertrauen und Können bekommt man natürlich.

Wer jetzt unter Segel längsseits gehen kann, sollte natürlich auch in der Lage sein, unter Segel abzulegen. Dazu setzt man das Großsegel und holt die Großschot dicht. Die Fock muß zum Setzen bereit sein. Vorleine lösen, und wenn der Wind den Bug von dem Lastkahn abdrückt, Achterleine ebenfalls lösen und das Heck des eigenen Bootes mit einem kräftigen Schubs abstoßen. Jetzt liegt das Boot hart am Wind über Backbordbug. Man braucht nur noch die Fock zu setzen und ist schon unterwegs. Wenn das Boot unter Großsegel allein nicht gut segelt, setzt man vor dem Loswerfen der Vorleine auch die Fock. Sobald man von der Anlegestelle klar ist und das Großsegel voll und bei steht, kann die schlagende Fock dichtgeholt werden. Bei all diesen Manövern muß man aber immer daran denken, daß die Crew vor dem Loswerfen der Leinen wissen muß, was geschehen soll und wie es geschehen soll.

Wer sich sicher ist, an einem festgemachten Schiff anlegen und von dort wieder ablegen zu können, kann jetzt dazu übergehen, diese Manöver auch an anderen Stellen, wo es enger und voller ist, zu üben. Eine der schwierigsten Situationen ist das Anlegen an einem Steg, an

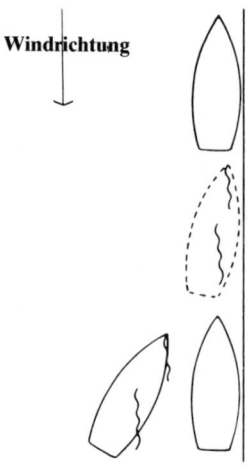

Windrichtung

**Abb. 5.3**

dem zwischen zwei Booten nur noch wenig Platz ist (Abb. 5.3). Dabei muß man die Fahrt ganz genau berechnen, um ausreichend Ruderwirkung zu haben, um an die freie Stelle zu kommen und dabei von der Leeyacht klarzubleiben und nicht auf die Luvyacht aufzulaufen. Bei schwierigen Bedingungen (starker Wind oder starke Strömung) ist es hier am vernünftigsten, auf der Luvyacht um die Erlaubnis zu bitten, längsseits zu gehen, und das Boot dann an der Warpleine achteraus an die freie Stelle zu verholen. Das ist bei vorlichem Wind auch auf größeren Schiffen recht einfach.

Von diesem Steg abzulegen dürfte so ähnlich sein wie das Ablegen von der vor Anker liegenden Yacht bei rauhen Bedingungen. Unter der Annahme, daß das Schiff wie in Abb. 5.3 auf Steuerbord festgemacht ist, bringt man eine Doppelleine zur Backbordseite des Achterschiffs der Luvyacht aus, d.h., das eine Ende der Leine wird an Steuerbord des eigenen Bootes belegt, führt um eine Klampe an Backbord des anderen Achterschiffes und wieder zurück an Bord. Damit kann man dann das Schiff luvwärts ziehen, wenn der Bug abfällt und die Segel sich auf Backbordbug füllen. Wenn das Boot dann Fahrt aufnimmt, kann man die Leine loslassen. Sie läuft dann um die Klampe an Bord des anderen Schiffes herum und läßt sich anschließend bequem aufschießen. Das freie Ende darf bei diesem Manöver allerdings keinen Augspleiß haben, der sich irgendwo verfangen könnte.

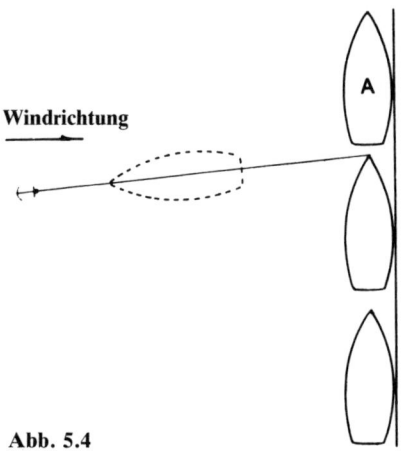

**Windrichtung**

**Abb. 5.4**

Immer wenn beim Ablegen unter Segel wenig Raum zur Verfügung steht, sollte man mit Hilfe von Warpleinen oder Ankergeschirr vorgehen, und zwar besonders, wenn das Boot unterbemannt ist. In der Situation in Abb. 5.4 würde ich mit dem Beiboot den Anker ausbringen, um mich anschließend daran in freies Wasser zu verholen und unter Segel zu gehen. Wenn nicht gerade viele kräftige Leute an Bord sind, um das Boot kräftig nach Luv abzustoßen, ist das die bei weitem sicherste Möglichkeit.

Unter Segel vor Anker zu gehen ist ganz einfach, wenn man weiß, wie viel Fahrt das Schiff macht. Man wählt einfach eine Stelle aus, an der das Boot frei schwojen kann. Dann wird die Crew informiert, was passieren soll, z. B.: »Wir gehen in den Wind und sollten etwa 100 m achteraus von der blauen Slup dort zum Stehen kommen.« Wenn das Schiff zu viel Fahrt verliert, sollte man nicht zögern und einen zweiten Versuch unternehmen, um den Anker dann an der richtigen Stelle auszubringen. Das führt zwar möglicherweise zu einem Gesichtsverlust gegenüber der Crew, ist aber weitaus weniger unangenehm, als mitten in der Nacht aufstehen zu müssen, weil die Tide das Boot auf eben diese blaue Slup zutreiben läßt.

Wenn man vor Anker unter Segel geht, besteht der Trick darin, das Boot möglichst schnell steuerfähig zu bekommen. An einem großen Ankerplatz mit viel Raum ist das alles kein Problem. Doch in einem engen Hafenbecken mit vielen anderen Yachten muß man das Manö-

53

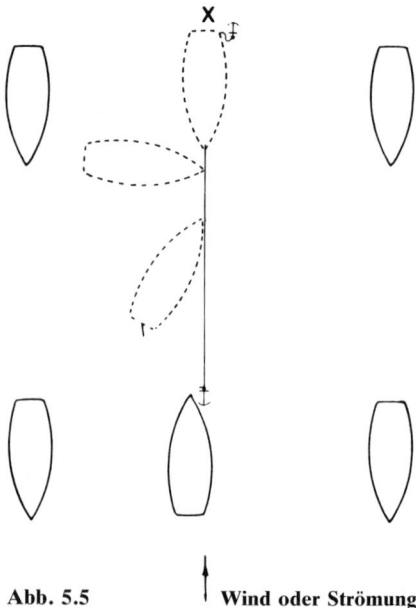

Abb. 5.5                    Wind oder Strömung

ver schon gut planen und der Crew erläutern, z. B.: »Wenn ich die Fock
back halte, wenn der Anker gelichtet wird, schwingt der Bug nach Lee.
Damit kommen wir über Steuerbordbug und halten uns von der Yacht
an Backbord frei.« Unter beengten Verhältnissen sollten Fock und
Großsegel gehißt sein, wenn der Anker aufkommt. Das sorgt dafür,
daß man schneller Fahrt aufnehmen kann, und ist deshalb sicherer. In
überfüllten Hafenbecken ist es unerläßlich, genügend Fahrt im Schiff
zu behalten. Wenn das Boot nicht mehr steuerfähig ist, wird man
nämlich durch Strömung oder Wind nur zu leicht auf andere Yachten
gesetzt.

Um wie in Abb. 5.5 mit achterlichem Wind unter beengten Raumverhältnissen vor Anker zu gehen, holt man das Großsegel nieder und
segelt nur unter dem Vorsegel, bei stärkerem Wind sogar vor Topp und
Takel. Beim ersten Anlaufen verschafft man sich einen Überblick und
entscheidet, den Anker bei Punkt X auszubringen. Das Ankergeschirr
ist klar. Ein Crewmitglied bringt den Anker an Punkt X aus und fiert
langsam die Kette, wenn der Anker faßt. Das Ruder wird auf die Seite
gelegt, auf der sich die Ankerkettenrolle befindet. Dadurch schwingt

54

der Bug von der Kette weg, so daß das Schiff nicht über sie hinweglaufen kann. Durch die Bewegung des Schiffes faßt der Anker automatisch, und wenn andere Yachten vor Bug- und Heckankern liegen, kann man sein Boot achteraus treiben lassen und dabei doppelt so viel Kette ausstecken, wie man braucht. Dann bringt man den Heckanker aus und verholt das Boot an der Bugankerkette, bis es fest zwischen den beiden Ankern liegt. Das geht vollständig unter Segel, ohne daß man das Ankergeschirr mit dem Beiboot ausbringen muß. Wenn es an der Zeit zum Ankerlichten ist, kann man den Heckanker auf umgekehrtem Wege wieder einholen.

**Abb. 5.6**

Ich verstaue meinen Anker wie auf Abb. 5.6., um ihn jederzeit ausbringen und schnell wieder verstauen zu können. Wenn die Verhältnisse nicht gerade extrem sind, kann auch meine Frau mit ihren knapp 45 kg den Anker problemlos ausbringen und wieder einholen. Besonders auf unterbemannten Booten ist eine derartige Staumethode dringend zu empfehlen.

Der Umgang mit Warpleinen und Ankergeschirr ist eine nahezu vergessene Kunst. Nur sehr selten trifft man noch jemanden, der seine Yacht mit einem Dwarsanker von einer unangenehmen Kaimauer abhält. Das Verholen bedeutet schwere Arbeit, wenn man nicht das richtige Ankergeschirr hat und die Warpleinen nicht einwandfrei in Ordnung sind.

Dreikardeeliges Tauwerk ist kaum schnell einsetzbar, wenn es Kinken aufweist. Bert Darrell, bekannter Segler und Werftbesitzer aus Hamilton, Bermuda, brachte mir den folgenden nützlichen Trick bei: »Am einen Ende beginnend, die Leine rückwärts (gegen den Uhrzeigersinn) aufschießen und die Kinken dabei in immer größeren Buchten fallen lassen, wie sie wollen. Wenn die gesamte Leine aufgeschossen ist, den Anfang aus der Mitte der Rolle herausholen und die Leine erneut richtig im Uhrzeigersinn aufschießen. In dieser Reihenfolge weitermachen, bis alle Kinken verschwunden sind.« Ich habe die Methode ausprobiert und muß sagen, daß sie sehr gut funktioniert.

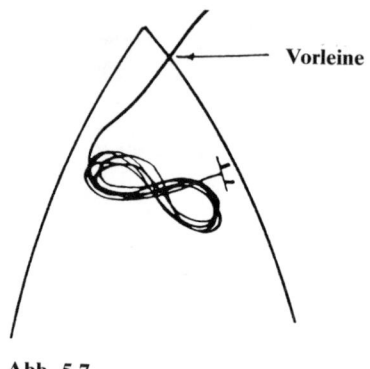

Vorleine

**Abb. 5.7**

Tauwerk, das nicht glatt läuft oder unklar kommt, wenn man es braucht, kann besonders unter beengten Raumverhältnissen gefährlich werden. Einen weiteren Trick lernte ich von einem englischen Segler im Panamakanal, wo wir die Boote mit vier Leinen von je 30 m in Schleusenmitte festmachen mußten. Er schoss seine Leinen in Form einer Acht auf und legte sie im rechten Winkel zur Lippe an Deck ab (Abb. 5.7). Alle Leinen liefen problemlos aus. Lange Trossen lassen sich anschließend bequem verstauen, indem man die Acht in der Mitte, oben und unten beibändselt und dann zusammenfaltet. Auf diese Weise sind die Trossen schnell einsatzbereit.

Mit diesen beiden Tricks wird das Verholen immens erleichtert, weil sie die ganze Sache beschleunigen und problemloses Arbeiten ermöglichen.

Wenn man genügend Leinen und Fender hat, kann man sein Schiff auch in einem sehr engen Hafenbecken jederzeit problemlos verholen. Wenn bei der in Abb. 5.8 dargestellten Situation ein frischer Wind

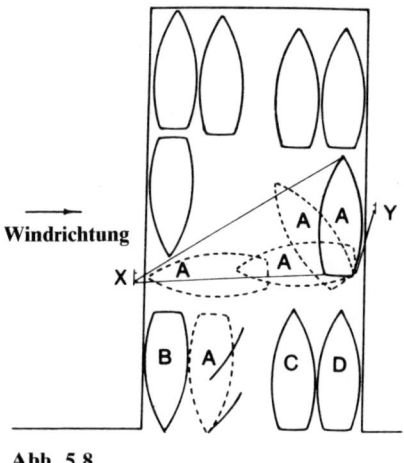

**Windrichtung**

**Abb. 5.8**

herrschte, hätte man möglicherweise sogar mit Maschinenhilfe Probleme, das Becken zu verlassen. Mit ein wenig mehr Aufwand kann man sich aber mit Warpleinen stilvoll und sicher herausarbeiten.

Boot A verbringt eine Vor- und eine Achterleine von Backbord zu Poller X, eine Achterspring verbleibt an Poller Y. Vor- und Achterleine werden dann dichtgeholt, so daß das Boot sich seitwärts nach Luv bewegt. Wenn es von der Kaimauer klargekommen ist, wird der Bug mit Hilfe der Vorleine in den Wind gedreht. Dabei sorgen Fender dafür, daß die Boote C und D nicht beschädigt werden. Jetzt die Vorleine so weit fieren, daß ein Crewmitglied vom Heck aus die Achterspring von Poller Y holen kann. An der Vorleine wird das Boot nun nach Poller X verholt und mit Hilfe von Handleinen und Fendern längsseits an Boot B gebracht. Leinen aufschießen, noch ein Täßchen Tee trinken, Segel setzen, und ab geht die Post! Alles, was man für dieses Manöver braucht, ist ein kühler Kopf und etwas Überlegung.

Zum Ankern mit dem Heck an einer Kaimauer bringt man den Anker genau luvwärts von der freien Anlegestelle aus, läßt das Großsegel stehen und steckt die Ankerkette mit der Winsch aus. Wenn Wind oder Strömung das Boot bei Achterausfahrt zur Seite versetzen, kann man steuern, indem man das Großsegel auf Steuerbord oder auf Backbord back hält. Bei starkem Wind oder starker Strömung bringt man den Anker aus und rudert eine Leine an Land, an der man das Boot anschließend verholt. Auf diese Weise vermeidet man es, andere

Schiffe zu rammen. Wenn der Wind rechtwinklig zur Anlegestelle steht, steckt man nur minimal Kette aus, rudert mit der langen Warpleine an Land und macht sie an einem Poller fest. Dann die Achterleine unter gleichzeitigem Ausstecken der Bugankerkette dichtholen. Wenn der Wind nicht zu stark ist, geht das ziemlich problemlos.

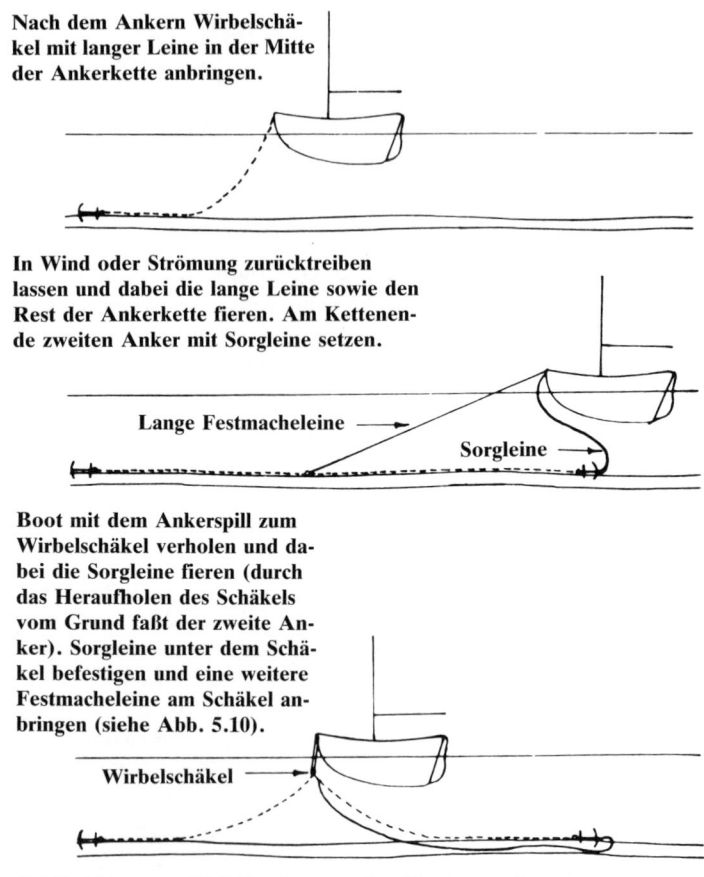

**Nach dem Ankern Wirbelschäkel mit langer Leine in der Mitte der Ankerkette anbringen.**

**In Wind oder Strömung zurücktreiben lassen und dabei die lange Leine sowie den Rest der Ankerkette fieren. Am Kettenende zweiten Anker mit Sorgleine setzen.**

**Lange Festmacheleine** ──►

**Sorgleine** ──►

**Boot mit dem Ankerspill zum Wirbelschäkel verholen und dabei die Sorgleine fieren (durch das Heraufholen des Schäkels vom Grund faßt der zweite Anker). Sorgleine unter dem Schäkel befestigen und eine weitere Festmacheleine am Schäkel anbringen (siehe Abb. 5.10).**

**Wirbelschäkel** ──►

**Schäkel bis unter Kielhöhe fieren und beide Festmacheleinen mit Schamfilschutz an Bord belegen.**

**Abb. 5.9**

58

Um das Schiff unter Segel für längere Zeit festzumachen (Abb. 5.9), bringt man den Anker aus und läßt das Schiff von Wind oder Strömung zurücktreiben, wie die Ankerkette genau zur Hälfte ausgesteckt ist (das sind bei uns etwa 45 m). An diesem Punkt wird ein Wirbelschäkel angebracht, zu dem eine lange Festmacheleine führt. Das Boot jetzt weiter zurücktreiben lassen, bis auch die zweite Hälfte der Kette ausgesteckt ist. Den zweitgrößten Anker zusammen mit einer Slipleine am Kettenende befestigen und über Bord werfen. Dann das Boot an der ersten langen Leine bis zum Wirbelschäkel verholen. Mit ordnungsgemäß gesicherten Schäkeln zwei Nylonleinen mit großem Durchmesser am Wirbelschäkel befestigen (Abb. 5.10). Die Slipleine nahe am Wirbelschäkel an der Kette befestigen und den Wirbelschäkel bis unter den Kiel ablassen. Die beiden Festmacheleinen mit ausreichendem Schamfilschutz an Bord belegen.

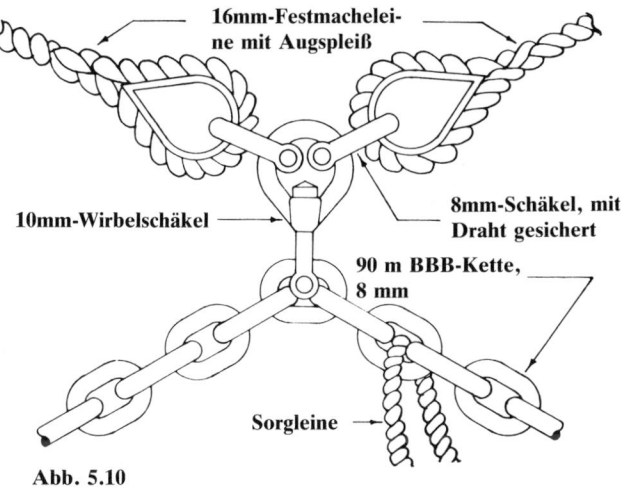

16mm-Festmacheleine mit Augspleiß

10mm-Wirbelschäkel

8mm-Schäkel, mit Draht gesichert

90 m BBB-Kette, 8 mm

Sorgleine

**Abb. 5.10**

Ich bringe unsere *Seraffyn* mit ihren fünf Tonnen problemlos an viele beengte Anlegestellen, wenn kein Wind herrscht, und zwar mit Hilfe eines 4,3 m langen Riemens aus Eschenholz. Damit wrigge ich aus engem Fahrwasser hinaus oder pulle mit etwa 1 3/4 kn in ruhigem und gezeitenlosem Wasser. In offenen Gewässern braucht man nur einen Riemen. Französische Segelyachten unter fünf Tonnen sind laut Gesetz verpflichtet, einen Riemen an Bord zu haben, so daß viele Franzosen auf eine Maschine verzichten und bei Bedarf auf diesen Riemen zurückgreifen. Weitere Hinweise zum »Riemenantrieb« finden sich in Kap. 13.

Nur unter Segel üben, und man hat mehr Spaß und bekommt weniger Probleme. Anders gesagt, wenn die Maschine ausfällt, weiß man, wie man zu segeln hat. Man ist gezwungen, das stehende und laufende Gut, das Ankergeschirr und die Warpleinen in Ordnung zu halten. Je öfter man all das benutzt, desto mehr kann man darauf vertrauen. Je mehr man segelt, desto geschickter wird man. Aber je mehr man die Maschine benutzt, desto schneller verschleißt sie und desto größer ist die Wahrscheinlichkeit, daß sie ausfällt!

# 6
# Vorbereitet sein

Kommen Sie auf See unter allen Umständen mit Ihrem Schiff zurecht, wenn die Maschine ausfällt?

Auf einem Segelboot muß die Maschine als Annehmlichkeit gelten, nicht als Notwendigkeit. Jahrhundertelang ging es schließlich ohne. Die britische Marine blockierte die französische Küste zur Zeit Napoleons zwanzig Jahre lang. Außer im Kampf verlor sie dabei kein einziges Schiff, obwohl die Flotte mit ihren extrem schwerfälligen leegierigen Schiffen bei jedem Wetter, winters und sommers, hart an der Küste den Ärmelkanal und die Biskaya patrouillierte. Da sollten wir doch in der Lage sein, unsere Yachten mit ihrem Außenballast und ihren guten Amwindeigenschaften zu einer idealen Jahreszeit zu segeln, ohne uns in schwierigen Situationen auf eine Maschine verlassen zu müssen.

Wieder und wieder haben wir erlebt, wie Segler ihre kostbare Zeit in elenden Häfen vergeudeten, weil sie auf Ersatzteile für ihre Maschine warteten. Mit Vertrauen in ihre seglerischen Fähigkeiten hätten sie zu einem größeren, schöneren Hafen weitersegeln können, wo Ersatzteile und Mechaniker zur Verfügung gestanden hätten. Die folgenden Anregungen sollen dazu beitragen, daß man seine Fahrt genießen kann, ob die Maschine funktioniert oder nicht.

1. Die Segelausrüstung in Ordnung halten und für ausreichend Ersatzteile sorgen. Zusätzlichen Proviant und Wasser für den Fall von Verzögerungen mitnehmen. Es dürfte nicht schwer sein, ein einfaches Segelboot in Ordnung zu halten. Anders als bei der Maschine sind Probleme mit Segeln, Masten, Salings, Rumpf und Ruder meistens sichtbar oder tastbar.

2. Wichtiger noch ist es, nach dem Auslaufen genügend Seeraum zu

gewinnen. Die größte Gefahr für ein Segelschiff ist das Land, nicht die See. Nur sehr wenige der großen Handelsschiffe sind auf See untergegangen. Die meisten sind gestrandet, weil sie schlecht Höhe liefen und nicht genügend Seeraum hatten. Welcher Abstand vom Land ausreicht, hängt von Windstärke, Windrichtung und See ab. Wenn man an der Küste entlangsegelt und der Wind von Land weht, kann man recht nahe am Ufer bleiben (Zehnfadenlinie oder 1/4 sm – was sicherer ist). Wenn aus dem Wind eine steife Brise wird, kann man in den Wind gehen und ankern. Dann ist aber sorgfältig auf eine eventuelle Winddrehung zu achten. Wenn wir uns in einer solchen Situation befinden und das Barometer unbeständiges Wetter erwarten läßt, stelle ich den Wecker alle zwei Stunden für den Fall, daß der Wind dreht. Es könnte nämlich katastrophal sein, von auflandigem Wind mit Stärke 8 und rauher See geweckt zu werden.

Bei auflandigem Wind weiter draußen bleiben, und zwar auch bei der leichtesten Brise mit gleichbleibendem Barometerstand und guter Wettervorhersage mindestens zwei oder drei Seemeilen.

Wenn der Wind auf Stärke 6 oder 7 auffrischt, noch weiter auf See hinausgehen. 25 – 35 sm reichen im allgemeinen aus, aber ich würde weiter Kurs auf die offene See behalten, weil der Wind ja noch stärker werden könnte. Je weiter draußen, desto sicherer. Wir haben schon mal zwei Tage lang bei Windstärke 10 im Nordatlantik beigelegen und sind dabei etwa 18 sm abgetrieben worden. Unsere *Seraffyn* hat einen langen, mäßig tiefen Kiel und treibt deshalb nicht stark ab. Zum Beiliegen mit einem Boot mit kleinerem seitlichem Wasserwiderstand braucht man einen Treibanker oder mehr Seeraum.

3. Das Beiliegen ist das traditionelle Sicherheitsventil eines Segelschiffes. Wenn man Höhe läuft und dabei müde wird, kann man anhalten und sich ausruhen. Man liegt bei und wartet bis zum nächsten Morgen oder bis es sich aufklart, um dann das geplante Ziel anzulaufen. Bei den Probefahrten mit der *Seraffyn* liefen wir eines Tages gegen 19 Uhr aus, um nach Fisherman's Cove auf Catalina Island, Kalifornien, zu segeln. Lin übte Navigation, und als wir uns der Insel zwei Stunden vor Einbruch der Dunkelheit näherten, beschloß sie, beizuliegen und zu warten, weil ihr im Vergleich mit den Angaben auf der Karte irgend etwas spanisch vorkam. Die Entscheidung stellte sich am nächsten Morgen als durchaus richtig heraus; die Bucht war nämlich vorübergehend im Rahmen eines marinebiologischen Experiments mit Schwimmhölzern abgesperrt worden, und das ist nicht gerade etwas,

auf das man nachts auflaufen möchte.

4. Um ohne Maschine zu segeln, braucht man ein Boot, das gegebenenfalls auch bei Sturm Höhe läuft. Man benötigt leicht handzuhabende Reffvorrichtungen und gute kräftige Sturmsegel und muß mit der gesamten Ausrüstung vertraut sein, **bevor** es stürmisch wird.

5. Am Wind bleiben! Welch eine Verlockung ist es doch, abzufallen und raumschots mit halbem Wind dahinzurauschen, statt die Schoten dicht zu lassen und Höhe zu gewinnen. So verlockend das auch sein mag, keinesfalls die Schoten fieren, wenn der Wind vorlicher als querab steht. Immer etwa zehn oder fünfzehn Grad in Luv der Loxodrome bleiben. Wenn der Wind raumt und achterlicher als querab einfällt, kann man problemlos auf der Loxodrome laufen. Ich selbst habe mich oft verleiten lassen, die Schoten zu fieren, und mußte anschließend kreuzen, um von einem Kap freizukommen oder den Hafen zu erreichen.

6. Zum Segeln ohne Maschine muß man vorausdenken. Der kluge Pilot eines einmotorigen Flugzeugs hält besonders über unbekanntem Gelände immer Ausschau nach einem geeigneten Landeplatz für den Fall, daß der Motor streikt. Ein kluger Segler tut dasselbe, indem er sich für den Fall, daß der schöne Landwind einschläft, anhand der Karte über Wassertiefe und Grundbeschaffenheit voraus informiert. Wenn man weiß, daß man voraus ankern kann (flacheres Wasser und Sandgrund), kann man näher an Land bleiben. Wenn die Karte jedoch tiefes Wasser, steil abfallendes Ufer und felsige Küste zeigt, bleibt man besser weiter draußen. Immer daran denken: Ob mit oder ohne Maschine, das As im Ärmel ist das Ankergeschirr.

Ich habe mal jemanden gesehen, der bei einer leichten Brise im Abstand von 25 m unter Motor an einer felsigen Landspitze entlangfuhr, die als Leeküste bekannt war. Es herrschte eine lange, große auflandige Dünung. Der Mann hatte sein Sonnensegel über den Baum gespannt, das Großsegel war aufgetucht, Fock und Anker unter Deck verstaut. Er muß wohl ein ziemliches Vertrauen in seine Maschine gehabt haben. Ein klein wenig Wasser oder Schmutz im Treibstoff, und die Maschine wäre verreckt. Zum Segelsetzen oder Ankern wäre ihm keine Zeit mehr geblieben.

7. Von hohen großen Landspitzen freihalten, weil sich dort oft ungewöhnliche Wirkungen zeigen. Sie können starke Strömungen und plötzliche Fallwinde hervorrufen oder die hübsche Brise, in der man bislang gesegelt ist, wegfangen. Ich bin selbst einmal auf diese Weise in

Schwierigkeiten geraten, und zwar in der ersten Woche unseres Törns, vor mittlerweile acht Jahren. Wir segelten in einem Abstand von weniger als 1/4 sm unter vollem Zeug auf die Leeseite der Isla Guadaloupe, nachdem wir zwei Tage lang raumschots in der schönen pazifischen Nordwestbrise mit ihren 15 kn gesegelt hatten. Die 1000 m hohen Klippen dieser schmalen Insel verursachten eine heftige Wirbelwindbö, die uns auf die Seite legte, bevor wir überhaupt reagieren konnten. Wasser ergoß sich durch den offenen Niedergang, und ich betete, als ich das Ruder hart nach Lee legte. Die *Seraffyn* drehte sich brav in den Wind, und ich konnte die meisten Segel niederholen; bis dahin hatten wir aber schon gut zweihundert Liter Wasser unter Deck. Und ich hatte meine Lektion gelernt.

8. Gezeiten und Strömungen zum eigenen Vorteil ausnutzen. Die Handelssegler mußten ihre Fahrten so planen, daß sie ihre Ladung dort, wo sie nachgefragt wurde, möglichst schnell ablieferten, und waren deshalb in der Regel nicht in der Lage, die klassische Passatroute um die Welt zu nutzen. Daher lernten sie, günstige Strömungen zu erkennen und auszunutzen. Sie konnten Häfen und Orte anlaufen und wieder verlassen, an denen sich die heutigen Fahrtensegler nur selten versuchen.

Zum Küstensegeln in Bereichen mit großen Gezeitenunterschieden muß man seine Törns mit Hilfe einer guten Gezeitentafel planen. Auf langen Fahrten lassen sich auch die Meeresströmungen vorteilhaft nutzen. Einer unserer Törns mit der *Seraffyn*, auf den ich besonders stolz bin, führte vom Panamakanal über Cartagena in Kolumbien nach Kingston, Jamaika. Als wir in San Diego auf der *Wanderer IV* waren, besprachen wir unsere Pläne mit Eric Hiscock. Wir wollten nach Panama segeln und von dort aus zur Ostküste der Vereinigten Staaten. Eric meinte: »Ohne Maschine würde ich das nicht versuchen. Der Wind ist gegen euch, der Golfstrom ist gegen euch, und außerdem mußten wir in der Karibik so oft vor Topp und Takel laufen wie nirgendwo sonst.« Ich berücksichtigte das und nähte ein drittes Reff in unser Großsegel. Als wir den Panamakanal verließen, blies der übliche Nordostpassat, so daß wir uns unter Ausnutzung der karibischen Gegenströmung (durchschnittlich 1 1/2 kn) an der Küste entlang bis nach Cartagena kämpften. Auf diese Weise kamen wir das so dringend benötigte Stück nach Osten voran. Beim Studium der Segelhandbücher stellte sich heraus, daß der vorherrschende Nordostpassat zum Ende des Frühjahrs hin weiter nach Osten dreht. Wir legten im Mai mit

Ostwind ab und steuerten 25° höher als unsere Loxodrome, um die Versetzung durch den Golfstrom auszugleichen. Fünf Tage und fünf Stunden (480 sm) später machten wir 4 sm luvwärts von Kingston Landfall. Mit Hilfe des von der Britischen Admiralität herausgegebenen Handbuchs *Ocean Passages for the World* und der amerikanischen Segelhandbücher hatten wir ein extrem schwieriges Stück nach Luv gegen den Golfstrom in einem Schlag hart am Wind geschafft und dabei mit unserer 7,3m-Kutteryacht einen Schnitt von 95 sm am Tag erreicht.

In Küstennähe bekommt man recht einfach heraus, ob Gezeiten oder Strömungen das Boot versetzen, indem man achteraus oder querab Kompaßpeilungen vornimmt. Durch Eintragen der im Stundenabstand vorgenommenen Peilungen in die Karte erhält man genaue Werte für die betreffende Entfernung und Zeit. Auf See kann man die Auswirkung einer Strömung mit mehrfachen Beobachtungen mittels Sextant feststellen. Nach der Abfahrt von Cartagena machte ich fünf Sonnenpeilungen im Abstand von jeweils einer halben Stunde. Die ersten vier ergaben, daß ich nicht hoch genug lief und unter meine Loxodrome versetzt wurde. Bei der fünften Peilung hatte ich die Schoten dann schon dicht genug geholt, um 25° oberhalb der Loxodrome zu steuern und somit den Auswirkungen des Golfstroms entgegenzuwirken.

9. Keinen günstigen Wind verpassen. In Gibraltar erlebten wir einmal, wie zahlreiche Segler, die nach Westen zu den Kanarischen Inseln wollten, im Hafen blieben, weil dort Ostwind mit Stärke 7 und kräftigen Böen herrschte. Aus den Wettervorhersagen ging hervor, daß diese Böen örtlich begrenzt waren. Der Barometerstand blieb gleich. Aber diese Segler hatten Angst und warteten auf perfekte Bedingungen. Als sie endlich ablegten, hörte der Ostwind auf, und es setzte der vorherrschende Südwestwind mit Stärke 4 oder 5 ein. Jetzt mußten sie gegen eine Ostströmung von 2-3 kn anknüppeln oder die Maschine zu Hilfe nehmen.

Wer segelt, muß in dem Augenblick zum Ablegen bereit sein, in dem der Wind günstig ist, und zwar Tag und Nacht.

10. Das Boot muß auch bei ganz schwachem Wind noch Fahrt machen können. Unsere Logbücher weisen für die vergangenen acht Jahre nur sechseinhalb Tage völlige Flaute aus. Das dürfte etwa die Zeit sein, die man für Wartung und Instandsetzung des Diesels aufwenden müßte. Wir haben aber für die *Seraffyn* auch das Maximum an

Arbeitsrigg, das der Konstrukteur empfehlen wollte, plus einen riesigen Spinnaker und Nylon-Drifter. Darüber sind wir auch ganz glücklich, weil der Wind in etwa der Hälfte unserer Fahrtzeit keine 12 kn erreicht.

Leichtwettersegeln bei wenig Seegang ist definitiv das Angenehmste und Schönste, was es gibt. Man macht siebzig oder achtzig Meilen am Tag. Die Selbststeueranlage steuert fröhlich vor sich hin. Es ist warm und trocken, und das Boot gleitet wie ein fliegender Teppich dahin, während man sich gemütlich zurücklehnt und in aller Ruhe ein gutes Buch liest. Die Mehrheit der Fahrtensegler verpaßt diese Idylle, weil Windstärke 2 oder 3 für sie »bekalmt« bedeutet. Um bei Leichtwetter ohne Maschine gut vorwärts zu kommen, muß man härter segeln. Man braucht Leichtwettersegel und ein entsprechendes Rigg, um sie ordnungsgemäß handhaben zu können. Man muß in der Lage sein, schnell und problemlos zu reffen, wenn es an der Zeit ist, d.h., Schnellreff, Fockniederholer, Fangleinen für das Großsegel. Und man muß das Unterwasserschiff sauber und einigermaßen glatt halten.

Wenn bei sehr schwachem Wind und kabbeliger See das Großsegel auf Vormwindkurs oder raumschots bei halbem Wind nach Luv zu klappen und zu schlagen beginnt, kann man es niederholen und an seiner Stelle einen großen Nylon-Drifter setzen. Damit ist man genau so schnell. Wenn wir mit raumem Wind ohne Großsegel segeln, schoten wir den Drifter normal; wenn wir hingegen platt vor dem Wind laufen, fahren wir die Schot des Drifters durch einen Block am Ende des Großbaums und befestigen den Baum vorn mit dem Bullenstander. Für jemanden, der sich allein an Deck befindet, ist das meist einfacher als das Anbringen des Spinnakerbaums. Bei sehr leichtem Wetter kann man auch den Spinnaker allein benutzen, sollte das aber nur bei absolut leichtestem Wetter ohne gesetztes Großsegel tun, weil man möglicherweise Probleme damit bekommt, ihn einzuholen.

Fast alle uns bekannten Fahrtensegler mit Booten zwischen 7,5 und 15 m, mit oder ohne Maschine, kommen bei langen Törns jahrein und jahraus im Schnitt auf etwa hundert Meilen am Tag. Das ist auch unsere Erfahrung. Ich weiß, daß ich, wenn ich ein größeres Schiff segle und allein auf Wache bin, gar nicht erpicht darauf bin, beispielsweise das Vorsegel zu wechseln, das Großsegel zu reffen oder das Boot im Grenzbereich zu segeln. Das ist eine Sache der Größe und der Handlichkeit. Die Genua eines 12m-Schiffes ist problemlos von einem Mann zu bewältigen, und deshalb vermute ich den Grund dafür, daß Boote von 7,5 – 9 m auf etwa denselben Schnitt kommen wie Schiffe von 9 – 15 m, darin, daß sie sich leichter effizient segeln lassen. Es ist ja wohl klar, daß jemand, der ohne Maschine segelt, ununterbrochen sein seglerisches Können vergrößert, seine Segelausrüstung besser in Ordnung hält, seine Methoden beim Umgang mit den Segeln vereinfacht und all die Unebenheiten ausbügelt, um eine bessere Segelmaschine zu bekommen. Auf diese Weise kommt auch er auf seinen Schnitt von hundert Meilen am Tag.

Für alle, die gern ohne teuren Innenborder auf Fahrt gehen würden, aber nur begrenzt Zeit haben, weil sie am Montagmorgen wieder zur Arbeit erscheinen müssen, kommt eine wirtschaftlichere Lösung in Frage: Ein Riemen oder ein Außenborder für das Beiboot. Das Schlauchboot oder das feste Beiboot wird mit guten Fendern längsseits festgemacht und schleppt die Yacht durch jede Flaute. Wir haben schon Schiffe von bis zu 11 m gesehen, die auf diese Weise im Hafen oder auch auf See manövriert wurden (siehe Kap. 12 »Die Alternativen«).

11. Defensiv segeln. Nur ein oder zwei Mal habe ich geglaubt, doch eine Maschine zu benötigen; im nachhinein weiß ich, daß ich bei diesen Gelegenheiten nicht defensiv gesegelt bin. Nach der Fahrt durch den Nordostseekanal, bei der wir uns von einem Fischerboot hatten schleppen lassen, verließen wir Cuxhaven bei ablaufendem Wasser. Der Wind kam von Nordwest, so daß wir so gerade eben unseren Kurs halten konnten. Wir hatten zwanzig Meilen zurückgelegt, als der Wind nachließ und der Gezeitenwechsel eintrat. Wir machten keine Fahrt über Grund mehr und beschlossen deshalb, die Tiefwasserrinne zu verlassen und auf etwa zwei Faden hinter den Tonnen zu ankern, bis die Gezeiten wieder wechselten. Die Schiffe kamen in ununterbrochener Folge. Zwei- oder dreimal versuchten wir, uns zwischen ihnen hindurchzuquetschen, mußten aber immer wieder in das Fahrwasser zurück, weil die Schiffe auf uns zuhielten. Schließlich machten wir noch einen letzten Versuch. Plötzlich erblickten wir die roten und grünen Positionslichter eines großen Küstenfrachters, die Dampferlichter an den Masten in Linie – und wir hatten kaum noch Steuerwirkung. Ich war mir fast sicher, daß uns eine Kollision bevorstand. Ich richtete unsere große Taschenlampe auf das Großsegel und gab Blinkzeichen, während Lin nach unten raste, das Freon-Nebelhorn holte und einen höllischen Lärm damit veranstaltete. Der Küstenfrachter lief in einem Abstand von 15 m achteraus vorbei. Bald darauf ankerten wir

geschützt in zwei Faden tiefem Wasser außerhalb der Fahrwasserrinne. Mein Fehler war es gewesen, daß ich mir vor dem Auslaufen nicht die Karten angesehen hatte. Dabei hätte ich nämlich feststellen können, daß es außerhalb des betonnten Fahrwassers jede Menge Wasser und Raum für Yachten gab. Durch vorheriges Kartenstudium kann man sich aus Verkehrstrennungsgebieten, wie sie etwa vor Ushant, Finisterre, Ärmelkanal und Straße von Florida eingerichtet sind, heraushalten.

12. Ob mit oder ohne Maschine – als Einhandsegler nie mehr als einen Tagestörn unternehmen. Man nimmt an, daß der großartige Einhandsegler Joshua Slocum, der auf See verschwand, mit einem Schiff kollidiert ist, obwohl der Schiffsverkehr unmittelbar nach der Jahrhundertwende längst nicht so dicht war wie heute. Kein vernünftiger Segler würde heute ohne Wache an Deck unterwegs sein wollen. Unsere Erfahrung zeigt, daß Handelsschiffe sich nicht notwendigerweise und Hochseeschlepper sich nur selten an die Schifffahrtsstraßen halten. Um sicher zu gehen, braucht man deshalb vierundzwanzig Stunden am Tag eine Wache.

In Dartmouth in England beobachteten wir einmal einen ausgezeichneten Einhandsegler, der drei Wochen lang auf perfekte Bedingungen für seinen Törn zum Solent wartete. Wie er uns erzählte, behagte es ihm überhaupt nicht, in dem dichten Schiffsverkehr im Kanal herumzusegeln, ohne daß dauernd jemand auf Wache sein konnte. Er meinte, es bei perfekten Bedingungen bis zum Solent schaffen zu können, ohne zwischendurch schlafen zu müssen. Ich halte das allerdings für eine sehr riskante Art und Weise, zur See zu fahren.

13. Immer eine große Taschenlampe mitführen, um sich bemerkbar machen zu können und gegebenenfalls das Zeichen D auf das Großsegel zu werfen (Morsezeichen -.., d.h., »Bin manövrierbehindert, freihalten«). Außerdem darauf achten, daß die Positionslichter deutlich sichtbar sind und die ganze Nacht über brennen.

Wir haben eine neue Freon-Blitzlichtleuchte, die mit zwei Batterien betrieben wird. Sie befindet sich an einem eigenen Flaggenstock. Wenn der sich oberhalb des Masttopps befindet, kann man uns auf drei oder vier Meilen sehen. Der Blitz ist auch in extrem dichtem Nebel noch auf 1/4 sm zu erkennen.

Zum Schluß noch ein warnendes Wort zum Schleppen. Wenn man ohne Maschine segelt oder die Maschine ausfällt, kommt man möglicherweise eines Tages in die Versuchung, ein Schleppangebot anzunehmen. Das sollte man aber möglichst vermeiden, denn man wird nur selten wissen, was der Mann, der da seine Hilfe anbietet, wirklich kann. Nur wenige Motoryachtbesitzer haben eine Ahnung davon, wie viel Fahrt ein Segelboot macht und wie sich der Luftwiderstand von Mast und Takelage auswirkt. Wer wirklich geschleppt werden muß, gibt seine eigene Schleppleine auf das andere Schiff und sorgt dafür, daß er sein Ende schnell lösen kann. Außerdem den Anker bereithalten. Zum Schleppen auf beengtem Raum sollte das Motorboot so längsseits festgemacht werden, daß sich seine Schraube etwas achterlicher als das Ruder des Segelboots befindet.

Wer Mast oder Ruder verliert und geschleppt werden muß, sollte dafür sorgen, daß der Preis noch auf See abgesprochen und schriftlich festgehalten wird. In Malaga lernten wir einmal einen Segler kennen, dessen 9m-Kutteryacht vor Torremolinos entmastet worden war. Er war weit genug draußen und nicht unmittelbar gefährdet gewesen, doch da seine Maschine nicht anspringen wollte, hatte er einem Fischer signalisiert und um Schlepphilfe bis Malaga gebeten. Bei der Ankunft im Hafen hatte der Fischer für eine Stunde Schleppen 170 Dollar verlangt – nicht unbedingt viel. Da der Segler das Geld nicht bar auf den Tisch legen konnte, hatte der Fischer drei volle Tage im Hafen warten müssen und sich das Pfandrecht an dem Boot gesichert. Letztendlich hatten die Hafenbehörden dem Fischer 1000 Dollar für das Schleppen und die verlorene Arbeitszeit zuerkannt. Wie die Situation auch sein mag – immer daran denken, daß man sein Schiff in dem Augenblick, in dem man ein Schleppangebot annimmt, dem seemännischen Können eines anderen anvertraut.

Ich habe eine Menge Motorsegler überführt und dabei immer wieder festgestellt, daß ich die Maschine in Betrieb nahm, sobald die Fahrt unter drei Knoten sank. Ich bin ein bequemer Mensch, und statt die Leichtwettersegel herauszuholen, mache ich es mir einfach und fahre gedankenlos unter Motor in der Hoffnung, daß der Wind wieder auffrischt. Wenn ich dann aber im Hafen ankomme, habe ich nicht das Gefühl, etwas geleistet zu haben, wie das nach einem Törn mit unserer motorlosen *Seraffyn* der Fall ist.

Wer die Maschine im Leerlauf arbeiten läßt, um die Batterien aufzuladen und die Bilge zu lenzen, die Schraubenwelle aber nicht in Bewegung setzt, dem garantiere ich, daß seine Selbstachtung und sein seglerisches Können sich immens vergrößern werden, wenn er lernt, Ozeanüberquerungen allein unter Segel zu machen.

# TEIL III

# Fahrtensegeln – geteilte Freude, doppelte Freude

Wenn man sich einmal in der Welt der langjährigen Fahrtensegler umsieht, wird sofort eines deutlich: Auf der großen Mehrheit aller Tourenyachten trifft man Paare oder Kleinfamilien an. Die Hiscocks, die Roths, die Paysons, die Dyers – in den Spalten der Segelzeitschriften, die in allen Einzelheiten über das Einlaufen von Fahrtenseglern in ausländischen Häfen berichten, finden sich zehnmal so viele Paare und Familien wie Einhandsegler oder Boote mit Besatzungen des gleichen Geschlechts.

In den folgenden Kapiteln befassen wir uns mit ein paar Möglichkeiten, zu der Art von Partnerschaft zu finden, die dafür sorgt, daß das Reisen auf den Meeren der Welt nicht zu einem Erlebnis der Einsamkeit wird. In einem dieser Kapitel gehen wir auch darauf ein, wie man in einem fremden Hafen Bekanntschaften macht.

Das letzte Kapitel dieses Teils soll zeigen, aus welchem Grund mir das Segeln mit Lin zusammen Spaß macht. Im Hafen und auf See, bei gutem und bei schlechtem Wetter, zu zweit ist es immer besser.

# 7
# Freiheit für den Pantrysklaven

In dem winzigen Fischerhafen von Carbonara auf Sardinien lagen nur zwei Yachten, und es dauerte nur ein paar Minuten, bis die übliche Fragerei begann.

»Woher seid ihr?« fragten wir die beiden Männer auf der Slup aus Frankreich. Glücklicherweise sprachen sie unsere Sprache, und unsere Unterhaltung war bald so weit fortgeschritten, daß wir vier in ihrem Cockpit saßen und uns gemeinsam den Wein schmecken ließen, den Joe von seinem eigenen Weingut bei Paris mitgebracht hatte.

»Wie wäre es, wenn wir heute abend zusammen kochen und essen würden?« Der Vorschlag kam von Joe.

»Großartige Idee,« antwortete ich. »Ihr könnt uns beim Feiern unseres Elfjährigen helfen.«

Joe schaute überrascht. »Ihr segelt seit elf Jahren?«

Larry schien noch überraschter. »Unser Elfjähriges?« Sein leicht gekränkter Blick forderte meinen Spott heraus. Dann erklärten wir den beiden, daß wir von den elf Jahren, die wir zusammen waren, acht Jahre auf See gewesen seien.

»Wie ich euch beneide,« seufzte Joe. »Ich wollte meine Frau auch mitnehmen, aber sie meinte nur, ich solle mir einen Mann dazu suchen. Mike hier ist ein prima Kerl, aber Jeannie wäre mir doch lieber.«

Anschließend nahmen Larry und ich das Beiboot, um an einem vielversprechend aussehenden Riff nach unserem Anteil am Abendessen zu tauchen. Während er pullte, meinte Larry: »Frauen brauchen Sicherheit. Deshalb gehen nur so wenige auf Fahrt.«

»Das glaubst du,« gab ich zurück. »Frauen macht das Fahrtensegeln keinen Spaß, weil die meisten Männer sich zu sehr in ihren Träumen vergraben, um an die Bedürfnisse der Haushaltsführung auch nur zu denken. Sie vergessen, ihre Frauen einzubeziehen, und sind zu ungeduldig, um sie richtig in das Segeln einzuführen.«

Nach der Jagd auf ein paar Fische legten wir uns faul auf einen Felsen und sprachen weiter über dieses Thema; dabei gelangten wir zu dem Schluß, daß die ersten Erfahrungen, die eine Frau mit dem Segeln macht, oft für ihre ganze spätere Einstellung gegenüber dem Fahrtensegeln bestimmend sind. Mein erster Törn fand an Bord der 16m-Ketsch statt, die Larry damals gechartert hatte. Er führte bei glatter See und strahlendem Sonnenschein dreißig Meilen an der südkalifornischen Küste entlang. Eine Woche darauf durfte ich auf einer 9,75m-Rennyacht bei einer Regatta mitsegeln, die wir bei Wind mit angenehmen 10 kn sogar gewannen! Nach einer solchen Einführung ins Segeln, hätte wohl jeder Geschmack daran gewonnen. Aber ich höre sehr oft, daß der erste Törn geradezu katastrophal gewesen ist. Rauhe See, schwere Gischt, ein Anflug von Seekrankheit. Wenn meine Bekanntschaft mit dem Segeln an einem durchschnittlichen Tag im Ärmelkanal mit Nebel, Windstärke 6, überbrechenden Seen, dichtem Schiffsverkehr und kaltem Wasser stattgefunden hätte, hätte ich wahrscheinlich keinen weiteren Gedanken mehr daran verschwendet. Wer wirklich will, daß seine Frau oder Freundin ihn bei diesem wunderbaren Erlebnis begleitet, muß das geschickt anfangen und die ersten Nachmittage zum Segeln sorgfältig aussuchen. Die nötige Bekanntschaft mit rauherem Wetter kann später immer noch kommen.

»In dem Augenblick, in dem wir die Leinen loswarfen, wurde mein Mann zu Captain Bligh. Er begann, mich herumzukommandieren – tu dies, tu das, kein 'bitte', kein 'danke'«. Das habe ich in den letzten sechs Monaten so oder ähnlich von drei Frauen gehört. Alle sind gegen das Fahrtensegeln eingestellt. Ich sehe ja ein, daß einer an Bord die Verantwortung übernehmen muß, aber mit das Wichtigste, das ein Paar lernen muß, ist, daß ein paar Minuten gemeinsamer Planung vor dem Setzen der Segel oder dem Festmachen an einer Anlegestelle letzten Endes alles Schreien und alle Niederträchtigkeiten überflüssig machen. Ein paar Stunden Segelunterricht in einer Jolle vermitteln dem weiblichen Partner an Bord all das, was er an Wissen und Können braucht, um bereitwillig und freudig zu helfen. Es gibt viele Witze über Männer, die ihrer Frau das Autofahren beizubringen versuchen. Dieselben Witze gelten auch für das Segeln. Wenn man dazu noch die Komplexität einer Fünf- oder Zehntonnenyacht rechnet, dürfte schnell klar werden, daß ein Segelkurs von fünfzehn oder zwanzig Stunden die bestmögliche Einführung ist.

Schauen Sie sich einmal ihr eigenes seglerisches Können an. Wenn die Partnerin an Bord nicht instinktiv darauf vertraut, wird sie niemals in der Lage sein, sich zu entspannen und das Segeln zu genießen. Ein paar Stunden Sonderunterricht oder ein Törn mit Betreuung durch erfahrene Segler kann dafür sorgen, daß Sie kein nervöser Skipper mehr sind, der seine eigenen Ängste auf die Partnerin an Bord überträgt.

Als wir vor fünf Jahren einmal Gäste des Coral Reef Yacht Club in Miami waren, erzählte uns der Eigner eines hübschen 8,5m-Schiffes, seine Frau segle sehr gern, könne sich mit der Idee, längere Zeit auf Fahrt zu gehen, aber nicht anfreunden. Schon vor einem Wochenendtörn graue es ihr. Kurz danach lernte ich die Frau persönlich kennen und fragte nach dem Grund.

»Für Sam ist das ganz einfach,« erzählte sie. »Er wirft am Freitagabend schnell noch ein paar Sachen für das Schiff in den Wagen, und schon geht es los. Aber für mich bedeutet ein Wochenendtörn, daß ich am Donnerstag spezielle Lebensmittel einkaufen, einen Block Eis mit fünfzig Pfund auftreiben und die ganze Segelbekleidung heraussuchen muß. Am Freitag packe ich das ganze Geschirr mitsamt Töpfen und Pfannen zusammen, lege Essen, Kleidung und Ölzeug zurecht, bringe den Sittich irgendwo unter und schaue noch einmal nach, ob ich das Toilettenpapier auch nicht vergessen habe. Anschließend geht es zum Schiff, dort darf ich alles wieder auspacken und ein Abendessen mit drei Gängen zubereiten. Am Samstag und Sonntag sitzt Sam, sobald der Anker gefallen ist, faul in der Sonne, während ich kochen und anschließend wieder abwaschen kann. Dann geht es zurück, und es heißt, Boot saubermachen, Geschirr, Töpfe und Pfannen einpacken und alles zum Wagen schleppen. Am Montag Segelzeug waschen und die Eistruhe auspacken. Sam hat Segelurlaub, und ich die doppelte Arbeit.«

Wenn Sam daran dächte, seine Wochenendyacht mit einem Extrasatz Geschirr, Töpfe und Pfannen und einem Vorrat an Dosen- und Fertignahrung auszustatten, wenn er auch mal einspränge und die Hälfte der Kocherei und Abwascherei übernähme und wenn er Sue einen Cocktail servierte, sobald der Anker gefaßt hat, ja, dann hätte

73

sie auch mehr Spaß an der Sache.

Sobald die Partnerin die Hürde des Segelnlernens übersprungen hat und sich langsam dafür zu erwärmen beginnt, die Leinen loszuwerfen und auf Fahrt zu gehen, muß man als Mann alles tun, um dafür zu sorgen, daß das Interesse nicht nachläßt. Die Paare, die wir als erfolgreiche Fahrtensegler kennen, sind echte Partner. Mann und Frau setzen sich zusammen hin und planen alles gemeinsam: Fahrtroute, Bootswahl, Umbauten für den Törn, Arbeitspläne und finanzielle Angelegenheiten.

Viele Frauen brauchen die Sicherheit, Geld auf der Bank zu haben – sozusagen ein Polster, auf das sie bei Bedarf zurückgreifen können. Bei mir ist das auch so. Larry sagt einfach:»Mach dir keine Sorgen, ich kann jederzeit mehr Geld verdienen.« Aber ich will diese finanzielle Sicherheit, um für uns beide sorgen zu können, wenn Larry beispielsweise eine Lungenentzündung bekäme, sich ein Bein bräche oder noch Schlimmeres passierte. An erster Stelle stehen bei mir die Gesundheit und die Ernährung der Familie, und ich muß immer wissen, wo ich stehe. So viel Geld braucht man außerdem gar nicht, um der Partnerin die Sicherheit zu geben, auf die sie Wert legt. Das Geld, das man spart, wenn man anstelle einer 9,75m-Yacht ein Schiff von 8,80 m kauft, ließe sich beispielsweise gut dafür anlegen.

Die Partnerin immer ermutigen, möglichst viel über den Umgang mit den Schiff, über Instandhaltung, Navigation und so weiter zu lernen. Einige der besten Nautiker sind Frauen. Von Mary Blewitt stammt beispielsweise eines der besten Lehrbücher über die astronomische Navigation für Kleinsegler. Frauen sind hervorragende Segelmacher und gute Lackierer, und so manch eine Frau begeistert sich für Reparatur und Instandhaltung von Maschinen und elektronischen Geräten. Je engagierter die Frau schon vor der Wahl des Schiffes ist, desto besser. Auf einer Tourenyacht ist kein Platz für verteilte Rollen; je mehr sich die Fähigkeiten der beiden Partner überschneiden, desto besser.

Als ich mit Joe an Bord seiner Slup beim Cocktail saß, wurde mir klar, warum seine Jeannie beschlossen hatte, zu Hause zu bleiben. Das Schiff war innen nur auf ihn ausgerichtet. Es besaß ein Sprechfunkgerät, ein Echolot, und ein Anzeigegerät für Windgeschwindigkeit und -richtung, aber nur einen einflammigen Kocher. Als Anrichte diente eine Ecke des Kartentisches. Es gab keinen Eßtisch, keine einzige Doppelkoje und nur offene Netze für die Kleidung. Joe gab zu, daß er von Jeannie bei den wenigen Gelegenheiten, bei denen sie an Bord gewesen war, erwartet hatte, daß sie kochte und sauber machte, weil sie das auch zu Hause gern tat. Er hatte keinen Gedanken daran verschwendet, daß sie möglicherweise vorhergesehen hatte, daß Joe dreihundertfünfundsechzig Tage im Jahr jeweils drei Mahlzeiten verlangen würde. Da war abzusehen gewesen, daß sie jeden Tag drei oder vier Stunden in einer engen, primitiv eingerichteten Pantry verbringen würde. Und Joe hatte ein Viertel der Hauptkajüte für einen Navigationsplatz mit Beschlag belegt, den er nur selten mehr als zwei Stunden am Tag braucht, und das auch nur auf See. Da kaum ein Fahrtensegler mehr als fünfzehn Prozent seiner Zeit auf See verbringt, läßt sich mit einfachster Mathematik ausrechnen, daß die Pantry acht bis zehn Mal häufiger benutzt wird als der Navigationsplatz. Joe war schließlich überzeugt, daß anstelle von Mike jetzt möglicherweise Jeannie an Bord wäre, wenn er mehr Zeit, Geld und Platz für eine gute Pantry und Inneneinrichtung und weniger für sein Navigationsgerät aufgewandt hätte.

Als wir vor acht Jahren zum ersten Mal mit der *Seraffyn* auf Fahrt gingen, waren viele Leute überrascht darüber, daß ein 7,3m-Schiff über eine Eignerkajüte im Bug verfügte. Heute gehört das auf kleinen Fahrtenseglern zur Standardausstattung, und das ist meiner Meinung nach auch sehr gut so. Sie bietet nicht nur eine Doppelkoje, in der man die Freuden des Ehelebens genießen kann, sondern beiden Partnern auch einen Schlafplatz ganz abseits der Stelle, an der man die meiste Zeit des Tages sitzt. Für die meisten Männer hat das nicht viel zu bedeuten. Aber für eine Frau, die die Hausarbeit übernimmt, ist das ein Unterschied wie zwischen Camping und richtigem Leben. Es ist absolut lästig, wenn man jeden Abend gezwungen ist, den Tisch abzuräumen, ihn abzusenken, das Bettzeug herauszuholen und das Bett zu machen, um auf dem umgebauten Eßtisch schlafen zu können.

Wer will, daß seiner Frau das Fahrtensegeln Spaß macht, sollte sich jedes Detail des Schiffes mit *ihren* Augen ansehen. Die kleinsten Einzelheiten für die Partnerin erfreulich machen; sie nach ihren Ideen zur Verbesserung der Inneneinrichtung fragen. Eine einfache, aber wirksame Heberdusche mit solarbeheiztem Wasser einbauen. Vor dem Einbau eines neuen Funkpeilgeräts lieber die Pantry in Ordnung bringen. Unterwegs auf einfachen Mahlzeiten bestehen und das Viergänge-Menü bis zum nächsten ruhigen Ankerplatz aufschieben. Die Partnerin zum Abendessen an Land einladen oder selbst kochen, während sie das Boot führt. Die Partnerin den nächsten Ankerplatz auswählen oder den nächsten Landausflug planen lassen. Sie gelegentlich für eine oder zwei Nächte in ein gutes Hotel entführen. Solche aufmerksamen Gesten sind für die Partnerin der sichtbare Beweis dafür, daß ihre Anwesenheit an Bord gewürdigt wird.

Andernfalls entsteht unterwegs oft ein Teufelskreis. Ankunft im Hafen. Die Frau geht einkaufen, kommt zurück, kocht und wäscht ab. Wieder an Land, um weitere Sachen einzukaufen, Wäsche waschen, kochen, abwaschen und so weiter, bis sie sich plötzlich sagt: »Warum bin ich eigentlich auf Fahrt? Alles, was ich zu sehen bekomme, ist der Marktplatz, der Kocher und die Spüle. Wenn ich zu Hause geblieben wäre, hätte ich wenigstens heißes Wasser und eine Waschmaschine.« Ich habe es selbst schon erlebt, daß ich drauf und dran war, den Wäschesack über Bord zu werfen und nicht mehr zu essen. Um die Sache noch schlimmer zu machen, fand ich mich unmittelbar darauf, wie ich den nächsten schmutzigen Topf schrubbte, während Larry sich gemütlich mit einem Drink in der Hand zurücklehnte. Schließlich explodierte ich dann doch. Einer Frau an Land passiert so etwas normalerweise nicht. Ihr Mann geht um acht Uhr zur Arbeit. Neun Stunden später kommt er geschafft zurück, und sie freut sich, wenn er es sich bequem macht. Aber da ich den ganzen Tag mit Larry zusammengewesen war, wußte ich, daß seine schwerste Arbeit darin bestanden hatte, eine Fockschot dichtzuholen. Sobald er sich über diesen Kreis im klaren war, arbeitete er dann auch daran, ihn zu durchbrechen, und half mir bei der Arbeit. Er sorgt dafür, daß genügend Eis an Bord ist, so daß wir nur noch einmal in der Woche einzukaufen brauchen. Wenn es in der Nähe keinen Waschsalon gibt, holt er Wasser, wringt die Sachen aus und hängt sie auf. Auf diese Weise haben wir mehr Zeit, um zusammen Besichtigungen zu machen, zu tauchen oder in der Plicht ein Buch zu lesen. Außerdem lernt er das Schiff dabei auch besser kennen. Meine Bitte um eine praktische Anbringung des Abfallsacks machte für ihn viel mehr Sinn, nachdem er vergeblich versucht hatte, die Teeblätter loszuwerden.

Fahrtensegeln muß Partnerschaft bedeuten, wenn es Freude machen soll. Bei all unseren Vorhaben teilen Larry und ich Arbeit und Spaß. Wichtig ist, daß die Frauen die Zeit haben zu lernen, wie man Segel repariert und mit dem Rigg umgeht, und daß sie ganz generell am Segeln als solchem beteiligt werden und bleiben.

Viele Männer gehen auf Fahrt, aber die große Mehrheit aller uns bekannten Schiffe, die länger unterwegs waren, wurde von Paaren gesegelt. Aus diesem Grunde mußte ich widersprechen, als Larry erklärte, Frauen gehe die Sicherheit über das Segeln. Wie viele Männer lieben auch viele Frauen Aufregung, Herausforderung und Abwechslung – und zwar besonders, wenn sie echte Partner bei diesem großartigen Erlebnis sein können.

# 8
# Partnerin an Bord und potentielle Lebensretterin

Eric Hiscock schrieb mir einmal: »Die einzige Möglichkeit, eine gute Mitseglerin zu bekommen, besteht darin, eine zu heiraten.« Als Verheiratete auf einem Fahrtensegler kann ich ihm da nur zustimmen; denn auf jede Frau, die das Segeln liebt und jeden Törn genau mit derselben Begeisterung und Aufregung wie ihr Mann plant, kommen zehn, die nur aus dem einen Grund segeln gehen, weil sie müssen. Dazu kommen weitere zwanzig, die nicht daran denken, längere Zeit auf Fahrt zu gehen, und wahrscheinlich die fünffache Anzahl von Frauen, die absolut kein Interesse für das Segeln aufbringen.

Es wäre zwar einfach, alle Schuld den Frauen zuzuschieben, aber ich habe das Gefühl, daß das Problem zum größten Teil darauf zurückzuführen ist, daß die Männer ihren Frau das Segeln nicht beibringen können oder wollen.

Als Mann könnte man hier vielleicht protestieren: »Meine Frau darf alles lernen, was sie will. Ich lasse sie sogar an die Pinne, wenn ich den Anker aufhole.« Aber ein Fahrtensegler ist für eine Anfängerin ein unmöglicher Ort, um das Segeln zu lernen. Neulich lernte ich ein Paar kennen, das auf einer 10,4m-Yacht lebte. Die beiden waren seit einem Jahr unterwegs, und in dieser ganzen Zeit hatte Shirley nicht einmal das Großsegel allein gehißt. Von Beginn an war es ihre Aufgabe gewesen, die Maschine anzuwerfen und dann an die Pinne zu gehen.

Als ich Grant fragte, warum er Shirley nicht mehr beigebracht habe, meinte er:»Es geht besser, wenn ich das selbst mache. Bis ich Shirley erklärt habe, wie sie mit der Fallwinsch umzugehen hat, habe ich die Segel schon oben und bin unterwegs.«

Ein anderer Mann behauptete, seine Frau brauche den Umgang mit der Ankerwinsch nicht zu erlernen. »Sie hat in der Pantry genug zu tun. Weshalb sollte sie dann lernen, wie man den Anker ausbringt?«

Und die häufigste Beschwerde von Frauen, die nicht wissen, wie sie ihr schwimmendes Heim segeln sollen, lautet:»Jedes Mal, wenn ich ans Steuer gehe, nervt er mich: Du bist zu hoch am Wind, das Segel ist zu dicht, du bist vom Kurs ab und so weiter.«

Wer seiner Frau das Segeln beibringt, hat nur Vorteile davon. Wenn sie weiß, wie man in kurzen Schlägen flußaufwärts segelt und wie man das Großsegel trimmt und refft, und wenn sie die Grundzüge der Navigation kennt, wird das Segeln unvermeidlich interessanter für sie.

Das Segeln wird außerdem angstfreier, wenn auch die Frau weiß, was in prekären Situationen zu tun ist. Ich werde nie vergessen, wie ich eines Tages vor Angst steif wurde, als Larry bei Windstärke 10 die Schot der Stagfock loslies. Das Segel schlug und knallte und erschütterte das Schiff vom Bug bis zum Heck. Nur Minuten später hatte Larry es unten und aufgetucht, und das Boot lag unter seinem stark gerefften Großsegel ruhig bei. Wenn ich an Deck und in der Lage gewesen wäre, ihm zu helfen, oder wenn ich nur genau gewußt hätte, was da vor sich ging, wäre ich auf den Lärm gefaßt gewesen und hätte gewußt, daß er keine Gefahr bedeutete.

Wenn sie über die mehr technischen Seiten des Schiffes Bescheid weiß, ist sich die Frau auch der Sicherheit bewußt, die ein ordentlich gebauter Fahrtensegler aufweist. Sie ist in der Lage, sich ihr schwimmendes Heim anzuschauen und zu sagen:»Ja, dieses Boot ist fest und sicher.« Und das Vertrauen in das Schiff ist ein weiterer Faktor, der das Segeln für sie erfreulicher macht.

Sobald die Frau weiß, daß sie das Boot unter den meisten Umständen sicher segeln kann, ist man als Mann in der Lage, während der Freiwache tief und fest zu schlafen. In dem festen Bewußtsein, geweckt zu werden, bevor das Boot bei einer Sturmbö überfordert wird oder zu weit auf Legerwall gerät, kann man die Zeit in der Koje auch richtig genießen. Jedes Mal, wenn man aufstehen muß, um den Kurs zu ändern, zu wenden oder ein Reff auszuschütten, geht eine halbe Stunde Schlaf verloren. Auf einer langen Fahrt können sich diese halben Stunden derart summieren, daß beim nächsten Landfall entweder eine vernünftige Entscheidung oder ein übermüdet getroffener Beschluß herauskommt.

Doch der wichtigste Grund dafür, daß ich so froh darüber bin, daß Larry mir das Segeln beigebracht hat, ist der, daß ich ihn liebe. Eines Tages könnte es ihm vielleicht das Leben retten, daß ich die *Seraffyn* ganz allein segeln kann. Wir waren mal vor den äußeren Inseln des finnischen Archipels bei Turku, als Larry plötzlich heftige Magenschmerzen bekam. Er hat eigentlich eine eiserne Gesundheit, und deshalb war ich wohl zurecht besorgt. Ich ruderte zu einer kleinen Handelsstation hinüber und rief in einer Arztpraxis an. Aus den Symptomen, die ich beschrieb, diagnostizierte die Ärztin Nierensteine und empfahl mir, sofort loszusegeln, weil die Küstenwache mit einer Schwangeren auf einer anderen Insel beschäftigt sei. Ich gab Larry ein Schmerzmittel und setzte die Segel. Ich schaffte an diesem Nachmittag noch dreißig Meilen und ging für die Nacht in einer offenen Bucht vor Anker, statt zu versuchen, bei Dunkelheit durch die kleinen Kanäle zu laufen. Am nächsten Tag erreichte ich Nagu, wo Larry sofort in das Krankenhaus eingeliefert wurde. Zum Glück hatte er etwas weitaus weniger schwerwiegendes als Nierensteine, aber wenn ich die *Seraffyn* nicht hätte segeln können, wäre uns nichts anderes übrig geblieben, als zu warten, bis der Arzt gekommen wäre oder vielleicht ein Küstenfrachter Larry mitgenommen hätte.

Vor zwölf Jahren trafen wir ein älteres Paar, das im Golf von Kalifornien segelte. Sechs Monate später hörten wir, daß die beiden auf Heimatkurs nordwärts an der Küste von Niederkalifornien gewesen seien, als der Mann beim Segelwechsel plötzlich einen tödlichen Infarkt erlitten hätte. Zum Glück habe die Frau gut genug segeln können, um die hundertfünfzig Seemeilen zurück nach Bahia Magdalena zu kommen, wo die Fischer ihr dann geholfen hätten.

Es reicht nicht aus, wenn man seiner Frau beibringt, das Schiff unter Maschine zu fahren. Das kann gutgehen, wenn ein eventueller Unfall in Zivilisationsnähe passiert, aber nur die wenigstens Boote haben genug Treibstoff für 600 oder 700 sm an Bord. Dann muß die Frau das Schiff segeln können, um den Treibstoff für die Hafenmanöver bei der Ankunft zu sparen. Ich weiß, das klingt düster, doch wenn der Mann, der Hunderte für Rettungsfloß, Leuchtkugeln, Seenotleuchten und Radarreflektoren ausgibt, vergißt, seiner Mitseglerin beizubringen, vernünftig zu segeln, vernachlässigt er sein bestes Sicherheitskapital.

80

Wie stellt man es nun an, seiner Frau nicht nur das Segeln beizubringen, sondern die Sache auch noch interessant zu machen? Als erstes würde ich vorschlagen, mal das eigene seglerische Können kritisch zu beleuchten. Eine Frau bemerkt mangelnde Erfahrung sofort. Sie wird sich nicht entspannen können, wenn es sich um einen Fall handelt, bei dem ein Blinder einen anderen Blinden führt. Wer unerfahren ist, macht unweigerlich Fehler, indem er beispielsweise die Genua zu lange oben läßt und dann auf dem schwankenden Vordeck mit einer wild schlagenden Masse kämpft und seine verängstigte Frau anschreit: »Im Wind halten, verdammt noch mal!« Weit besser wäre es, das Geld für eine Jolle zu investieren und eine Saison lang gemeinsam einen Anfängerkurs bei einem Segelclub zu besuchen.

Auch wer schon segeln kann, sollte seiner Frau ein Boot zum Üben kaufen, und zwar am besten ein Katboot, das sich problemlos allein segeln läßt. Dann kann die Frau allein aus ihren Fehlern lernen. So ist es auch mir ergangen. Larry kaufte mir ein Prahmdinghi mit drei Metern Länge, das anschließend ein perfektes Beiboot für die *Seraffyn* abgeben würde, die damals im Bau war. Wir feierten den Stapellauf, und ich legte stolz in der frisch getauften *Rabicon* ab – nur um mir gleich den zwei Meter langen Baum gegen den Kopf knallen zu lassen. Danach war ich beim Halsen gleich vorsichtiger. Dinghis reagieren schnell und haben einen großen Lehreffekt, so daß ich nach mehreren wunderbaren Abenden mit der *Rabicon* an Bord eines Fahrtenseglers zu viel mehr zu gebrauchen war. Als die *Seraffyn* dann schließlich vom Stapel gelaufen war, konnte meine weitere seglerische Ausbildung auf der Grundlage, die ich im Dinghi erworben hatte, weitergehen.

Sobald die Frau die Grundlagen des Segelns beherrscht, beginnt allmählich der Positionswechsel. Die Pinne an interessanten Stellen nicht immer selbst übernehmen. An die Schoten gehen, während sie flußaufwärts kreuzt. Ihr die Wahl des Ankerplatzes überlassen und den Anker für sie ausbringen. Frauen sind exzellente Navigatoren. Ich selbst habe die Navigation in einer Klasse mit vierzig Männern und acht Frauen gelernt. Alle acht Frauen erzielten in den Prüfungen Spitzenergebnisse. Zwei Jahre später traf ich eine meiner damaligen Mitschülerinnen auf ihrem schwimmenden Heim in Costa Rica. »Ich mache die ganze Navigation an Bord,« erzählte sie. »Das ist mit Sicherheit eine schöne Abwechslung von der Pantry-Arbeit.«

Das Schiff einmal unter dem Aspekt der interessantesten Arbeiten betrachten und diese Aufgaben der Frau überlassen. Sie wird dankbar darüber sein, daß sie nicht immer nur das Unterwasserschiff abschrubben muß, sondern auch mal das Tauwerk in Ordnung bringen und den Schlußlack auftragen darf.

Zum Schluß kommt noch ein Blick auf das Rigg. Ist die Schotwinsch groß genug, um auch ihr nicht zu viel Kraft abzuverlangen? Würde ein einfacheres Reff es ihr erlauben, die Segelfläche allein zu verkleinern? Wäre vielleicht ein Fockniederholer angebracht? Eine Abstimmung des Riggs auf die Bedürfnisse der Frau macht das Segeln letztendlich für beide erfreulicher.

Um gut segeln zu lernen, mußte ich mir etwas einfallen lassen, damit Larry mich nicht dauernd kritisierte, wenn ich etwas Neues versuchte. Eines Tages verbannte ich ihn sogar an das Vorstag am Ende des Bugspriets. Auf diese Weise verhallten seine Kommentare ungehört, und ich hatte bald mein eigenes Schema beim Wenden und schnellen Einholen der Fock heraus. Meine endgültige Belohnung erhielt ich, als Larry einen Monat lang unterwegs war und ich die *Seraffyn* allein über vierzig Meilen von Plymouth nach Falmouth an der englischen Südküste entlangsegelte. Ich weiß nicht, wer von uns beiden stolzer war. Larry erfuhr von meinem kleinen Törn und erklärte einem Freund: »Ich wußte, daß Lin das schaffen würde, aber jetzt brauche ich mir keinerlei Sorgen mehr zu machen, weil auch Lin weiß, daß sie bei Bedarf allein zurechtkommt.«

Wenn ich lernen kann, eine Tourenyacht zu segeln, kann das auch jede andere Frau. Ich bin 1,47 m groß, wiege 45 kg und habe keine Ahnung von Technik. Alles, was eine Frau braucht, ist das, was ich von Larry bekommen habe: Geduld, Ermutigung und ein eigenes Dinghi.

# 9
# Nur nicht bange machen

Sam kam an Deck geschossen, als wir durch das im Sternenlicht glänzende Wasser zwischen unseren beiden Schiffen ruderten. »He, schön, euch zu sehen. Seit wann seid ihr wieder da? Wie war die Überführung? Kommt an Bord, ich will euch mit meiner Frau bekanntmachen. Sie hat sich entschlossen, mich auf diesem Törn zu begleiten.«

Wir machten unser Dinghi fest, und stiegen in die Kajüte der *Delsamb* hinunter, die im warmen Schein einer Öllampe glänzte. Sam goß uns einen Drink ein und stellte seine sonnengebräunte Frau vor, deren Augen von Lachfältchen umgeben waren. »Das ist Beatty, sie hat noch nicht viel gesegelt, versucht es aber immerhin. Ich lasse es langsam mit ihr angehen. Kurze Tagestörns, bis sie das Boot richtig kennt. Setzt euch und erzählt mal, wie die Atlantiküberquerung war. Sturm gehabt?«

»Erst fünfunddreißig Meilen vor New Orleans,« begann Larry. »Wir liefen unter Maschine. Die See war ganz ruhig, und wir waren dabei, das Schiff für die Übergabe fertig zu machen. Gegen Mitternacht kam Wind auf, direkt von vorn. Um zwei Uhr lagen wir bei Wind mit 50 kn bei, die Temperatur fiel von 15 auf -8° C. Es war so kalt, daß wir jede Stunde Wachwechsel machen mußten. Das ging zweieinhalb Tage lang. Wir ließen die Maschine laufen, um wenigsten die Pantry etwas wärmer zu bekommen. Am zweiten Morgen bekam Lin eine Wettervorhersage herein – Wasserhosen. Und richtig, über der kochenden See hatten sich schon mindestens sechs gebildet. Ich war bereit, jeden Moment den Gang einzulegen, damit wir uns davonmachen konnten. Diese Dinger haben etwas Beängstigendes an sich; ich hatte vorher noch nie eine Wasserhose aus der Nähe erlebt. Die einzige Möglichkeit, auf Wache nicht zu erfrieren, bestand darin, sämtliche warmen

Kleidungsstücke plus Ölzeug und Socken an den Händen anzuziehen. Noch zwei Tage vorher hatten wir uns in der Sonne geaalt und Pläne geschmiedet, was wir als nächstes unternehmen wollten. Das Schiff hielt sich aber gut.«

Ich bemerkte, wie Beatty mit dem Kopf schüttelte, und dachte: »Jetzt geht es wieder los mit den Horrorgeschichten. Warum erzählt denn eigentlich niemand etwas von den schönen Zeiten auf See?«

Es ist schwierig, all die wundervollen Tage in der Erinnerung zu behalten und zu beschreiben; sie sind nämlich definitiv in der Überzahl. Auf derselben Überführung hatten wir schöne Tage erlebt, etwa den einen, an dem die Tropensonne so richtig tiefgehend wärmte und Richard, unser Crewmitglied aus Amerika, in seinem Seesack kramte und eine Hängematte hervorholte. Er spannte sie zwischen den vorderen Wanten aus, und während die *Vagrant Gypsy* mit fast sieben Knoten bei halbem Wind durch das Wasser rauschte, wiegten wir uns abwechselnd in der Sonne. Chris, unser Crewmitglied aus England, unternahm seinen ersten Versuch, Sauerteigbrot zu backen, nachdem er mir drei Wochen lang zugesehen hatte. Zur Teezeit konnten wir das Ergebnis, dick mit Butter und Marmelade bestrichen, genießen. Richard klimperte auf seiner Gitarre herum, und wir versuchten uns alle zusammen mißtönend an dem Beatles-Song »Here comes the sun, it feels like years since it's been here«.

Nicht nur die Männer erzählen gern Horrorstories. Ich hasse schweres Wetter und liebe das Segeln, doch sobald das Hallo nach einer zweijährigen Trennung von meinen Eltern vorbei war, ertappte ich mich dabei, wie ich zwei Menschen, die Spaß am Segeln haben, aber noch nie auf hoher See gewesen sind, die folgende Story erzählte: »Wir waren zu lange in der Ostsee geblieben. Alle hatten uns dringend geraten, spätestens Mitte September abzufahren oder das Schiff aus dem Wasser zu nehmen. Aber uns machte die Sache viel zu großen Spaß. Wir warteten einen neuntägigen Sturm ab, und plötzlich war es schon Mitte Oktober. Sobald die hundert Fischer von Rønne auf Bornholm ausliefen, wollten wir unterwegs sein. Der Wetterbericht hörte sich gut an. Um es kurz zu machen – als die Dunkelheit hereinbrach, nahm der Wind immer mehr zu, bis er schließlich Stärke 10 erreicht hatte. Wir holten alles Zeug runter, konnten aber nicht beiliegen und mußten weiter Fahrt machen, weil sämtliche Fischerboote zur Insel zurückwollten und wir ihnen aus dem Weg bleiben mußten, um nicht zu kollidieren. Die *Seraffyn* lief wunderbar vor Topp und Takel, als plötzlich eine See direkt über uns hereinbrach. Das Schiff war völlig eingehüllt. Der Mast muß wenigstens dreißig Grad unter der Kimm gewesen sein. Der Niedergang stand teilweise offen. Sämtliche Öllampen zerbarsten, und sobald wir uns aufgerichtet hatten, krabbelte ich aus der Koje und stand in 25 cm tiefem Wasser. Da ging das Lenzen aber los! Die Reling war um fünfundvierzig Grad abgeknickt, das Dinghi fast völlig aus der Vertäuung gerissen, das Kompaßgehäuse über Bord gespült. In demselben Sturm sank ein 400t-Frachter, und ein 200t-Küstenmotorschiff verlor die gesamte Decksladung und mußte in den Hafen geschleppt werden.«

»Und das macht euch Spaß?« wollte meine Mutter wissen. Im gleichen Augenblick erkannte ich meinen Fehler. Warum hatte ich stattdessen nicht von den drei Monaten unter der wundervollen Mitternachtssonne im Labyrinth der zwanzigtausend schwedischen und dreißigtausend finnischen Inseln erzählt, wo die sicheren Ankerplätze nie weiter als zwei Meilen voneinander entfernt sind? Ich hätte von den Zeiten sprechen sollen, in denen wir in Shorts, Sweatern und barfuß vor dem Wind dahinglitten. Baumbestandene Inseln säumten das enge Fahrwasser. Die Navigationszeichen auf unseren ausgezeichneten Karten stimmten genau. Eine finnische Achtmeter-Yacht holte langsam auf. Wir rasten nach unseren Kameras; auf der Yacht geschah dasselbe. Im engsten Teil des Fahrwassers holten sie uns ein. Wir stimmten in ihr Lachen ein und riefen Grüße herüber, während die beiden Skipper die ausgebaumten Großsegel dichter holten, damit die beiden Schiffe näher beieinander segeln konnten und nicht die Bäume am Ufer streiften. Sechs von acht Minuten tauschten wir die neuesten Nachrichten aus. Ich notierte mir die besonderen Ankerplätze, von denen sie uns erzählten, während Larry die *Seraffyn* in knapp sechs Metern Abstand zu dieser hübsch anzusehenden Rennmaschine auf Kurs hielt. Dann zog sie in der 8kn-Brise langsam davon, und wir machten es uns auf unserem sonnenbeschienenen Deck wieder bequem. Wie schön war doch das Leben!

Weil wir seit elf Jahren unterwegs sind, lernen wir dauernd Neu-Segler kennen. Oft stehen sie gerade davor, den großen Entschluß zu fassen. Sie wollen auf große Fahrt gehen. Deshalb kommen sie an Bord, um möglichst viele Informationen zu bekommen – so wie das auch bei uns der Fall war, als die *Seraffyn* gebaut und ausgerüstet wurde. Schon bald wendet sich die Unterhaltung von Eiskästen und Wasseranlagen zu Stürmen. Oder es laufen drei oder vier Schiffe denselben Hafen an, und die Besatzungen sammeln sich im größten Cockpit, um Neuigkeiten auszutauschen.

Unweigerlich steht eines der Paare noch am Anfang seiner Karriere als Fahrtensegler, und es taucht die Frage auf: »Wie ist das eigentlich mit den Stürmen?« Und schon geht es los mit den Horrorgeschichten. Dabei haben Larry und ich beim Blick in unsere Logbücher festgestellt, daß in den zehneinhalb Jahren und fast 42000 sm an Bord der *Seraffyn* weniger als einunddreißig Tage mit Windstärke 8 und mehr zu verzeichnen waren. Die meiste Zeit war wunderbares Segeln, gewürzt mit gelegentlichem harten Knüppeln und langsamem Treiben. Die sechs Überführungen, die ich mitgemacht habe, führten über 16000 sm, und dabei erreichte der Wind nur an zweieinhalb Tagen Sturmstärke. Das ist weniger als ein Prozent unserer gesamten Zeit auf See. Andere Fahrtensegler, die lange Zeit unterwegs waren, bestätigen diese Zahl. Bei richtiger Planung besteht gar kein Grund, viel Zeit in Stürmen zu verbringen. Und trotzdem – kaum ist ein Neuling an Bord, werden die Horrorstories wieder hervorgekramt, ohne Rücksicht auf die Wirkung.

Ich weiß, schöne Tage hinterlassen einen nicht halb so dramatischen Eindruck, aber sind sie es deshalb weniger wert, noch einmal nachempfunden zu werden? Was ist nicht erzählenswert daran, genau bei Sonnenuntergang langsam einen einsamen Ankerplatz anzulaufen, an Land zu rudern und ein kleines Feuer zu machen, um gemütlich Würstchen oder Steaks zu grillen? Warum sollte man nicht erzählen, daß es Spaß gemacht hat, sich rundum von der Sonne bräunen zu lassen und dabei die Delphine zu beobachten, die sich vor dem Bug tummeln?

Und dann der perfekte Törn, zwanzig oder zweihundert Meilen raumschots mit halbem Wind, bei dem man weder die Segel wechseln noch von Hand steuern muß, bei dem der Appetit auf das Gourmet-Abendessen durch eine Brise von 12 kn über einer weißgesprenkelten See angeregt wird. Wer sich beim nächsten Zusammentreffen mit Seglern und Möchtegern-Fahrensleuten dabei ertappt, daß er schon wieder eine schlimme Geschichte erzählen will, sollte darüber nachdenken, ob diese Geschichte vielleicht einen anderen davon abhalten könnte, seinen Traum zu verwirklichen. Könnte vielleicht die Partnerin eines Seglers, gerade bereit, mit ihm in dieses großartige Abenteuer aufzubrechen, es sich nach einer solchen Geschichte von fliegender Gischt und unter Wasser stehenden Kojen noch einmal überlegen? Wie wäre es stattdessen mit einer Geschichte von den phantastischen Tagen, in denen eine schöne frische Brise herrscht, von den Tagen, deretwegen wir doch alle segeln gehen?

Ich weiß, daß das schwer ist, aber ich versuche es zumindest – wenn ich auch fast dabei umkomme, nicht zu erzählen, wie ich eines Tages allein auf Wache war, bei Wind mit 25 kn aus Palma auslief und plötzlich eine böige Regenfront hinter mir bemerkte, die immer näher kam.

# 10
# Bekanntschaft schließen

Vor zehn Jahren, als wir uns langsam an das Erlebnis des Fahrtensegelns gewöhnten, als wir abzuschalten und zu lernen begannen, ohne Uhr zu leben und uns von Wind und Strömung leiten zu lassen, liefen wir in La Paz ein und ankerten neben einem kleinen Trimaran, der in Las Vegas, Nevada, registriert war. Das Paar auf dem Trimaran kam herübergerudert und fragte, ob wir schon mal in Laz Paz gewesen seien. Auf unsere verneinende Antwort hin boten die beiden uns an, uns alles zu erklären, was sie in den vergangenen zwei Wochen von der Stadt gesehen hatten.

Wir baten sie an Bord und mixten uns einen Rumpunsch. Zu viert verbrachten wir den Rest des Nachmittags unter unserem Sonnensegel. Als Annabelle und Gordon Yates sich zum Aufbruch rüsteten, dankten wir ihnen für die hilfreichen Tips und verabredeten uns für den nächsten Tag in einem neuen Restaurant. Während er in das Dinghi stieg, meinte Gordon: »Fahrtensegeln ist etwas Großartiges, und die Prämien, die es abwirft, sind die Menschen, die wir dabei kennenlernen.«

Damals dachten wir uns bei dieser Bemerkung noch nichts. Wir waren zu sehr damit beschäftigt, die Hummerbestände im Golf von Kalifornien mit Hilfe unseres bewährten Fischspeeres zu reduzieren. Wir verbrachten zwei oder drei Wochen am Stück in einsamen Buchten, lagen faul in der Sonne, schwammen, tauchten und werkelten am Schiff herum. Etwa alle drei Wochen segelten wir nach La Paz zurück, um unsere Vorräte aufzufrischen und mal wieder schön essen zu gehen.

Nachdem wir dann vier Monate unterwegs gewesen waren, bekamen seine Worte plötzlich Sinn. Wir begannen, uns umzublicken, und bemerkten Menschen um uns. Nicht nur die anderen Segler, sondern die Menschen in den Städten und Dörfern, die Fischer, die Besatzungen der Handelsschiffe. Wir bemühten uns, mit ihnen Kontakt zu bekommen, und stellten fest, daß unser Leben eine zusätzliche Dimension gewann.

Bei weitem am einfachsten kommt man mit anderen Seglern ins Gespräch. Da gibt es immer Gemeinsamkeiten. Das Eis ist oft schon gebrochen, wenn man eine andere Yacht anruft und beispielsweise nach dem Ankergrund fragt. Die meisten Marktstädte in den beliebten Segelrevieren verwandeln sich wochenlang in Partystätten, wenn zehn oder zwölf Fahrtensegler gleichzeitig einlaufen. Eine Yacht ist dann immer dabei, die wie eine Entenmutter aussieht, in deren Kielwasser fünf oder sechs Dinghis als Küken schwimmen.

Befreundete Segler bilden eine großartige Informationsquelle, und wenn man auch in unterschiedliche Richtungen davonsegelt, scheint man doch irgendwie in Kontakt zu bleiben. Annabelle und Gordon haben wir jetzt schon in drei verschiedenen Ländern wiedergetroffen. Die Gemeinde der Fahrtensegler ist nicht sehr groß, und wenn man zwei oder drei Jahre lang unterwegs ist, kennt anscheinend jeder neue Bekannte irgend jemanden, den man selbst erst im vorletzten Hafen getroffen hat.

In Europa machen die meisten Fahrtensegler offensichtlich lieber am Kai fest, statt zu ankern. Die nächste Yacht geht dann längsseits und so weiter. Wir haben schon erlebt, daß sechs oder sieben Boote derart im Päckchen lagen. Das ist eine gute Möglichkeit, Leute kennenzulernen, aber nur, wenn man nach spätestens zwei Tagen wieder ablegt. Die Belastung, keine Privatsphäre zu haben und dauernd Leute über das Deck laufen zu hören, wäre selbst bei alten Freunden schon schwer zu ertragen, von anderen, die man erst am gleichen Tag kennengelernt hat, ganz zu schweigen.

Weil andere Segler so kontaktfreudig sind und sich im allgemeinen sehr interessiert zeigen, müssen wir uns gelegentlich daran erinnern, warum wir eigentlich unterwegs sind. Um nur andere Segler kennenzulernen, hätten wir auch in unserem heimischen Revier bleiben können.

Das Fahrtensegeln ist eine Möglichkeit festzustellen, wie die Menschen in anderen Teilen der Welt leben. Das Schiff ist dabei das schwimmende Heim, das für einen Platz in der ersten Reihe sorgt. Es ist die Visitenkarte, und weil derjenige, der sie überreicht, die Mühe des Segelns auf sich genommen hat, statt ein Flugzeug zu nehmen, ist er für die Einheimischen interessanter.

Zu den ersten, mit denen wir Kontakt aufzunehmen versuchten, gehörten die Fischer. Bewaffnet mit einem Spanischwörterbuch, einem Eimer und einem Zehnpesoschein, ruderten Larry und ich zu einem mexikanischen Garnelenfänger hinüber, der in der Nähe ankerte. Die Fischer sahen uns kommen und machten die Vorleine unseres Dinghis fest. Sie winkten uns sofort an Bord. Ich versuchte, auf Spanisch nach dem Preis für ein paar Garnelen zu fragen. Der Captain konnte etwas Englisch, und es dauerte nicht lange, bis wir uns ein Bier teilten und eine Führung durch das Schiff erhielten – vom Maschinenraum bis zur Kombüse. Als wir fragten, wie denn all das kompliziert aussehende Fanggerät funktionierte, versuchte der Captain es zunächst mit einer auf das Deck geritzten Zeichnung, schlug aber bald die Hände über dem Kopf zusammen. »Das reicht,« sagte er. »Ihr fahrt heute abend mit uns hinaus.«

Er nahm über Funk mit einem in der Nähe der *Seraffyn* liegenden Trawler Verbindung auf und sorgte dafür, daß dessen Besatzung sie im Auge behielt. Dann hoben seine Leute unser Dinghi auf das Kajütdach, und schon waren wir unterwegs. Was für ein Erlebnis! Als wir am nächsten Morgen zurückkehrten, hatten wir einen Eimer mit frischen Garnelen, einen zweiten mit glänzenden Seemuscheln, den Magen voll mit geschmorter Schildkröte und den Kopf voller neuer Eindrücke.

Diese Erfahrung haben wir überall gemacht. Fischer sind freundliche Menschen. Ihre Tips sind nicht zu bezahlen. Ich würde sogar einem Fischer eher trauen als einem einheimischen Segler. Wir beginnen das Gespräch oft mit einer Frage nach der vermutlichen Wetterentwicklung und wissen am Schluß, welche Häfen zu empfehlen sind und wie sich schlechtes Wetter im allgemeinen ankündigt.

Die Sprache kann ein Problem sein, aber auch in Finnland, wo wir uns absolut nicht verständlich machen konnten, geschweige denn, etwas verstanden, waren die Fischer jederzeit bereit, es mit der Zeichensprache zu versuchen.

Auch an Bord von Handelsschiffen erfährt man viel Neues und lernt interessante Leute kennen. Besonders in kleineren Häfen, wo nur ein oder zwei Frachter vor Anker liegen, bekommt man schnell Kontakt mit den Besatzungen. Sie scheinen sich über die Abwechslung durch unerwarteten Besuch wirklich zu freuen. Fast alle Offiziere der Handelsmarine sprechen übrigens Englisch.

Und wie stellt man den Kontakt her? Wir rudern oft in unserem Dinghi zu den Liegeplätzen hinaus. Sobald sich jemand an Bord zeigt, fragen wir, ob das Schiff zu besichtigen ist. Eine Abfuhr haben wir bislang noch nicht erlebt, und der Gang über einen 120000t-Tanker – fünf Decks hinunter bis in den Maschinenraum und sieben Decks wieder hinauf bis zur Brücke – ist äußerst interessant und informativ. Da wir mit unserem Heim unterwegs sind, können wir die Gastfreundschaft jederzeit durch ein Essen an Bord oder einen Nachmittagstörn erwidern. In Mexiko nahmen wir mal den Ersten Offizier eines Stateline-Frachters mit zum Tauchen. Er fing einen Eimer Krabben, die er seinem chinesischen Schiffskoch gab, der uns daraus ein großartiges Abendessen zauberte.

Die Gastfreundschaft, die wir bei Yachtclubs überall auf der Welt erleben, ist einfach überwältigend. Die Mitglieder sind hilfsbereits, bieten uns ihre Häuser zum Wohnen an und sorgen für Unterhaltung. Eigentlich ist es nur diese Gastfreundschaft, die uns dazu verführt, große Häfen anzulaufen. Die Verlockung, wieder mal heiß zu duschen und Menschen zu treffen, die am Segeln interessiert sind, ist dann stärker als unsere Abneigung gegen Menschenmassen und Großstädte.

Um uns für die Gstfreundschaft revanchieren zu können, haben wir immer einen reichlichen Vorrat an Standern unseres eigenen Yachtclubs an Bord. Einen davon überreichen wir dann am Abfahrtstag dem Schriftführer oder dem Präsidenten des Yachtclubs, der uns aufgenommen hat. Das ist nur eine Kleinigkeit, die aber immer gut anzukommen scheint.

Empfehlungen durch Freunde und Bekannte sind im Ausland eine große Hilfe. Wir bewahren jede Adresse auf, die wir bekommen. Wenn wir dann einen Hafen in der Nähe erreichen, schreiben wir eine Postkarte, auf der etwa steht: »Wir sind mit einer kleinen Yacht aus Kanada unterwegs. Soundso hat uns gesagt, es würde uns gefallen, Sie kennenzulernen. Kommen Sie doch bitte morgen oder übermorgen zur Cocktailzeit auf einen Drink an Bord der *Seraffyn*. Sie erreichen uns in ...«

Auf diese Weise läßt man den Leuten die Wahl. Wenn sie zu viel zu tun haben oder wenn die Zeit ihnen nicht paßt, brauchen sie nicht zu reagieren. Wir haben schon viele nette Menschen auf diesem Weg kennengelernt. Im Schnitt reagieren neun von zehn Leuten durch promptes Erscheinen. Und weil sie diejenigen sind, die in diesem Land leben und arbeiten, können sie uns auch viel darüber erzählen.

Wir werden so oft zum Essen und zu Besichtigungsfahrten eingeladen, daß wir es uns zur Gewohnheit gemacht haben, überall kleine

Andenken zu kaufen. Eine Kette aus Passionsfruchtkernen kostet uns in Kolumbien nicht viel, bildet aber ein hübsches Mitbringsel zum Dank für eine Einladung auf den Bermudas. Wir haben einen richtigen Vorrat an Handgetöpfertem, Holzschnitzereien, Walzähnen usw., über den wir bislang immer ganz froh gewesen sind.

In England lagen wir letztes Jahr längsseits an dem Kai gegenüber der Hauptstraße in Poole. Den ganzen Tag lang schlenderten Leute vorbei und hielten an, um zu starren und zu träumen. Oft überwand sich jemand und fragte: »Woher sind Sie? Wie lange haben Sie gebraucht? Wohin wollen Sie?«

Ich beschloß, beim Nächsten den Spieß umzudrehen. Nach seiner ersten Frage konterte ich: »Woher sind Sie denn?« Er blickte ziemlich überrascht drein, antwortete aber: »Ursprünglich aus London, aber jetzt lebe ich hier.« Ich stellte ihm weitere Fragen über die Gegend, und ein paar Minuten später – nach einem Drink an Bord der *Seraffyn* – saßen Larry und ich in seinem Wagen, und er zeigte uns zusammen mit seiner Frau die schönsten Fleckchen in Dorset.

Je länger wir unterwegs sind, desto mehr werden wir in der Überzeugung bestärkt, daß die Menschen überall auf der Welt gleich sind – großartig nämlich! Manchmal allerdings ein bißchen schüchtern. Wenn man sie erst einmal kennengelernt hat, gibt es keinerlei Probleme mehr. Sogar mit dem bißchen Spanisch, das wir können, haben wir neue Freunde und Bekannte gefunden. Aber – mit Englisch und einem freundlichen Lächeln kommt man unter Menschen, die sich für Yachten begeistern, überall auf der Welt zurecht.

Als Besucher mit einem kleinen Schiff hat man einen wunderbaren Vorteil. Man kommt an einen neuen Ort und möchte etwas erleben. Man ist interessant, weil man Ausländer ist. Man kann lange genug bleiben, um die guten Seiten kennenzulernen, und anschließend die Segel setzen, bevor man die schlechten Seiten sieht oder bevor die anderen etwas über die eigenen schlechten Seiten erfahren.

Das ist ein bißchen so, als betrachte man das Leben durch die rosa Brille. Aber das ist ja schließlich der Grund dafür, daß wir auf Fahrt gehen. Wir sind Träumer auf der Flucht vor der alten und auf der Suche nach einer glänzenden neuen Welt. Es gibt diese neue Welt, und die Menschen, die wir kennenlernen, machen sie nur noch besser.

# 11
# Auf Wache

»Das schwere Eichenholz krachte wenige Minuten vor fünf herunter und ließ sie aus tiefstem Schlaf hochschießen...«

Ich blickte über das Buch hinweg auf den Kompaß und anschließend einmal in die Runde. Immer noch auf Kurs, keine Schiffe in Sicht. Also kehrte ich zu Henrietta zurück, die gerade ein Klopfen an der Küchentür vernahm. Acht Seiten weiter blickte ich wieder hoch. Großsegel und Genua erglühten in dunklem Rot, während die Sonne langsam am Horizont versank. Der warme Wind von achtern strich durch die Haare, die sich aus meinen Zöpfen gelöst hatten, und ließ sie meine Wangen kitzeln – so wie die Wellen mit den kleinen weißen Schaumkronen versuchten, den Spiegel der *Seraffyn* zu kitzeln.

Unmittelbar hinter mir summte das Log. Ich blickte nach Backbord, wo sich in einer Entfernung von fünf Meilen gerade der Vollmond über die Berge Portugals erhob. Dreitausend Meilen gen Steuerbord kämpften meine Familie und Freunde gerade gegen die Angst vor Inflation, Arbeitslosigkeit und Hypothekenzahlungen. Knapp fünf Meter von mir entfernt schlief Larry ungestört in dem Bewußtsein, daß unser Boot kräftig gebaut war und ich mit den meisten Notfällen fertig werden würde.

An Backbord zeigte der Mond sein blasses kahles Gesicht, an Steuerbord drangen die letzten Sonnenstrahlen durch die Wolken. Voraus lag das Abenteuer, achteraus erstreckte sich eine immer breiter werdende Blasenspur. Ich wandte mich wieder Henrietta zu, bei der gerade der nächtliche Sturm durch die Küchentür ins Haus eindrang.

Ich war froh gewesen, die Wache zu übernehmen, als Larry rief. Es war warm, ich brauchte nur einen leichten Sweater und Shorts. Am samtschwarzen Himmel glänzten die Sterne. In einer leichten Brise zogen wir mit etwa drei Knoten auf Amwindkurs ruhig unsere Bahn. Achterlicher als querab erschien alle zehn Sekunden zweimal das Feuer von Cabo Blanco. Ich lehnte mich gegen die Baumstütze und horchte auf die Geräusche, die Larry machte, als er in die Koje stieg. Eine Stunde später hörte ich ein neues Geräusch. Zuerst nahm ich an, es handle sich um einen neugierigen Delphin. Ich vernahm ein regelmäßiges Blasen, das achteraus immer näher kam.

Plötzlich spiegelte sich das Mondlicht auf einem riesigen schwarzen Wal etwa sechs Meter hinter unserem Achterschiff. Die *Seraffyn* ist 7,3 m lang. Der Wal schien doppelt so groß zu sein.

Ich rannte zum Niedergang. »Komm schnell, Larry,« flüsterte ich mit einem dringenden Unterton in der Stimme. Sekunden später stand er mit verschlafenen Augen an Deck. »Hab ich schon Wache?«

»Nein, Larry, ein Wal, ganz nahe.«

»Und du weckst mich wegen etwas so Lächerlichem wie... Herr im Himmel!« Larry schrie auf, als sich die riesige Masse schwarzen Fleisches 3 m querab langsam, aber unerbittlich im Bogen aus dem Wasser erhob.

»Lin, mach das Radio an, aber richtig laut,« meinte Larry. »Vielleicht läßt er sich durch den Lärm verscheuchen.« Ich gehorchte.

Wir stampften auf das Deck und schrien. Wir ließen das Nebelhorn ertönen. Aber der Wal tauchte regelmäßig alle zwei Minuten wieder auf und grüßte uns mit dem überwältigenden Duft seines faulen Atems.

»Wir wenden,« sagte Larry und kuppelte die Selbststeueranlage aus. »Vielleicht bleibt er ja auf Kurs.« Wir gingen auf den anderen Bug und liefen direkt von der Küste fort. Während ich steuerte, hielt Larry Ausschau nach unserem unerwünschten Begleiter. An seinem Blasgeräusch war zu erkennen, daß er keinerlei Interesse an uns verspürte. Er wollte nach Süden, und zwar ohne Umwege.

Als das Blasen kaum noch zu hören war, stellte Larry die Selbststeueranlage wieder auf unseren ursprünglichen Kurs ein. »Ich bin für einen steifen Drink, du auch? Und dann hast du hoffentlich nichts dagegen, daß ich den Rest meiner Freiwache nehme.«

Larry weckte mich sanft. »Deine Wache, Lin. Wir sind wieder bekalmt. Ich habe eine Peilung der Feuer von Berlenga und Peniche bekommen. Jetzt ist es allerdings wieder diesig.«

Ich stieg widerwillig aus dem warmen Schlafsack. Larry reichte mir mein Hemd, drückte mich kurz an sich und verschwand im Vorpiek.

Ich zog Stiefel und Jacke an, setzte Wasser auf und ging an Deck. Der riesige blauweiße Drifter hing schlapp an seinem Baum. Der Wind mußte zuletzt von achtern geweht haben. Seit zwei Tagen dauerten diese wechselnden sporadischen Winde jetzt schon an. Wir hatten noch fünfzehn Meilen vor uns und keinen Wind und schlechte Sicht. Ich ging unter Deck und goß mir eine Tasse Tee ein. Anschließend schaute ich im nautischen Jahrbuch nach, wann die Sonne aufgehen würde. Noch eine Stunde bis dahin.

Ich hörte das Nebelhorn eines Schiffes in der Nähe. Ich ging an Deck und sah schon bald seine Lichter in etwa einer Meile Entfernung. So schlecht war die Sicht also doch nicht.

Während ich im Cockpit meinen Tee schlürfte, war plötzlich eine leichte südliche Brise zu verspüren. »Soll ich oder soll ich nicht?« kämpfte ich mit mir und blickte auf den knapp 5 m langen Baum. Ich wartete noch fünf Minuten. Dann ging ich an die Arbeit. Ganz leise fierte ich die Dirk des Drifterbaums. Ich hängte den Baum aus und schob ihn vorsichtig über das Deck. Anschließend wurde der Drifter niedergeholt und verstaut. Zum Schluß kam der Baum in seine Halterung am Bugspriet.

Die Sonne ließ den Himmel gerade heller werden. Die *Seraffyn* nahm langsam Fahrt auf. Die Feuer von Peniche und Berlenga waren zu sehen, so daß ich schnell unter Deck ging, um unsere Position zu überprüfen. Die Sicherheitsmarge in dem sechs Meilen breiten Kanal war groß genug. Nach einem letzten Blick an Deck weckte ich Larry.

»Deine Wache, Larry,« sagte ich mit einem Gefühl der Enttäuschung. »Wir sind wieder bekalmt. Ich habe eine Peilung von Berlenga und Peniche bekommen. Jetzt ist es aber wieder diesig.«

Ein Hauch von einem Kuß streifte meine Wange. Ich öffnete die Augen und blickte in Larry lächelndes Gesicht. »Hallo, mein Käfer, wir machen richtig schön Fahrt, raumschots mit halbem Wind.«

Während ich meinen Sweater anzog, goß Larry sich ein Glas Rum ein. »Erinnerst du dich, was Pedro sagte, als wir aus El Capitan ausliefen: Seht zu, daß ihr vor November südlich von Cabo San Vicente seid, und ihr geht dem Winter aus dem Weg. Wie es aussieht, hat er nicht unrecht gehabt.«

Ich stieg in meine geliebten gelben Stiefel, nicht weil es an Deck naß aussah, sondern weil die Füße darin immer so mollig warm blieben. Larry kuschelte sich in den noch warmen Schlafsack.

Ich warf einen Blick in die Runde. Keine Schiffe in Sicht, ruhige See,

Segel gut getrimmt. Ich ging wieder nach unten und griff nach dem Buch, in dem ich bei meiner ersten Wache gelesen hatte. Bevor ich ein Kapitel beendet hatte, legte die *Seraffyn* sich in einer Bö heftig auf die Seite.

Ich stieg wieder an Deck, und schon krängte das Boot in der nächsten Bö, bis der Schaum durch das Speigatt lief. Nach dem Niederholen des Großsegels ließ die Krängung nach, aber ich blieb an Deck und beobachtete die Genua, die uns über 5 kn Fahrt machen ließ. Ich ging langsam nach vorn und entkam damit einem kräftigen Schwall Spritzwasser. Aus irgend einem Grund nahm mir dieser Schwall die Entscheidung ab. Ich nahm zwei Beschlagzeisings aus der Kiste an Deck, und holte die Genua mit Hilfe des Niederholers, den Larry für solche Gelegenheiten angebracht hatte, nieder und laschte sie am Bugspriet fest.

Nach dem Setzen des Großsegels bekamen wir wieder Fahrt, aber die Segelfläche reichte längst nicht aus, so daß ich das Vorsegel aus dem Sack nahm und hißte. Das Geräusch der Schotwinsch mußte Larry geweckt haben. »Warum hast du kein Ölzeug an?« knurrte er mich aus dem Schlafsack an.

Ich belegte die Schot und knurrte zurück: »Weil vor zwei Minuten noch kein Tropfen Wasser an Deck zu sehen war. Schlaf weiter.«

Ich ging unter Deck und holte mir für den Fall der Fälle das Ölzeug. Kaum hatte ich mich in die Hose gekämpft und war wieder an Deck, blitzte es in Luv. »Verflixt,« sagte ich mir. »Jetzt aber schnell die Genua vom Bugspriet.« Nachdem ich mir noch einen Zeh an der vorderen Luke gestoßen hatte, konnte ich endlich auf dem Hintern über das Bugspriet rutschen, froh darüber, daß ich die Ölhose anhatte. Die meisten Stagreiter waren schon ab, als Larrys gebieterische Stimme ertönte: »Was zum Teufel hast du nachts allein und ohne Gurt da draußen auf dem Bugspriet zu suchen, wenn das Boot zudem noch fünf Knoten macht?«

Wütend schrie ich zurück: »Einer muß ja schließlich das verdammte Vorsegel vom Stag lösen.«

»Du solltest lieber ein Reff in das Großsegel stecken,« fauchte Larry, während er sich gerade noch rechtzeitig vor einem Schwall Gischt in Sicherheit brachte. »Und zieh jetzt endlich das Ölzeug an!«

Ich verstaute die Genua, fierte das Großfall, wobei mir ein Fingernagel abbrach, und zog an der Reffleine. Nichts geschah. Ich blickte nach oben. Nichts vertörnt. Also die Taschenlampe holen. Feine Gischt spritzte seitlich über die *Seraffyn* und durchnäßte mich. Im Licht der Taschenlampe stellte sich heraus, daß sich die Reffleine am Riegel der Backskiste verhakt hatte. Ich löste sie, reffte das Segel, holte die Schot dicht, überprüfte den Kurs und beeilte mich, die Öljacke von unten zu holen.

Zurück an Deck versuchte ich, die Reffbändsel im vorderen Teil des Großsegels festzumachen, während ich mich mit dem Kinn am Baum hielt und wütend wurde, weil die Schiffsbewegungen sich immer mehr verschlimmerten. Ich hatte noch vier Reffpunkte vor mir, als die Schiffsuhr sechsmal schlug – drei Uhr. Larry war an der Reihe, Gott sei Dank!

Das Salzwasser machte Pfützen auf dem Boden, als ich nach unten kam. Während ich mich auszog, erzählte ich die Geschichte meiner Leiden. Ich hatte nur noch Strümpfe und Sweater an, als Larry sich aus der Koje bequemte. Er lächelte über meine Aufregung und meinte nur: »Beim Segelwechseln geht die Wache doch schnell vorbei, oder?«

# TEIL IV

# Was man nicht selbst reparieren kann, gehört nicht an Bord

Tom und Janet Steele, die mit ihrem 9,75m-Schiff *Adios* fast zweiundzwanzig Jahre lang unterwegs waren und zwei Weltumsegelungen gemacht haben, erklärten uns einmal: »Je weiter man sich von den Zentren des Segelsports entfernt, desto schwieriger wird es, bezahlte Arbeit auf anderen Schiffen zu finden. Die Leute, die zu den wirklich entlegenen Winkeln der Erde segeln, kommen allein zurecht. Sie haben ihre Boote so ausgerüstet, daß sie alles selbst reparieren können.« Die beiden haben recht. Das moderne Gerät, das das Segeln auf den ersten Blick so viel leichter und angenehmer zu machen scheint, kann sich als Mühlstein um den Hals erweisen, wenn es weitab von jeglicher Instandsetzungsmöglichkeit plötzlich nicht mehr funktioniert. Läßt man sich dann ein neues Teil kommen? Verzichtet man aufgrund von Verzögerungen durch Schäden am Gut auf zwei Monate Segeln oder riskiert man gar einen Törn in der Hurrikansaison?

Im Heimathafen drängen die meisten Leute darauf, daß man noch etwas kauft, was angeblich garantiert erforderlich ist. Der erfahrene Fahrtensegler aber wird sagen: »Wenn man etwas nicht selbst reparieren kann, ist es besser, sich jetzt die Ausgaben dafür und später den Ärger damit zu ersparen.«

Einfachheit ist angesagt. Vielleicht ist ja die extreme Unkompliziertheit, auf die wir bei unserem Schiff achten, nicht für jeden etwas. Aber die folgenden Kapitel liefern möglicherweise doch ein paar Ideen für den Weg zur Freiheit von der Technik.

# 12
# Die Alternativen

Die Behauptung, Fahrtensegeln könne man nur mit eingebautem Hilfsmotor, ist schlichtweg falsch. Ohne Maschine kann man vielleicht schon ein Jahr früher auf Fahrt gehen, spart zusätzlich Geld und hat ein geruchfreies Schiff, das zudem weniger Wartungsaufwand erfordert. Der Innenborder, der angeblich eine Notwendigkeit ist, erweist sich auf Schiffen von 9,75 m und weniger möglicherweise sogar als ausgesprochener Negativposten. Stattdessen sollte man sich lieber an die beiden Alternativen erinnern: Außenborder und Riemen.

Der offensichtlichste Nachteil eines Innenborders ist das Geld, das er kostet. Schon für den einfachsten Diesel mit 8 PS braucht man 2 500 Dollar, wenn man Welle, Tank, Außenbordanschlüsse und Bedienungsgeräte/Instrumente mitrechnet. Dazu kommen die Einbaukosten, die sich schnell auf 1 500 Dollar belaufen. So ist man bei einer einfachen kleinen Maschine schnell auf 4 000 Dollar. Wir haben zehn Freunde und Bekannte, die im letzten Jahr für ihren gesamten Lebensunterhalt und ihre Langstreckentörns weniger als 4 000 Dollar gebraucht haben.

Auch unterwegs kostet ein Innenborder Geld. Die Treibstoffkosten sind dabei in der Regel das Wenigste; teurer kommen die Ersatzteile und die Reparaturrechnungen. Wenn Geld gleich Fahrtzeit ist, können die Kosten eines Diesels eine Fahrt um Monate oder Jahre verkürzen.

Jede Maschine nimmt Schiffsraum in Anspruch – nicht unbedingt Platz, den man zum Leben braucht, aber auf einem Fahrtensegler zählt schließlich auch der Stauraum. Statt des Treibstofftanks könnte man beispielsweise einen weiteren Wassertank einbauen. In dem Raum, den die Maschine einnimmt, ließen sich fünf Säcke mit Segeln oder zwölf Kisten Dosen unterbringen. Auf einem 9,75m-Boot mittlerer

Verdrängung nehmen Maschine, Tanks und Ersatzteile etwa ein Fünftel des Rumpfvolumens ein. Das bedeutet, daß auf einem 8,5m-Schiff ohne Maschine genau so viel Raum zur Verfügung steht wie auf einer 9,75m-Yacht mit Innenborder. Die geringere Größe wirkt sich wiederum auf die Kosten aus. Ein kleineres Boot zu kaufen oder zu bauen heißt, daß man eher auf Fahrt gehen kann.

Als wir vor elf Jahren mit dem Fahrtensegeln anfingen, lernten wir eine Familie kennen, die wegen ihres Diesels kurz vor der absoluten Frustration stand. Bei der Maschine war die Kurbelwelle gebrochen. Das Schiff lag in einem hübschen winzigen Hafen namens Zihuatanejo in Mexiko. Der nächste Mechaniker befand sich in Acapulco, fast zweihundert Kilometer – oder sechs Stunden Busfahrt – entfernt. Er kam, baute die Maschine aus und zerlegte sie an Deck – natürlich nicht, ohne Teppiche und Teakplanken reichlich mit schmutzigem Öl zu bekleckern. Dann fuhr er wieder mit dem Bus nach Acapulco zurück, um weitere neue Teile zu besorgen. Zwei Wochen später – Deck ölverschmiert, Stimmung und Budget auf dem Nullpunkt – war die Maschine immer noch nicht repariert und die Familie drauf und dran, alles hinzuwerfen und das Segeln aufzugeben.

Ich nahm damals an, das sei ein ungewöhnlicher Fall, mußte aber später feststellen, daß neun von zehn Fahrtenseglern mit Innenborder derartig frustrierende Dinge erlebt hatten. Selbst wenn man alle Reparaturen selbst erledigt, bleibt immer noch der Ärger damit, die passenden Teile zu bekommen oder darauf zu warten, daß sie per Post eintreffen. Dazu kommt dann das Problem, sie durch den Zoll zu bekommen, was gelegentlich besonders schwierig ist, wenn man die Landessprache nicht beherrscht. Einen guten Mechaniker zu finden ist gar nicht so einfach, und möglicherweise muß man sich sogar mit einem Fischerbootmechaniker abfinden, der keinerlei Gespür für die ordentliche saubere Arbeit hat, die erforderlich ist, wenn eine Yacht ein Heim bleiben soll.

Von Freunden, die wir auf Malta trafen, hörten wir, daß sie den Nordostmonsun für ihren Törn über den Indischen Ozean verpaßt hatten, weil die Reparatur ihrer Maschine vier Wochen gedauert hatte. Ohne funktionierende Maschine hatten sie, wie sie sagten, nicht fahren können, weil sie dann keine Lichter, keinen Wasserdruck, keine Kühlung und keinen Funkempfang gehabt hätten. Statt die 4 000 sm von der Malakkastraße bis Aden mit leichter Backstagsbrise zu segeln, hatten sie fünfzig Tage teils mit Maschinenhilfe gegen Wind mit Stärke

6 und 7 angeknüppelt, weil der Südwestmonsun eingesetzt hatte. Nur wenige Leute besitzen eine von Hand anzulassende Maschine ohne jedes Drum und Dran. Die meisten haben zumindest eine Lichtmaschine mit Batterien für Anlasser, Innenbeleuchtung und elektronische Geräte und damit auch den Ärger mit der Elektrolyse.

Die gebräuchlichste Alternative zum Innenborder ist der Außenborder. Ein langsam laufender 7-PS-Außenborder mit hohem Drehmoment und Langschaft bringt auch eine 9,75m-Tourenyacht auf fast vier Knoten. Eine andere Möglichkeit besteht darin, das Beiboot mit einem Außenborder zu versehen und dann zum Schleppen zu benutzen. In Javea in Spanien beobachteten wir einmal, wie jemand sein Gummiboot mit 3-PS-Außenborder dazu benutzte, sein 9,75mSchiff, dessen Wellenanlage defekt war, in die Werft zu schleppen. Anschließend kam er zurückgetuckert und meinte zu uns:»Die Werftleute warten auf euch. Ich schleppe euch hin.« Er machte längsseits fest, und das winzige Maschinchen bewegte auch die *Seraffyn* mit ihren 5 1/4 t gegen den mit etwa acht Knoten wehenden Wind.

Ein Außenborder bedeutet natürlich Benzin mit der damit verbundenen Explosionsgefahr, doch dieses Problem läßt sich lösen, indem man den Motor und den Treibstoff in einer gut belüfteten Deckskiste oder im Beiboot verstaut. Besser noch ist es, wenn man den Benzintank abnehmen kann und den Außenborder vor dem Abbauen so lange laufen läßt, bis er abstirbt. Dann kann man ihn an einer passenden Stelle verstauen und den Tank an einem gut belüfteten Platz an Deck abstellen.

Ein Außenborder verbraucht möglicherweise doppelt so viel Treibstoff wie ein Diesel, aber die meisten Segler benutzen ihren Außenborder meist nur bei Hafenmanövern oder bei absoluter Flaute, wenn sie noch vor Einbruch der Dunkelheit den nächsten Hafen erreichen wollen. Auf langen Hochseetörns lernt man als Besitzer eines Außenborders, sich in Geduld zu üben und auch bei Schwachwind das Beste aus seinem Schiff herauszuholen; die durch den Treibstoffvorrat begrenzte Reichweite spielt hier nur eine untergeordnete Rolle. Im heimatlichen Revier sollte etwa 1 PS pro Tonne Verdrängung ausreichen, um den Skipper bei widrigen Winden und Gezeiten rechtzeitig zur Arbeit am Montag nach Hause zu bringen.

Den Strom für die Positionslichter und kleinere Geräte wie etwa eine Stereoanlage kann man mit einem Außenborder erzeugen, doch bei Gefriergeräten und Bilgepumpen wird es schwierig.

Ein Außenborder ist nicht nur billig und einfach zu montieren, sondern braucht auch nur wenig Stauraum und, was am wichtigsten ist, kann an Land gebracht werden, wenn er gewartet oder repariert werden muß. Wenn ein Außenborder schließlich hinüber ist, läßt er sich problemlos ersetzen, während neue Dieselmaschinen nie in die alten Halterungen und an die vorhandene Auspuffanlage zu passen scheinen.

Wir sind in elf Jahren 42 000 Meilen mit einem gut vier Meter langen Riemen als einzigem Hilfsantrieb gesegelt und waren dabei nur selten pünktlich am geplanten Ort. Dabei fällt mir ein, daß auch einige unserer Tagestörns erst um Mitternacht endeten. Aber was soll's? Eine der besonders schönen Seiten daran, keinen Motor, keinen Lärm und keinen schmutzigen Treibstoff zu haben, ist das Gefühl, der Verrücktheit der heutigen Welt entkommen und in den langsamen schwerelosen Rhythmus einer von Wind und Strömungen gelenkten Welt eingetaucht zu sein.

Wenn man keinen Motor hat, muß man sich natürlich auf einfache Geräte beschränken, die mit Trockenbatterien betrieben werden, oder auf natürliche Weise mittels Wind- und Wassergeneratoren oder Solarzellen Strom erzeugen. Andererseits kauft man dann aber auch weniger Geräte, die anschließend wieder ausfallen könnten.

Kanäle und Flüsse bilden für den Segler ohne Hilfsmaschine ein Problem, wobei man allerdings für Fahrten durch größere Kanäle wie etwa Panama-, Suez- und Nordostseekanal oft Außenborder mieten und an einer provisorischen Halterung befestigen oder Schlepphilfe bekommen kann. In kleinen Flüssen und kurzen Kanälen kann man möglicherweise auch pullen oder rudern, muß dafür allerdings meistens früh aufstehen, um nicht in den dichteren Verkehr zu geraten.

Ein Boot ohne Maschine muß auch bei Schwachwind gute Segelleistungen zeigen, und als Segler muß man immer härter arbeiten als andere, die über eine Hilfsmaschine verfügen. Aber das ist einer der Vorteile des reinen Segelns. Man ist nämlich gezwungen, gut segeln zu lernen. Und außerdem hat man die Freude, sich an dieselben Ankerplätze herangearbeitet zu haben, die auch so große Seeleute wie Columbus, Drake, Cook und Nelson nur unter Segeln erreichten. Wenn dann nach einem Törn mit abwechslungsreichen Windverhältnissen der Anker faßt, verspürt man ein Gefühl der Leistung, das nicht durch den Lärm und Gestank einer Maschine getrübt ist. Budget und Gesundheit profitieren von einem kleineren Schiff ohne Kosten für

Maschine, Treibstoff und Reparaturen. Ein neuer Viermeterriemen kostet weniger als fünfunddreißig Dollar. Bei Windstille und ruhiger See bringt er einen Fünftonner wie unsere *Seraffyn* mit eineinhalb Knoten voran. Und außerdem – Bauch- und Beinmuskeln sind sicher dankbar für die Betätigung.

Und die Sicherheit? »Ohne einen guten kräftigen Diesel für den Notfall würde ich nicht auslaufen!« Diesen Satz haben wir oft genug gehört. Aber wir sehen auch jedes Jahr wieder viele zerstörte und beschädigte Yachten, die über eine Maschine verfügten. In fast allen Fällen hatten sich diese Leute in schwierige Situationen gebracht and dann darauf verlassen, daß die Maschine ansprang oder weiterlief. Ich habe selbst einmal erlebt, wie ein 15m-Schiff an einem Wellenbrecher zu Bruch ging, nachdem der Eigner sich auf eine Maschine verlassen hatte, bei der plötzlich die Treibstoffleitung verstopft war. Mit aufgezogenen Segelhüllen und ohne bereitgehaltenen Anker hatte in der Achtknotenbrise keine Zeit mehr, weitere Segel zu setzen, bevor sein Schiff gegen die Felsen getrieben wurde, leckschlug und sank.

Vor einigen Jahren stand in der Zeitschrift *Pacific Yachting* ein interessanter Artikel über Segeltörns im Bereich der Tuamotu-Inseln, die auch als »gefährlicher Archipel« bekannt sind. Eine Tatsache fiel mir dabei auf. Neun Yachten waren in der betreffenden Saison von Victoria aus ausgelaufen, vier davon ohne Maschine. Vier von den neun Schiffen erlitten bei den Tuamotu-Inseln Schiffbruch. Von den fünf kanadischen Yachten, die schließlich in Papeete auf Tahiti eintrafen, hatten vier keine Maschine.

Ohne Innenborder ist das Segeln nicht notwendigerweise gefährlicher. Wenn es das Murphysche Gesetz (was schiefgehen kann, geht auch schief) nicht gäbe, würde eine Maschine erhöhte Sicherheit bedeuten. Aber Maschinen fallen nun mal unerwartet aus, und wir wissen, daß Segler ohne Maschine sich immer der Gefahr bewußt sind, in eine kritische Situation zu geraten. Die Vorsicht, die den wesentlichen Teil jeglicher Seemannschaft ausmachen sollte, wird für den motorlosen Segler zur zweiten Natur. Er hat in Ufernähe immer seinen Anker bereit. Er schaut sich seine Karten an und geht weiter auf See hinaus, wenn das Wasser in Küstennähe zu tief oder die Küste zu steil ist. Er meidet die Mitte vielbefahrener Kanäle und Schiffahrtsstraßen. Er sucht sich seine Ankerplätze sorgfältiger aus. Er überlegt sich, wie er für den Fall, daß sich die Lage ändert, problemlos fortkommt.

Für denjenigen, für den Geld keine Rolle spielt, der ein begeisterter

Motorenbastler ist oder der ein größeres Schiff braucht, mit dem er allein unter Segeln nicht zurechtkommt, steht eine Dieselmaschine an erster Stelle. Wenn hingegen das gesparte Geld ein Jahr sorgenfreies Segeln bedeutet, sollte man an einen Außenborder oder, bei kleineren Schiffen, an einen Riemen denken. Man kann überall auf der Welt ohne Innenborder segeln, auch im vielfach als windlos verrufenen Mittelmeer. Hunderte von Seglern machen das jedes Jahr vor.

# 13
# Riemenantrieb

Wie wäre es, das Schiff ganz aus eigener Kraft zu bewegen, wenn der Wind einschläft? In diesem Fall kommt der altbewährte Notantrieb zum Tragen – der Riemen. Er sorgt dafür, daß man bei Windstille in einen Hafen oder von einem Ankerplatz zum anderen kommt, hilft in Fahrrinnen, die zu schmal zum Kreuzen sind, bringt das Schiff gegen mäßig starke Strömung voran, bewegt das Schiff aus dem Windschatten des Landes in die Brise etwas weiter auf See und ermöglicht es, von einer unangenehm nahen Gefahrenstelle freizukommen.

Ein selbstgebauter Riemen ermöglicht all das, ohne daß andere durch Lärm gestört werden. Er ist problemlos zu reparieren und billig, Bau- und Ersatzteile gibt es überall auf der Welt. Ein Riemen läßt kein Öl auf das Teakdeck tropfen, verschmutzt das Meer nicht, braucht keine fossile Energie und ist so zuverlässig wie das Rad. Und außerdem – Pullen oder Wriggen verschafft dem Körper die Bewegung, die er braucht. Hört sich nach Werbung an? Ist es auch, nämlich für die Do-it-yourself- und die Move-it-yourself-Bewegung nach dem Motto: Besorgt euch einen Riemen und geht sofort auf Fahrt, das gesparte Geld für eine Maschine könnt ihr besser anlegen.

Bei ruhigem Wetter bringt ein Vierzehnjähriger ein leicht laufendes Segelboot unter 9 m mit dem Riemen auf eineinhalb bis zwei Knoten. Wenn man einen dreiflügeligen Propeller mit großem Schraubenbrunnen hinter sich herschleppt, verringert sich dieses Tempo ganz beträchtlich. Es gibt größere Yachten, die seit Jahren geskullt oder gewriggt werden. Gary Hoyt beispielsweise wriggt seine motorlose *Freedom 40*, wenn ihm der Wind ausgeht. Ich möchte mich aber hier auf Yachten unter 9 m konzentrieren, weil deren Eigner am meisten

Grob gesägte Esche, Fichte oder Tanne verwenden. Blattverjüngung anzeichnen und aussägen. Die oberen Maße gelten für einen 4,9 m langen, die unteren für einen 4,3 m langen Riemen.

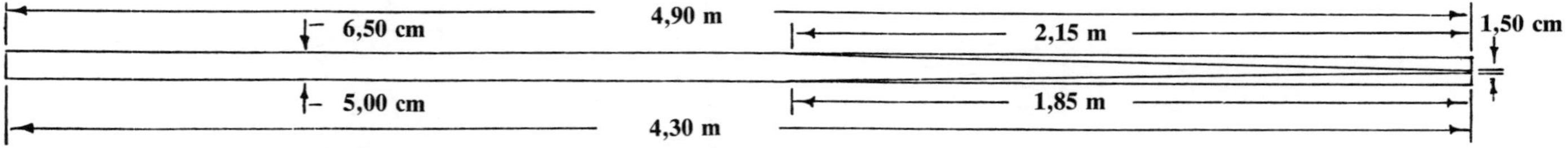

1,50 cm

2,15 m

1,85 m

6,50 cm

5,00 cm

4,90 m

4,30 m

Anschließend Blatt- und Schaftform anzeichnen und ausschneiden.

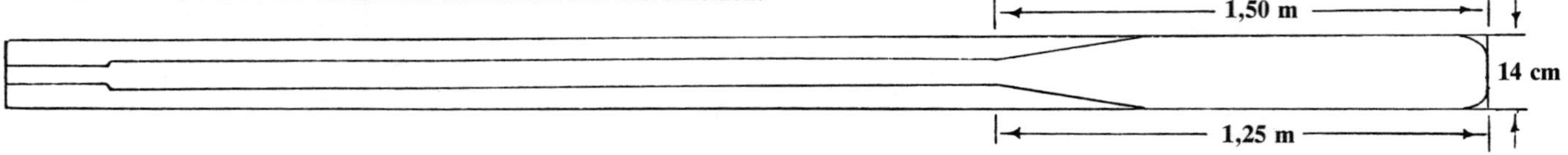

14 cm

1,50 m

1,25 m

Einfacher zweiteiliger Riemen

Blatt vor dem Abrunden des Schafts mit wasserfestem Kleber und Nieten oder Schrauben befestigen

3,20 cm

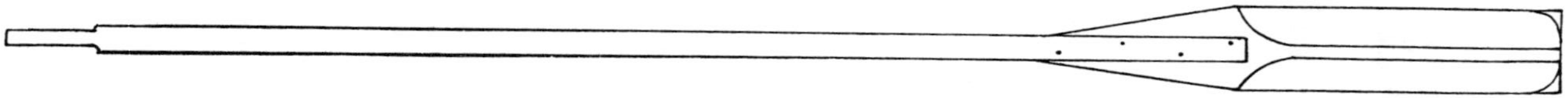

Diesen einfach zu bauenden Riemen zeigte mir Gordon Yates. Weil das Blatt abgewinkelt ist, dreht es sich zum Einsetzen automatisch. Die Abmessungen entsprechen etwa denen des einteiligen Riemens, oben.

Abb. 13.1

von dem zusätzlichen Stauraum und gesparten Geld durch Weglassen eines Innenborders und der entsprechenden Treibstofftanks profitieren. Dieser zusätzliche Stauraum vergrößert die Reichweite einer Tourenyacht insofern, als man dort Wasser und Proviant für einen weiteren Monat unterbringen kann und immer noch Platz für einen Leichtwetterdrifter aus Nylon oder eine zusätzliche Kiste zollfreien Rums bleibt.

Segler mit kleinen Schiffen können einen gebrauchten Riemen, etwa von einem Rettungsboot, kaufen, eine Dolle anbringen und dann bei Flaute problemlos mit Riemenantrieb vorwärts kommen. Zu segeln ist natürlich noch einfacher. Der Vorteil bei all dem ist: Je mehr man segelt und wriggt, desto geschickter wird man. Jedes Mal, wenn man sich des Riemens und der Segel bedient, sieht und bemerkt man irgendwelche Fehler und Defekte und kann sie beseitigen, wenn es an der Zeit ist. Je mehr man hingegen einen Motor benutzt, desto mehr verschleißen die nicht sichtbaren Teile, bis sie eines Tages in einem kritischen Augenblick versagen.

Ein Beiboot zu wriggen, um etwa einem benachbarten Schiff einen Besuch abzustatten oder in engen Yachthäfen an Land zu kommen, ist im wesentlichen das Gleiche, wie eine größere Yacht zu wriggen, nur viel einfacher. Weil die Oberkante des Spiegels beim Beiboot nicht so hoch über dem Wasser steht, kann man einen kürzeren Riemen verwenden. Wir haben einen unserer 2,3 m langen Beibootriemen mit einem 25 cm langen Lederüberzug versehen, und zwar in der Mitte, damit der Schaft beim Wriggen nicht so in Mitleidenschaft gezogen wird. Im Spiegel des Beiboot befindet sich eine Nut, etwa 3/4″ breiter als der Riemenschaft und genau so tief. Sie dient nicht nur als Dolle, sondern auch als Leitöse zum Ausbringen des Ankergeschirrs.

## Der eigene Riemen

Am einfachsten ist es, sich einen gebrauchten Riemen zu besorgen. Abb. 13.1 zeigt die Maße für den Selbstbau eines Riemens, wenn ein gebrauchter nicht zu bekommen ist. Die Dolle oder Riemengabel möglichst gleich passend besorgen, weil es in den meisten Häfen schwierig ist, große Dollen zu bekommen. Gegebenenfalls aus Edelstahl oder verzinktem schweißbaren Stahl eine Dolle anfertigen lassen oder, wie ich es für die *Seraffyn* gemacht habe, in der nächsten Gießerei aus Manganbronze nach einem Holzmodell gießen lassen.

Bei der Wahl des Riemens darauf achten, daß der Schaft bei waage-

**Bild links: Dieser Riemen ist zu kurz.** Es geht darum, daß man aufrecht stehen kann, während der Riemenschaft einen Winkel von etwa 40° zur Horizontalen bildet und das Blatt sich zu drei Vierteln im Wasser befindet.

recht gehaltenem Blatt in der Draufsicht gerade ist. In der anderen Richtung ist eine Durchbiegung von 5-8 cm auf eine Länge von 4,3-4,9 m noch hinnehmbar (siehe Abb. 13.2). Diese Durchbiegung trägt dazu bei, daß der Riemen sich beim Pullen automatisch flach dreht. »Oriental Ullows«-Riemen werden sogar extra so gebaut. Wenn dagegen die Durchbiegung in der anderen Richtung verläuft, wird das Pullen schwierig. Den Riemen möglichst so verstauen, daß er sich nicht durch das Eigengewicht biegen kann.

Die richtige Länge des Riemens ist von der jeweiligen Freibordhöhe abhängig. Wenn der Freibord achtern extrem hoch ist, braucht man einen längeren Riemen. Die Dolle auf der *Seraffyn* befindet sich 1,02 m über der Konstruktionswasserlinie, und wir verwenden einen 4,2 m langen Riemen. Auf unserem neuen kuttergetakelten 9m-Schiff beträgt der Abstand zwischen Konstruktionswasserlinie und Dolle 1,22 m, und der neue Riemen ist 4,80 m lang. Ich glaube, aus diesen Beispielen wird in etwa deutlich, worum es geht: Man muß aufrecht stehen können, während der Riemenschaft einen Winkel von etwa 40° zur Horizontalen bildet und das Blatt sich zu drei Vierteln im Wasser befindet.

Ich befestige den Lederschutz am Schaft mit Kontaktkleber und schräge die Verbindungsstelle ab. Nägel oder Klammern kommen nicht in Frage, weil sie den Schaft am Punkt der höchsten Beanspru-

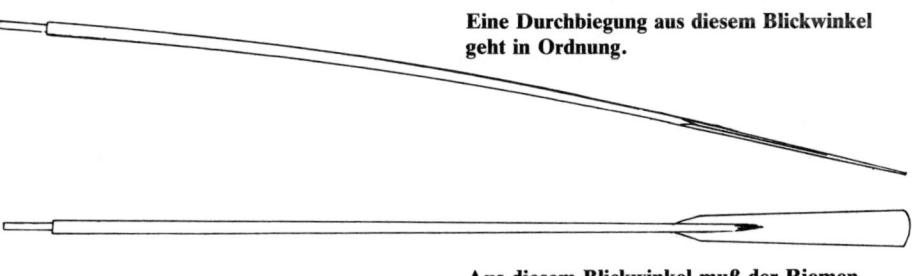

**Eine Durchbiegung aus diesem Blickwinkel geht in Ordnung.**

**Aus diesem Blickwinkel muß der Riemen gerade sein.**

Abb. 13.2

109

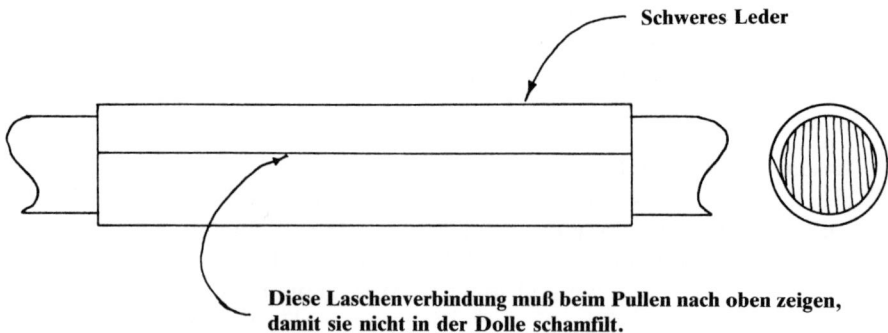

Schweres Leder

**Diese Laschenverbindung muß beim Pullen nach oben zeigen, damit sie nicht in der Dolle schamfilt.**

Abb. 13.3

chung schwächen würden (Abb. 13.3). Weil das Drehen des Riemens das Ermüdendste am Pullen ist, sollte man alles tun, um die Reibung in der Dolle zu verringern. Ich reibe deshalb das Leder mit Schmierfett oder Speiseöl ein und sorge mit einem Zeising dafür, daß der Riemen immer an der richtigen Stelle in der Dolle ruht. Auf diese Weise spare ich mir einen Wulst an dem Lederüberzug. Ohne diesen herkömmlichen Wulst ist die Reibungsfläche geringer.

Nachdem jetzt die Frage von Dolle und Riemen geklärt ist, ergibt sich das Problem der richtigen Stelle zum Pullen und Wriggen. Zunächst einmal besorgt man sich ein Stück Tannen- oder Hartholz von etwa 10x10 cm und bohrt ein Loch hinein, das etwa im Winkel des Spiegels verläuft. Bei einem Doppelender beträgt der Winkel 15°. Das Loch muß groß genug sein, um den Stiel der Dolle aufzunehmen. Die provisorische Dollenbuchse wird nun mittels Klemmen fest an der Heckreling befestigt. Auf diese Weise erhält man eine verstellbare Buchse, mit der man herumexperimentieren kann, um die beste Position zu finden. Wo die Dolle angebracht wird, ist nicht so wichtig; allerdings sollte das Innenbordende des Riemens sich in Brusthöhe befinden, wenn man seitlich davon aufrecht steht. Außerdem muß genügend Platz vorhanden sein, um den Riemen etwa 60 cm hin und her zu bewegen.

Wenn eine Stützplatte für einen Außenborder vorhanden ist, kann man die Dolle auch daran befestigen. Oder man schneidet eine Nut in das senkrechte Holzteil, an dem der Außenborder festgeklemmt wird, und legt den Riemen dort ein.

Mit dieser provisorischen Dollenbuchse arbeitet man nun eine Zeit-

110

Durch diesen Zeising erübrigt sich der Wulst am Lederschutz.

Position beim Pullen; mit der Pinne zwischen den Beinen kann man Kurskorrekturen vornehmen.

lang, bis man sicher ist, die ideale Position gefunden zu haben. Dann kann endgültig die Metallbuchse angebracht werden. Auf der *Seraffyn* müßte die Buchse eigentlich zehn Zentimeter weiter nach Steuerbord sitzen. Na ja, man lernt eben nicht aus.

Die richtige Stelle für die Dolle zum Pullen findet man auf dieselbe Weise. Auch hier gilt, daß sich das Innenbordende des Riemens in Brusthöhe befinden muß, während man aufrecht steht.

**Das Geheimnis des Wriggens**

Als wir zum ersten Mal mit der *Seraffyn* ausliefen, hatten wir einen gebrauchten, 4,30 m langen Riemen dabei, für den zwei Dollen vorhanden waren, eine zum Pullen auf der Steuerbordseite des Cockpits und eine zum Wriggen auf der Backbordseite der Heckreling. Mehrere Jahre lang pullte ich ich bei Bedarf und griff nur, wenn es eng wurde, auf das Wriggen zurück. Ich pulle, wie es die Fischer machen, aufrecht im Cockpit mit der Pinne zwischen den Beinen. Auf diese Weise kann ich jederzeit den Kurs etwas korrigieren.

Zum Pullen mit nur einem Riemen braucht man ziemlich viel Raum. Bis das Schiff eine gewisse Fahrt aufgenommen hat, schert es gegen den Druck des Riemens aus. Beim Pullen erreicht man eine bessere Kraftausnutzung als beim Wriggen, doch über längere Strecken ist es schwer und ermüdend, weil man den schweren Riemen immer wieder aus dem Wasser drücken und neu einsetzen muß.

An engen Stellen wie etwa zwischen Anlegestegen oder dicht beieinander liegenden Yachten kommt man mit Wriggen weitaus besser zurecht. Damit kann man das Schiff auch ohne weiteres um 360° um seinen Mittelpunkt drehen. Zum Wenden pullt man einfach in eine Richtung, bis der Bug in die gewünschte Richtung zeigt, und fängt dann wieder an zu wriggen. Mit einem Riemen, der drei Meter seitlich über das Schiff hinausragt, sind solche Manöver unter beengten Verhältnissen nicht möglich.

Vor zwei Jahren lernten wir auf den Gulf Islands vor British Columbia Ron Wall kennen, der auf einer 7,9m-San-Pierre-Dory lebt. Er zeigte uns den Trick mit dem Reep. Bis dahin hatte Lin mit ihren 1,47 m und 45 kg nicht die Kraft gehabt, um die *Seraffyn* zu pullen oder zu wriggen. Nachdem ich Rons Reepverbindung angebracht hatte, bewegte sie unseren Fünfeinhalbtonner wie eine erfahrene Sampanbesitzerin.

Bei diesem Reep handelt es sich schlicht und einfach um ein 3/16«
dickes Dacronende mit wenig Reck, das durch eine entsprechende
Bohrung im Riemen etwa in der Mitte zwischen Dolle und Griffstück
geführt wird. Diese Bohrung muß im rechten Winkel zur flachen Seite
des Riemenblattes verlaufen. Der andere Tampen wird an einem
Beschlag senkrecht unter dem Loch im Riemen belegt. Zum Ausprobieren verwendet man am besten erst mal einen vorhandenen Beschlag.

Sobald man gelernt hat, dieses Reep jederzeit straff zu halten,
nimmt es die nach oben gerichtete Bewegung des Riemens auf, wenn
dieser mit dem Blatt in einem Winkel von etwa 35° zur Wasseroberflä-
che (siehe Abb. 13.4) hin und her bewegt wird. Das Reep unterstützt
weiterhin die nach jedem Schlag erforderliche Drehbewegung, so daß
die Belastung der Handgelenke verringert wird. Auch ein absoluter
Anfänger erreicht schon nach wenigen Minuten Praxis siebzig Prozent
der theoretisch möglichen Leistung. Einfacher als mit diesem Reep
geht es nicht mehr.

**Das Wriggreep**

**Die klassische Wriggstellung**

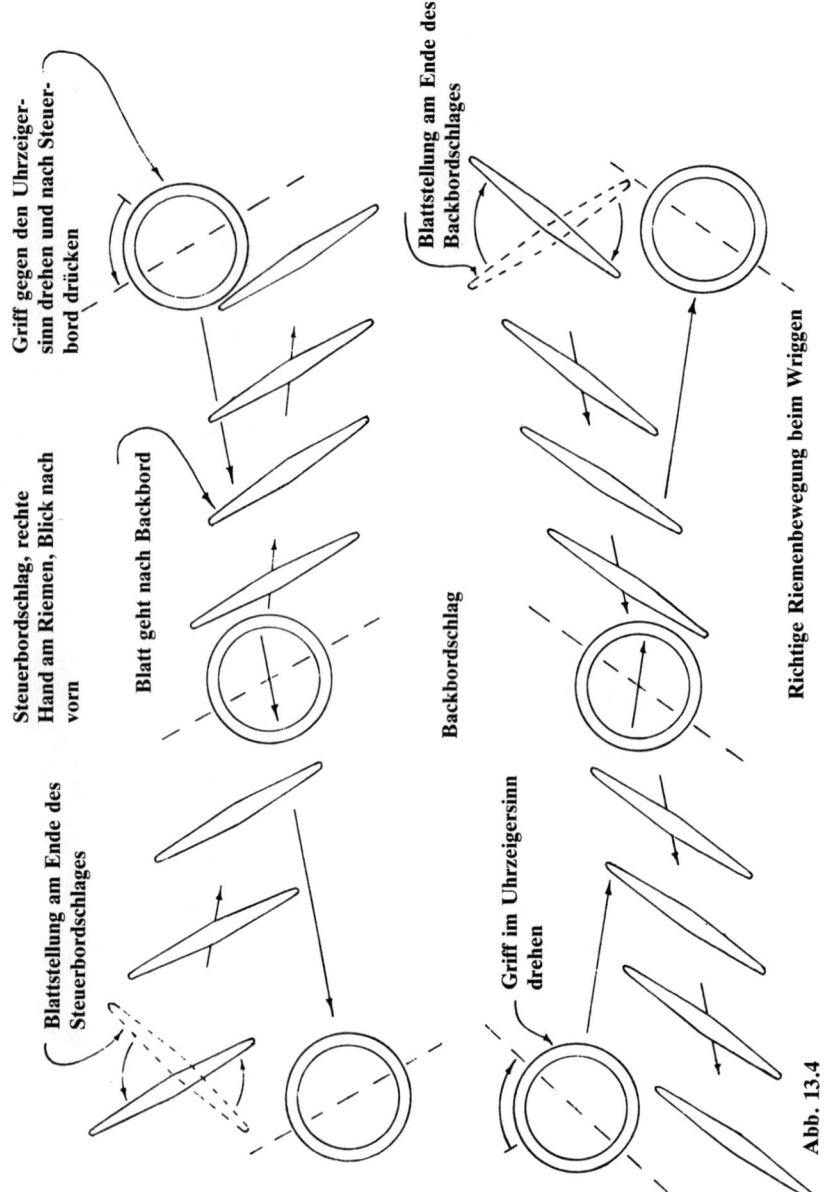

Griff gegen den Uhrzeigersinn drehen und nach Steuerbord drücken

Steuerbordschlag, rechte Hand am Riemen, Blick nach vorn

Blatt geht nach Backbord

Blattstellung am Ende des Steuerbordschlages

Blattstellung am Ende des Backbordschlages

Backbordschlag

Griff im Uhrzeigersinn drehen

Richtige Riemenbewegung beim Wriggen

Abb. 13.4

Die klassische Stellung ist für das Wriggen über größere Strecken am bequemsten, weil der Oberkörper sich dabei frei hin und her bewegen kann. Diese Pendelbewegung ist einfacher und weniger ermüdend als der reine Armeinsatz.

Wer den Wriggriemen erst mal eine Zeitlang verwendet hat, wird die Problemlosigkeit und zusätzliche Manövrierfähigkeit bald zu schätzen wissen. Aus Sicherheitsgründen sollten natürlich auch an einem ruhigen Ankerplatz ein Anker bereit, Festmacheleinen und Fender in Griffweite und die Segel angeschlagen sein. Schließlich könnte jederzeit plötzlich eine Windbö auftreten, gegen die man nicht anwriggen kann.

Von anderen männlichen Seglern werde ich immer wieder gefragt, warum Lin so begeistert segelt. Ich glaube, daß Frauen intelligenter sind, das heißt, daß sie einen besseren Überlebensinstinkt besitzen. Sie begeben sich nicht gern in gefährliche Situationen, indem sie beispielsweise in den Krieg ziehen oder mörderische Berge besteigen. Sie gehen instinktiv weniger Risiken ein, um die nächste Generation aufziehen zu können. Das ist es, was die menschliche Rasse am Leben erhält. Intelligente Frauen wissen, daß ihre Männer krank werden oder sich ein Bein brechen können. Ihr Überlebensinstinkt wehrt sich dagegen, auf einem Schiff zu sein, dessen Handhabung für sie zu schwierig ist – seien es die Segel, das Ankergeschirr oder die Maschine, die gegebenenfalls repariert werden muß. Wenn sie das Boot mit dem Riemen vorwärts bewegen, den Anker ausbringen und einholen und die Segel setzen und trimmen können, sind sie im Vertrauen auf diese Fähigkeiten in der Lage, sich zu entspannen und abzuschalten. Sie wissen, daß sie etwas unternehmen können, wenn ihr Gefährte außer Gefecht gesetzt ist. Ich weiß, daß Lin, seit ich das Wriggreep angebracht habe, sich besser in der Lage fühlt, allein zu segeln, weil sie das Boot von der Anlegestelle freiwriggen kann.

Auch wenn eine Hilfsmaschine vorhanden ist, bildet ein Riemen eine gute, günstige Reserve, die immer einsetzbar ist (auf französischen Yachten unter 8 m gehört ein Riemen zur gesetzlich vorgeschriebenen Mindestausstattung). Er kann außerdem als provisorisches Ruder dienen, wenn die Ruderanlage ausfällt.

Aber der Hauptgrund dafür, daß ich anstelle eines Innenborders einen Riemen verwende, liegt darin, daß er das Segeln zum Sport macht. Eine Maschine nimmt dem Fahrtensegeln viel von der Herausforderung und dem Gefühl, etwas zu leisten. Ich bin mir der Tatsache bewußt, daß Leute, die Montag morgens wieder am Arbeitsplatz erscheinen müssen, realistischerweise eine Maschine benötigen. Aber auch denen würde ich raten, für alle Fälle einen Riemen an Bord zu haben. Er könnte dafür sorgen, daß der zweiwöchige Urlaubstörn fortgesetzt werden kann, statt frustriert im Hafen zu sitzen und auf die Reparatur der Maschine zu warten. Uns haben schon oft genug die armen Segler leid getan, die – auf Mechaniker und Teilelieferanten schimpfend – den größten Teil ihres Jahresurlaubs im Hafen verbrachten.

Für die unabhängigen Seelen, die sich für ein oder zwei Jahre in die Karibik oder nach Mexiko davonmachen können, spielt Zeit keine Rolle, und das Geld, das sie nicht für Maschine oder Treibstoff auszugeben brauchen, verlängert ihren Törn. Hier kommt der Riemen ins Spiel. Er senkt die Allgemeinkosten, stärkt das Gefühl, etwas zu leisten, und trägt dazu bei, daß man sich mit den motorlosen Seglern aus der Zeit vor fünfzig oder sechzig Jahren identifizieren kann. Ein Versuch zeigt, daß das auch heute noch funktioniert.

# 14
# Elektrischer Strom – es gibt andere Möglichkeiten

Die meisten Neulinge im Fahrtensegeln zeigen sich überrascht darüber, wie unzuverlässig die elektrische Anlage schon nach einem Jahr ununterbrochenen Gebrauchs ist. Wenn sie nicht gerade elektrotechnische Zauberer sind, machen Korrosion, überladene Batterien, Lichtmaschinendefekte und Mangel an fähigen Technikern sie zu Sklaven ihrer eigenen Geräte.

Wir haben einmal eine Umfrage unter Seglern gemacht, die seit mindestens einem Jahr unterwegs waren. Eine der Fragen lautete: »Was für elektrische Geräte sind an Bord und welche davon sind zum augenblicklichen Zeitpunkt in Ordnung?« Kein einziger von den fünfundsiebzig befragten Seglern konnte melden, daß alle Geräte ohne Beanstandung funktionierten.

Ich bin nicht der Meinung, daß man auf sämtliche hilfreichen Geräte verzichten muß, um das Problem mit der anfälligen, feuchtigkeitsempfindlichen Elektrik und Elektronik in den Griff zu bekommen, zumindest nicht, wenn man stattdessen auf mechanische, hydraulische und motorgetriebene Ausrüstungsgegenstände sowie elektrische und elektronische Geräte mit einfachen Trockenzellen zurückgreift. Wenn man alle Möglichkeiten ausschöpft, ohne Elektronik auszukommen, erhält man nicht nur eine zuverlässigere, von weniger gegenseitiger Abhängigkeit geprägte Anlage, sondern entlastet auch die Batterien, die dann für echten Luxus zur Verfügung stehen – etwa ein gutes Stereogerät oder Leseleuchten über der Koje.

Zum Glück sind all die unverzichtbaren elektrischen Geräte, die man als Segler braucht, in zuverlässigen, in sich geschlossenen, günstigen und tragbaren Ausführungen erhältlich. Letzteres ist besonders günstig, wenn man gelegentlich mit fremden Schiffen segelt oder Yachten überführt. Ein tragbarer Funkempfänger, zwei Quarzuhren, eine Sammlung Taschenlampen, zwei Stroboskopleuchten und ein mit einer 6V-Trockenbatterie betriebenes Stereokassettengerät sind alles, was sich im Verlauf von elf Jahren an Elektronik an Bord der *Seraffyn* befand.

Der Zenith-Neunbandfunkempfänger holte uns über WWV und BBC überall auf der Welt Wetterberichte herein und sorgte dafür, daß wir die richtige Zeit hatten. Er war nicht mit Funkpeilung ausgerüstet. Nach unserer Erfahrung kann man sich auf einem Segelboot aufgrund der Ablenkung durch Spieren, Takelage und Landmassen nicht auf die Funkpeilsignale verlassen. Unser alter Zenith-Übersee-Empfänger hat uns neun Jahre lang ausgezeichnete Dienste geleistet; für unser neues Schiff haben wir uns jetzt den neueren und kompakteren Zenith R7000 angeschafft.

An die Stelle der Bulova Accutron, die uns acht Jahre lang als Chronometer diente, sind zwei Quarzuhren getreten, eine Citizen und eine Timex, beide sehr zuverlässig und mit konstantem Gang. Ich trage die eine am Handgelenk und verwende sie als Reserve für die andere, die immer in der Nähe des Kartentisches bleibt. Auf langen Fahrten lasse ich beide Uhren unter Deck und überprüfe zwei- oder dreimal in der Woche ihren Gang. So bekomme ich aus drei Quellen Greenwich-Zeit – vom Funkempfänger und von den beiden Uhren. Wir achten immer darauf, Uhren mit gleichen Batterien zu bekommen, und wechseln die Batterien regelmäßig am 1. Januar aus.

Neben einem ständig wechselnden Vorrat an normalen Taschenlampen besitzen wir eine 6V-Laterne (EverReady No. 108), deren Strahl gut 200 m weit reicht. Damit machen wir bei dichtem Schiffsverkehr andere Schiffe auf uns aufmerksam, indem wir den Strahl auf unser Großsegel richten oder das D-Signal geben.

Unsere neueste Vereinfachung auf dem Gebiet der Elektronik besteht aus einer Stroboskopleuchte für den Masttopp, die wir am zweiten Spinnakerfall aufheißen können. Ein Standerstock hält sie etwa 60 cm über dem Masttopp fest an Ort und Stelle (siehe Abb.

**Narrensichere Stroboskopleuchte für den Masttopp**

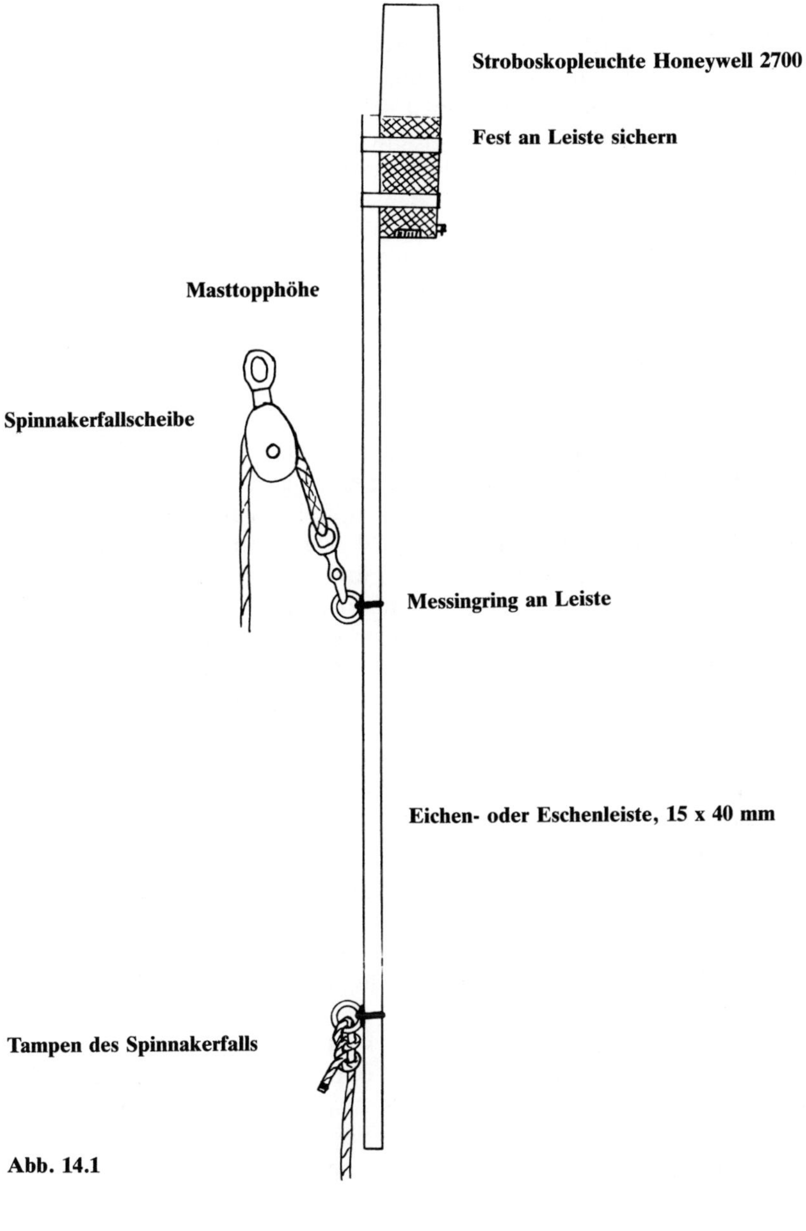

Stroboskopleuchte Honeywell 2700

Fest an Leiste sichern

Masttopphöhe

Spinnakerfallscheibe

Messingring an Leiste

Eichen- oder Eschenleiste, 15 x 40 mm

Tampen des Spinnakerfalls

Abb. 14.1

119

14.1). Wir verwenden diese Stroboskopleuchte bei Nebel und wenn wir in der Nähe von Schiffahrtsstraßen beiliegen. Das mit einer Trockenbatterie betriebene Gerät ist wasserdicht und hat sich bislang als sehr zuverlässig erwiesen. Der Lichtblitz ist bei klarem Wetter auf fünf Meilen und in dichtem Nebel auf 1/4 Meile zu sehen. Wenn man eine solche Leuchte aufheißen kann, braucht man keine Kabel im Mast zu installieren, hat keine elektrischen Verbindungen, die sich lösen oder korrodieren können, und, was das Beste ist, kann sie problemlos niederholen, wenn sie ausfällt. Diese hübschen kleinen wasserdichten Stroboskopleuchten von Honeywell kosten etwa zwanzig Dollar. Wir haben in der Regel zwei oder drei Stück an Bord, wobei sich jeweils eine als Nachtrettungslicht in der Jackentasche oder im Ölzeug befindet.

Bei den hier aufgeführten Dingen handelt es sich um die einzigen elektrischen und elektronischen Geräte, die für die Sicherheit eines einfachen Segelbootes absolut erforderlich sind. Es gibt aber noch zwei weitere Geräte, an deren Anschaffung man vielleicht denken sollte. In Gegenden, in denen es oft neblig ist, empfiehlt sich ein Echolot. Wenn dieses Echolot hundert Faden tief reicht, kann man jederzeit ungefährdet im Bereich der Fünfzig- oder Fünfundsiebzigfadenlinie laufen. Echolote sind die beliebtesten und zuverlässigsten elektronischen Hilfsmittel, die es für den Segler heute gibt. Die Firma Brookes and Gatehouse stellt beispielsweise ein Gerät her, das mit einer Trockenbatterie arbeitet, absolut wasserdicht ist und über einen einziehbaren Geber verfügt, der sich problemlos vom Schiffsinneren aus säubern läßt. Er sitzt in einem bronzenen Rumpffitting. Das Anzeigeinstrument ist hermetisch versiegelt, alle elektrischen Verbindungen sind vergoldet. Das macht das Gerät zum zuverlässigsten und wahrscheinlichsten teuersten Echolot, das man sich als Segler kaufen kann. Wenn ich ein solches Gerät besäße, würde ich nach einer Möglichkeit suchen, Anzeigeinstrument und Geber vollkommen tragbar zu machen. Dann könnte ich das Echolot auf Überführungstörns mitnehmen oder vom Beiboot aus einsetzen, um unbekannte Ankerplätze und nicht markierte Wasserwege auszuloten.

Bei der Wahl eines Echolots ist nach Möglichkeit darauf zu achten, daß sich der Geber montieren läßt, ohne daß eine Öffnung in den Rumpf geschnitten werden muß. Das verringert die Gefahr von Lecks, Elektrolyse und Beschädigung des Gebers.

Automatische Seenot-Funkbojen arbeiten mit Trockenbatterien, sind in sich geschlossen und wasserdicht und schwimmen. Weil sie tragbar sind, kann man sie in das Rettungsboot oder auch auf Überführungstörns mitnehmen. Sie senden ein Signal aus, das von Flugzeugen im Umkreis von 125 Meilen empfangen wird. Es liegen Meldungen vor, daß die Bojensignale schon aus einer Entfernung von 250 Meilen aufgefangen wurden. Im Idealfall arbeiten diese Geräte bis zu acht Tage lang. Um Hilfe herbeizurufen, sind sie besser als Amateurfunkgeräte, weil die Flugzeuge die Bojen direkt ansteuern können. Das ist nicht unwichtig, denn wenn man im Notfall keine genaue Position angeben kann, wird die Suche schwierig. Der Trend zu Funkgeräten als Mittel, Hilfe herbeizurufen, ist eine relativ neue Erscheinung und könnte dazu führen, daß unvorbereitete Anfänger zu große Risiken eingehen. Die meisten Fahrtensegler, die ich kenne, haben gar keinen Sender an Bord. Wenn man aber nicht auf so ein Hilfsmittel verzichten will, ist eine automatische Seenot-Funkboje wahrscheinlich am besten, weil am praktischsten und billigsten.

Am ärgerlichsten an den Schiffen, die Lin und ich überführen, ist immer die Tatsache, daß alles, was vom Ladesystem abhängig ist, schnell den Geist aufgibt, wenn die Maschine nicht anspringen will. Die meisten dieser Yachten sind 12 m lang und größer und besitzen Vierzylinderdiesel, bei den ein Handstart unmöglich ist. Einmal war allerdings ein hübscher Motorsegler dabei, der anstelle des üblichen elektrischen einen hydraulischen Anlasser besaß. Die Maschine wurde mittels eines schaufelgetriebenen Anlassers durchgedreht, der durch hydraulischen Druck aus einem Sammler in Bewegung gesetzt wurde. Der Druck im Sammler wurde über eine Pumpe an der Maschine aufgebaut. Das Wichtigste daran war aber, daß sich am Sammler noch eine Handpumpe befand, mit der die Anlage erneut mit Druck beaufschlagt werden konnte. Auf diese Weise konnte man den Vierzylinderdiesel mit 85 PS praktisch von Hand anlassen. Ich war doch sehr beeindruckt, als ich feststellte, daß die Hydraulik die Maschine doppelt so schnell durchdrehte wie ein elektrischer Anlasser. Der Anlasser lief dreißig Sekunden, wenn der Druck im Sammler durch die Pumpe an der Maschine aufgebaut, und zwanzig Sekunden, wenn er mittels der Handpumpe erzeugt worden war.

Derartige Anlasser wurden von den Firmen General Motors, Caterpillar und Westerbeke für den Einsatz unter erschwerten Bedingungen und bei Nässe entwickelt – beispielsweise für Wasserstrahlantriebe, kleine Schlepper, Netzleger beim Thunfischfang und Rettungsboote,

Hydraulische Ankerwinsch von Nilsson   Die Nilsson-Winsch läßt sich notfalls auch von
Hand bedienen

auf denen es unmöglich ist, die Batterien im vollen Ladezustand zu
erhalten und völlig vor Salzwasser zu schützen. Sie sind vollkommen
wasserdicht und können in Salzwasser liegen, ohne Schaden zu nehmen. Mit einem hydraulischen Anlasser könnte man seinen Diesel
theoretisch in einem völlig unter Wasser stehenden Maschinenraum
anlassen, solange der Luftansaugstutzen der Maschine sich noch über
Wasser befindet. Der Sammler hält den Druck auf unbegrenzte Zeit,
so daß er die Maschine auch dann noch durchdreht, wenn die Maschine
nur alle drei Monate einmal angeworfen wird.

Bei sehr schwerem Ankergeschirr bedient man sich am besten einer
hydraulischen Ankerwinsch. Die 21m-Schnellboote der britischen
Marine im 2. Weltkrieg waren überwiegend damit ausgerüstet. Auf
Nutzfahrzeugen sind hydraulische Winschen seit Jahrzehnten üblich,
und zwar nicht nur für das Ankergeschirr, sondern beispielsweise auch
für Wadenetze und Hummertöpfe. Auf Segelbooten hingegen haben
sie sich aus unerfindlichen Gründen nie so recht durchsetzen können.
Vielleicht liegt das an der Angst der Segler vor Ölflecken auf dem
kostbaren Teakdeck. Das ist aber glücklicherweise kein Problem mehr,
seit es flexible Hydraulikschläuche gibt.

Das Schöne an einer hydraulischen Winsch ist die ununterbrochen
zur Verfügung stehende Kraft, die sie direkt von der Maschine bezieht.
Die hydraulische Ankerwinsch von Nilsson entwickelt eine Zugkraft
von 1360 kp, *solange die Maschine läuft.* Mit Elektromotor taugt

dieselbe Winsch nur, solange die Batterie geladen ist, und ihre Zugkraft verringert sich, wenn die Batterie nachläßt. Wer jemals in einer
verlassenen Bucht auf Grund gesessen hat, wird eine kraftvolle Ankerwinsch zu schätzen wissen, mit deren Hilfe man sich selbst freischlep-
pen kann.

Zur Vereinfachung trägt weiterhin die Tatsache bei, daß bei hydraulischen Anlagen dieselbe maschinengetriebene Pumpe, die den Druck
für den Anlasser erzeugt, auch die Ankerwinsch antreibt.

Auf eine elektrische Bilgepumpe kann man verzichten, wenn man zu
einer maschinengetriebenen mechanischen Pumpe greift, die so lange
arbeitet, wie die Maschine läuft. Das ist weitaus besser als eine
elektrische Anlage, bei der die Pumpe nicht mehr lange funktioniert,
wenn Batterien oder Verkabelung unter Wasser stehen. Einfacher
noch ist die kräftige, aus massiver Bronze gefertigte Handpumpe von
Edson, die pro Hub knapp vier Liter fördert und auf Wunsch als
tragbare Konstruktion geliefert wird.

Zu elektrisch betriebenen Kompressorkühlgeräten gibt es zwei gute
Alternativen. Die erste ist ein riemengetriebener Kompressor direkt an
der Maschine. Die zweite Möglichkeit, an Bord zu Eiswürfeln und
gekühlten Getränken zu kommen, ist ein Kühlgerät, das mit Petroleum

**Edson-Bilgepumpe**

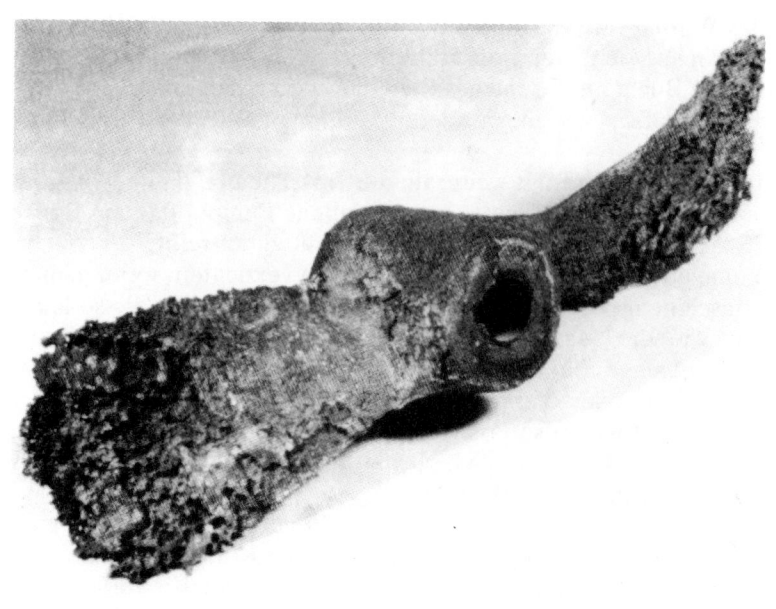

Elektrolyse: Jedes Stück Kabel weniger an Bord verringert die Elektrolysegefahr

arbeitet. Eric und Susan Hiscock haben jahrelang eine derartige Kühltruhe gehabt und waren sehr zufrieden damit. Das Gerät war allerdings recht massig und dürfte kaum in ein Schiff unter 11,5 m hineinpassen. Aber es ist durchaus möglich, die entsprechenden Teile aus einem mit Petroleum arbeitenden Haushaltskühlschrank aus- und in eine auf Maß gebaute, gut isolierte Truhe einzubauen.

Zur Vereinfachung der Wasseranlage kann man einen Gravitationsdecktank und einen kleinen Duschwassertank mit manueller Druckerzeugung einbauen (siehe Kap. 24). Der Strombedarf für Beleuchtung läßt sich drastisch reduzieren, wenn man für Kajüte und Positionslichter Petroleumlampen nimmt (siehe Kap. 22). Auf langen Fahrten steuert eine mechanische Selbststeueranlage das Boot ohne jeden Strombedarf.

Wer anstelle der üblichen Ansammlung von elektronischen Geräten, die heute angeboten werden, zu einer Kombination aus transportablen, hydraulischen und mechanischen Geräten greift, wird feststellen, daß er unterwegs nicht so viel Ärger bekommt. Weil weniger Anlagen von den Batterien abhängig sind, kommt es nie so weit, daß man völlig hilflos ist, wenn die Batterien durch einen Kurzschluß entladen oder wegen einer defekten Lichtmaschine nicht geladen werden. Mit diesen einfachen, in sich geschlossenen Geräten besteht keinerlei Bedarf mehr an teuren Konsolen und Sicherungskästen, und der Arbeitsaufwand für eine ordentliche feuchtigkeitsgeschützte Verkabelung entfällt ebenfalls. Weil die feuchte Salzwasserluft überall im Rumpf Kriechströme entstehen läßt, verringert jedes elektrische Gerät weniger die Gefahr der Elektrolyse.

Ted Swartz, Geschäftsführer der Firma Electro-guard in San Diego, die ein Elektrolyseortungsgerät herstellt, sagte einmal: »Keine Verkabelung, keine Naßzellenbatterien, keine unterschiedlichen Metalle unter Wasser – dann kommt es auch nicht zur Elektrolyse.« Aber anschließend fügte er noch hinzu: »Kaum jemand ist allerdings bereit, auf seine elektrischen Geräte zu verzichten, um der Elektrolyse vorzubeugen.«

Wer bereit ist, auf verkabelte Anlagen zugunsten in sich geschlossener Geräte zu verzichten, meidet nicht nur die Elektrolyse, sondern kann sein Schiff auch regelmäßig innen schrubben und anschließend mit dem Schlauch mit normalem Leitungswasser abspritzen. Dadurch wird das Salz entfernt, das sich auch bei der größten Sorgfalt in allen Ecken und Kanten sammelt. Weil wir auf der *Seraffyn* keinerlei

Verkabelung und fest installierte elektronische Geräte hatten, konnten wir das Schiff einmal im Jahr richtig ausspülen, so daß sich auch an unseren Büchern, die sich elf Jahre lang auf einem 7,3 m langen Holzschiff befanden, keinerlei Schimmel bildete.

Gute Elektroniker zu finden ist im Ausland noch schwerer als im Heimathafen, an Teile kommt man fast gar nicht heran. Ein Großteil der heutigen transistorisierten und gedruckten Schaltkreise läßt sich nicht mehr reparieren und muß ausgetauscht werden. Die Austauschteile nehmen in der Regel den zeitaufwendigen Weg über Post, Zoll und Agenten. All das trägt mit dazu bei, daß so manches elektrische Gerät, das ursprünglich das Leben erleichtern sollte, zu einer Last wird. Das hydraulische und mechanische Gerät, das ich stattdessen empfehle, ist viel stabiler und dauerhafter als das elektrische. Weil es ursprünglich von Arbeitsschiffen stammt, sind auch viel leichter Ersatzteile und Mechaniker für die Reparatur zu finden. Man braucht dazu nur einen Fischerhafen anzulaufen.

Die weitgehend elektrifizierte Yacht ist außerdem unsozial, weil Generator oder Maschine auch im Hafen laufen müssen, damit die Batterien aufgeladen werden. In dieser Hinsicht stimme ich völlig mit Eric Hiscock überein, der an einer Stelle schreibt:»Falls die Maschine jedoch nicht unterwegs beträchtliche Zeit läuft, muß sie vor Anker in Betrieb genommen werden, damit die Batterien nicht entladen werden. Der Eigner und seine Freunde an Bord empfinden das Maschinengeräusch möglicherweise als störend, haben aber zumindest insofern einen Nutzen davon, als ihnen der dabei erzeugte Strom zur Verfügung steht; für alle anderen, die sich in Hörweite befinden, ist besonders in ruhigen Nächten die friedliche Stille eines Ankerplatzes vollkommen dahin. Niemand hat das Recht zu einem derart selbstsüchtigen Verhalten.«

Daß man als Segler schließlich so viele elektrische Geräte an Bord hat, liegt wahrscheinlich daran, daß man grundsätzlich zunächst an Elektrizität denkt. Weil Strom und Elektromotoren an Land so zuverlässig und praktisch sind, nehmen wir an, das sei auch auf dem Schiff der Fall. Aber in dieser Annahme stecken drei Fehler. Erstens werden Haushaltsgeräte wie etwa Kühlschränke zu Millionen produziert. Den Forschungs- und Entwicklungsabteilungen stehen Millionenbeträge dafür zur Verfügung, Haushaltskühlschränke möglichst perfekt zu machen. Im Bootsbau werden die Anlagen in der Regel maßgeschneidert, es gibt nur wenige Prototypen. Die meisten Probleme werden erst entdeckt, wenn sich die Schiffseigner beschweren. Der zweite große Unterschied ist die feuchte salzige Umgebung auf Schiffen. Sie läßt jede nicht versiegelte Verbindung korrodieren und schließlich durch Kurzschluß ausfallen. Und drittens schließlich verfügt man an Bord eines Segelbootes – anders als an Land – nicht über ein unbegrenztes Angebot an elektrischem Strom, der von einer großen Gesellschaft produziert wird. Dort muß man selbst seinen Strom erzeugen und die Generatoren, Batterien und Kabel instand halten.

Potentiellen Bootskäufern werden anstelle mechanischer elektrische Geräte angeboten, weil sie sich problemlos installieren lassen und einfach in die elektrische Anlage des Schiffes eingestöpselt werden können. Der Einbau einer mechanischen Bilgepumpe ist da beispielsweise viel schwieriger. Der Verkäufer muß dafür möglicherweise sogar spezielle Fittings vorsehen. Bei beengtem Platz für den Maschineneinbau ergeben sich dadurch eventuell technische Probleme. Wenn der Eigner ungeduldig auf sein Schiff wartet, ist die elektrische Lösung schneller. Und zum guten Schluß glaube ich nicht, daß sich Yacht- und Zubehörverkäufer und auch Konstrukteure der mechanischen Optionen und ihrer überlegenen Zuverlässigkeit bewußt sind. Das ist die alte Geschichte vom Huhn und vom Ei. Keiner bietet nichtelektrische Geräte an, weil keiner danach fragt.

Sobald Fahrtensegler vermehrt auf feuchtigkeitsempfindliches Gerät verzichten und stattdessen auf das zurückgreifen, was sich auf Fischerbooten und anderen im harten Einsatz befindlichen Schiffen bewährt hat, wird sich diese Einstellung hoffentlich ändern.

# 15
# Spieren und Sparren

Wenn man mit einfachem Werkzeug und begrenztem Budget einen Mast bauen muß, bietet Holz sich als Material an. Eine Mastsektion aus gezogenem Leichtmetall kostet mindestens dreimal so viel wie das Holz und der Leim für einen schönen, lackierten konischen Mast. Vor einer Entscheidung gilt es daher, die Materialpreise für beide zu erfragen.

Wenn das Schiff für die Hochseesegelei vorgesehen ist, hat ein selbstgebauter Holzmast einen weiteren großen Vorteil. Wenn man erst einmal selbst einen Mast gebaut hat, besitzt man auch das Selbstvertrauen und Können, ihn gegebenenfalls zu reparieren oder zu ersetzen. Das Material dafür ist überall auf der Welt zu bekommen. Aber wer kann auf den Azoren, in Costa Rica oder auf Malta schon eine Mastsektion schutzgasschweißen oder einen genieteten Beschlag sicher befestigen? Nur wenige, wenn überhaupt jemand.

Mit den heutigen wasserfesten Klebern und etwas Sorgfalt bei der Arbeit sollte ein hölzerner Mast eigentlich länger leben als sein Erbauer. Sein Zustand läßt sich von außen überprüfen. Weil ein Leichtmetallmast hingegen nur außen eloxiert ist, kann die Korrosion von innen her erfolgen, wenn Salzwasser durch die Verbindungsstellen und Nietlöcher eindringt. Ohne Abbau des Mastes und Demontage des Fußfittings ist diese innere Korrosion nur schwer festzustellen.

Ein Leichtmetallmast fungiert *nicht* als Radarreflektor. Nur ebene Flächen im rechten Winkel zum Radarstrahl ergeben ein Echo auf dem Schirm. Wenn man einen Holzmast innen mit Aluminiumfolie ausstopft, zeigt sich auch ohne den Luftwiderstand, das Gewicht und die Kosten der normalen 45cm-Reflektoren auf jedem Radarschirm ein Echo. Der mit Folie gefüllte Mast ist praktisch ein 12 m langer, 12 m

hoher Radarreflektor (siehe auch Kap. 29, »Ein paar einfache War-
tungstips«, zu weiteren Details über Radarreflektoren).
Die Fittings für einen Holzmast lassen sich mit wenig Geld zu Hause
herstellen. An Material braucht man dazu nur leicht zu bearbeitende
Bronze oder Weichstahl, der anschließend verzinkt wird.
Ein Holzmast ist einfach zu modifizieren. Eine Klampe oder Winsch
ist schnell mit Holzschrauben angebracht oder versetzt. Man braucht
dazu nur einen Handbohrer und einen Schraubenzieher. Die alten
Löcher werden dann mit Holzdübeln und Leim verschlossen. Bei
Leichtmetall braucht man für nahezu jede Arbeit Spezialwerkzeug,
Spezialfittings und Spezialbeschläge, und die Löcher, die nach dem
Versetzen eines Beschlages zurückbleiben, sind nur schwer zu ver-
decken.

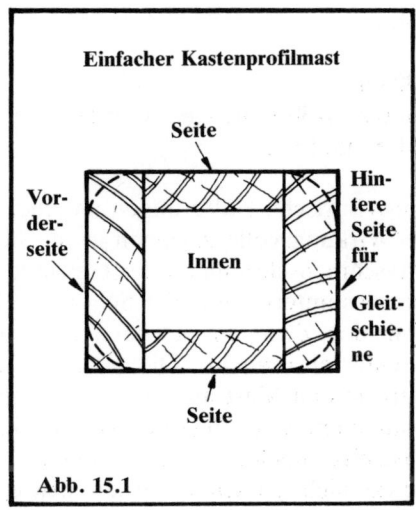

Der Kastenmast in Abb. 15.1 ist die natürliche Wahl für Anfänger
und Profis mit begrenzten Möglichkeiten. Die Teile sind ganz einfach
gestoßen, so daß sie sich problemlos perfekt ausrichten lassen. Das
Hohlprofil spart Holz und ist leichter als bei einem massiven Mast.
Aufgrund der zusätzlichen Biegsamkeit ist der Mast außerdem stärker
und bekommt nicht die längs verlaufenden Trocknungsrillen, die so
häufig an massiven Masten zu sehen sind.

Die flachen Seiten bei diesem Mastprofil ergeben eine natürliche Befestigungsmöglichkeit für sämtliche Beschläge. Das Innenprofil ist rechteckig, so daß die erforderlichen Verblockungen problemlos eingepaßt werden können. Wegen dieser Verblockungen läßt sich die Arbeit am Abend und am Wochenende erledigen, da das Verleimen stufenweise erfolgen kann, wenn die Zeit oder die Schraubzwingen nicht ausreichen.

Dieser Mast ist ohne jede Maschine zu bauen. Man benötigt nur folgendes Werkzeug:

Schrupphobel
Klauenhammer
Normale Kombisäge
Holzbeitel, 1
Anschlagwinkel
Bohrleier und Bohrer
Federmesser
Sperrholzlineal, 90 cm
Latte aus Kiefernholz, 6x30 mm, 4,8 – 6 m lang
Alter Pinsel zum Leimauftrag
Kittmesser
Sägeböcke oder provisorische Halterungen an einer Mauer
Schraubzwingen – Wirkungsvolle Zwingen lassen sich aus Abfallholz, 5 x 5 cm, sowie Maschinenschrauben oder Gewindestangen herstellen (Abb. 15.2). Wenn das untere Ende der Schrauben fest eingepaßt ist, ist der Umgang mit den Zwingen viel einfacher, weil man dann nur einen Schraubenschlüssel braucht. Die Zwingen müssen innen so bemessen sein, daß sie den Mast auf zwei Seiten umfassen, d.h., das Gewinde der Schrauben muß so lang sein, daß sich die Muttern auch an der konischen Mastspitze noch fest anziehen lassen. Mit diesen Zwingen läßt es sich zwar nicht so schnell arbeiten wie mit den üblichen Zwingen, sie verteilen aber den Druck auf eine größere Fläche und drücken sich nicht in das weiche Holz ein.

Für einen Mast kann man fast jede Art von Holz nehmen. Ich habe Masten aus Kiefer, Douglasfichte, Pechkiefer, Mahagoni, Hemlocktanne, Esche, Zeder und sogar Teak gesehen. Bei diesem Mastprofil würde ich allerdings zu Kiefer oder Douglasfichte greifen. Dieses Holz ist problemlos zu bekommen und leicht zu bearbeiten und nimmt den Leim gut an. Douglasfichte ist stärker und widerstandsfähiger gegen Fäulnis, aber schwerer. Wer Gewicht sparen will und keine Kiefer

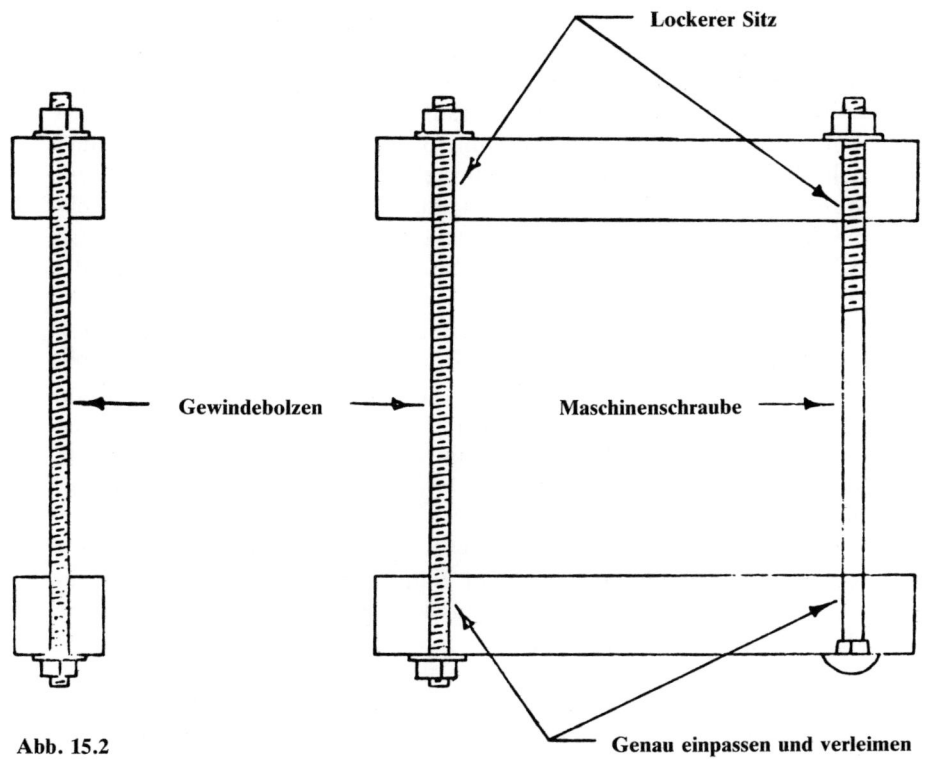

Lockerer Sitz

Gewindebolzen →

Maschinenschraube →

Abb. 15.2

Genau einpassen und verleimen

bekommt, sollte einen Konstrukteur zu Rate ziehen. Möglicherweise können die Mastwände zwanzig Prozent dünner sein, ohne daß das Verhältnis von Gewicht zu Festigkeit sich grundlegend ändert. Für einen Kastenmast nimmt man nach Möglichkeit geviertes Holz. Das ist nicht unbedingt erforderlich, läßt sich aber später beim Abrunden der Kanten besser hobeln. Bretter, bei denen die Jahresringe im Holz im Winkel von neunzig Grad zur breiten Seite verlaufen, sind außerdem widerstandsfähiger gegen Druck und Abrieb. Es ist nicht nötig, die allerbeste Qualität zu kaufen, wie sie im Flugzeugbau verwendet wird. Holz mit dem einen oder anderen Ast und breiteren Jahresringen reicht völlig aus. Es sollte vor dem Baubeginn einen Feuchtigkeitsgehalt von etwa vierzehn Prozent haben. Darüber gibt der Holzhändler Auskunft.

Für die Verlaschungen und Verblockungen genügend zusätzlich bestellen. Ich mache es meist so, daß ich mit einem Plan des Masts und einem Zollstock in die Holzhandlung gehe. Dort kann ich mir die vorrätigen Längen und Breiten daraufhin ansehen, wo sich die besten Stellen für die Verlaschungen befinden. Ich wähle das Holz so aus, daß sich die Verlaschungen später nicht nebeneinander am Mast befinden. Wenn nur kurze Längen zur Verfügung stehen, ist das vielleicht nicht möglich, aber darüber braucht man sich bei den modernen Klebern keine Sorgen zu machen. Das Holz dann vor der Lieferung auf die genaue Dicke hobeln lassen.

Resorcinol ist vollkommen wasserfest, braucht aber beim Aushärten eine Mindesttemperatur von 21° C, um die volle Festigkeit zu erreichen. Der Kleber ist teuer und hinterläßt besonders bei hellem Holz an der Klebestelle eine häßliche purpurfarbene Linie. Wenn der Mast gestrichen werden soll, kommt man um das vollkommen wasserfeste Resorcinol nicht herum. Es wird im Verhältnis 1:1 aus Pulver und Flüssigkeit gemischt.

Der englische Kleber Aerodux 500 ähnelt dem amerikanischen Resorcinol, soll aber auch bei einer Temperatur von nur 15° C noch gut aushärten. Er besteht aus zwei flüssigen Komponenten und hat die gleiche Farbe wie Resorcinol. Cascophen ist insofern mit Aerodux 500 vergleichbar, als es ebenfalls vollkommen wasserfest ist.*

Carbamidkleber wie etwa Cascamite und Aerolite 306 sind zwar nicht völlig wasserfest, tun aber durchaus ihre Dienste, wenn der Mast jederzeit gut gefirnisst ist. Diese Art Kleber ist normalerweise wasserfest, aber die Verbindungsstellen blättern ab und faulen, wenn sie längere Zeit naß bleiben. Lackfarbe ist in Verbindung mit Carbamidklebern eine gefährliche Angelegenheit, weil die Klebestellen nicht ohne weiteres zu inspizieren sind. Carbamidkleber ist nicht teuer und kann bei Temperaturen bis hinunter zu 13° C verarbeitet werden.

Genug der Reklame. Jetzt geht es an den Bau.

Zuerst werden die dünneren Seitenteile des Mastes vorbereitet (Abb. 15.1). Sie müssen in zwei Stücken, die die Mastlänge ergeben, verlascht und verklebt werden. Die Sägeböcke oder Stützen mit einer Schnur genau ausrichten und das Holz für die Seitenteile darauflegen. Wenn die Bretter Fehler aufweisen, kommt die schlechtere Seite *nach innen*.

---

* Vollkommen wasserfest bedeutet, daß die Klebestellen achtundvierzig Stunden in kochendem Wasser überstehen.

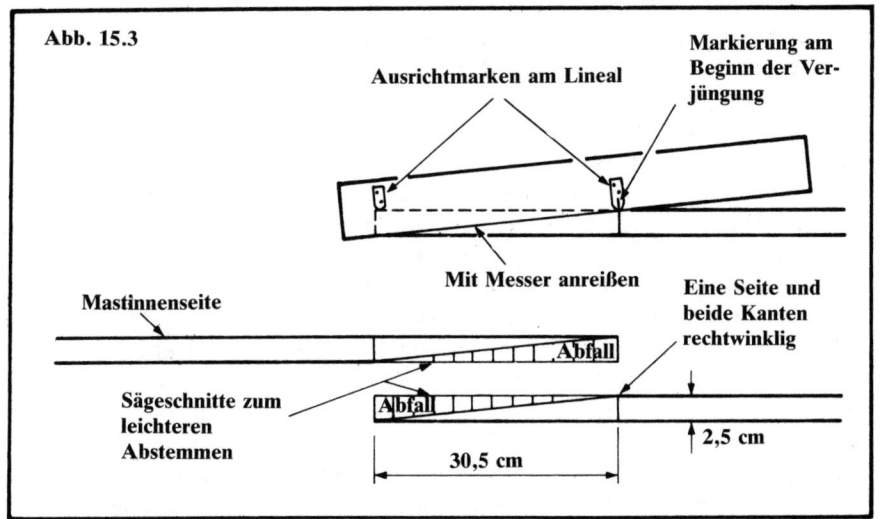

Abb. 15.3

Ausrichtmarken am Lineal

Markierung am Beginn der Verjüngung

Mastinnenseite

Mit Messer anreißen

Eine Seite und beide Kanten rechtwinklig

Sägeschnitte zum leichteren Abstemmen

Abfall

Abfall

30,5 cm

2,5 cm

Mit Hilfe einer einfachen Schablone erhält man eine gleichmäßige, genau passende Verlaschung (Abb. 15.3). Die identischen Richtklemmen auf der Schablone werden in die richtige Position gebracht und an beiden Seiten des Sperrholzlineals befestigt. Damit kann man dann den genauen Verlaschungswinkel auf alle Kanten des Mastbauholzes übertragen. Die abgebildete Schablone ist für eine 30,5 cm lange Verlaschung bei 2,5 cm dicken Brettern berechnet. Das ist das sichere Minimum bei Masten. Wer genügend Holz hat, kann bis zu einem Verhältnis von 20:1 gehen. Mehr ist absolut nicht erforderlich und würde nur Verschwendung von Material und Arbeit bedeuten.

Die Schablone anlegen und das Holz in Richtung zur Spitze mit dem Federmesser anreißen, und zwar bei beiden Teilen auf jeder Seite. Diese Risse bilden die genauen Verbindungslinien. Jetzt die beiden zu verlaschenden Bretter mit der vorgesehenen Innenseite nach oben gegeneinander legen (Abb. 15.3) und prüfen, ob auch jeweils auf der richtigen Seite angezeichnet worden ist. Das zu entfernende Holz vorsichtig im Abstand von jeweils einem Zoll vorsichtig bis auf etwa 1,5 mm an die Rißlinie einsägen. Das überschüssige Holz an den Sägeschnitten entlang abstemmen und den Rest bis zur Rißlinie abhobeln; den Hobel dabei flach ansetzen und langsam bis zur Rißlinie vorarbeiten. Die Verbindungsfläche muß glatt sein und sich im rechten Winkel zu den Seitenkanten befinden (Abb. 15.5).

133

Jetzt kommt ein Versuch. Die beiden Bretter zusammensetzen, die Schraubzwingen festziehen und prüfen, ob die Verlaschung paßt. Ein Nagel von der Innenseite hilft beim Ausrichten und später beim Verleimen. Die dünnen Kanten sollten auf beiden Seiten etwa 5 mm über die im rechten Winkel angebrachte Markierung hinausragen. Die beiden Bretter müssen flächig und an den Kanten gerade aufeinanderliegen. Wenn nicht, den Nagel herausziehen und die Paßflächen leicht auskehlen (etwa 0,3 mm). Die Zwingen wieder ansetzen und überprüfen. Das geht so weiter, bis alles paßt. Zum Verleimen beide Flächen mit reichlich Kleber einstreichen (Wachspapier zwischen Holz und Zwingen legen!), die Zwingen ansetzen und die beiden Bretter gerade ausrichten. Zwingen festziehen.

Jetzt den überschüssigen Leim mit dem Kittmesser oder einem Spachtel abnehmen, um ihn nicht später mit dem Stechbeitel abstemmen zu müssen. Wenn der Kleber getrocknet ist, die Seiten der Verlaschungen abhobeln, so daß schließlich zwei durchgehende glatte Seitenteile für den Mast herauskommen.

Bei einem Kastenmast ist in der Regel die hintere Seite gerade, während die vordere sich nach oben verjüngt. Da man aufgrund dieser Verjüngung möglicherweise Fehler im Holz wegsägen kann, sollte man sich die beiden Mastseiten genau daraufhin ansehen, welches Ende an

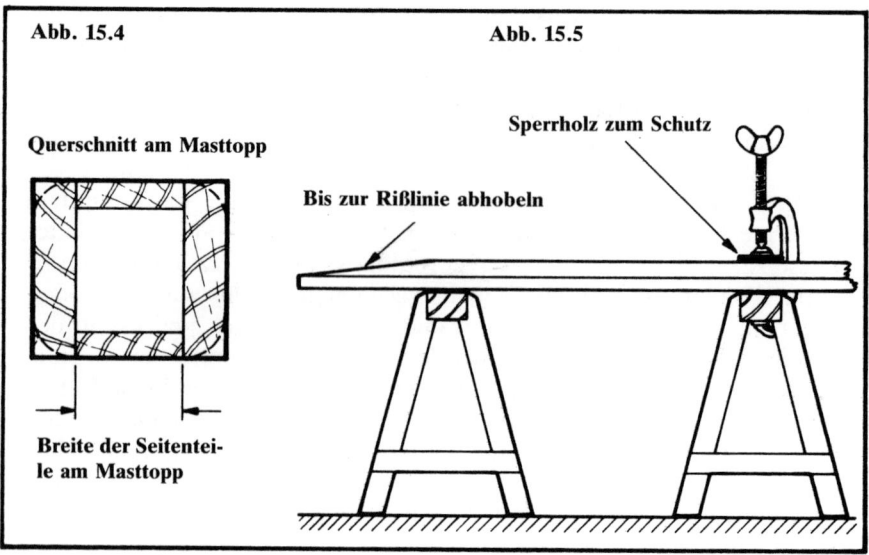

Abb. 15.4

Abb. 15.5

Querschnitt am Masttopp

Sperrholz zum Schutz

Bis zur Rißlinie abhobeln

Breite der Seitenteile am Masttopp

die Mastspitze kommt. Die beiden Seitenteile *Innenseite an Innenseite* legen, festklemmen und die beiden achterlichen Kanten bündig geradehobeln.

Diese geraden Kanten bilden die Grundlinie zum Anzeichnen der Verjüngung. Zwingen abnehmen und die Seitenteile mit der Innenseite nach oben flach hinlegen. Am oberen Ende des einen Seitenteils die Breite des Masttopps minus Dicke des vorderen und des hinteren Teils anzeichnen (Abb. 15.4). Weitere Markierungen in entsprechenden Abständen über die gesamte Länge des Seitenteils anbringen. Jetzt die lange Leiste an den Markierungen anlegen und leicht anheften (keine Angst, die Löcher verschandeln den Mast nicht; sie befinden sich ja auf der Innenseite). Wenn sich die Leiste von selbst gleichmäßig biegt, ist alles klar. Wenn nicht, wird sie mit Nägeln in einer leichten Biegung festgeheftet. An der Leiste entlang anzeichnen und das überflüssige Holz absägen.

Die Säge möglichst im rechten Winkel zur Kante führen. Wer eine etwas wacklige Hand hat, sägt am besten nicht direkt an der Linie entlang, sondern arbeitet später mit dem Hobel nach.

Das fertige erste Seitenteil dient jetzt als Schablone für die zweite Seite. Anzeichnen und absägen. Beide Bretter mit der Innenseite gegeneinanderlegen und die Vorder- und die Seitenkanten jeweils zusammen glatthobeln. Die Seitenteile sollten jetzt vorn eine leichte Krümmung aufweisen und hinten gerade sein. Wenn das Ganze noch nicht hundertprozentig stimmt, macht das auch nichts, weil vor dem Aufleimen des vorderen und hinteren Bretts wahrscheinlich sowieso noch etwas nachgearbeitet werden muß.

Jeder hohle Mast braucht ein paar massive Abschnitte, und sei es nur am Fuß und im Topp. Wenn er noch solider werden soll, verblockt man ihn zusätzlich an den Stellen, an denen Bolzen hindurchführen und die Beschläge für die Wanten angebracht werden. Die innere Verblockung ist der Schlüssel zu einem problemlosen Aufbau des Mastes in einfachen Schritten. Sie sorgt dafür, daß man nicht aus Angst, der Kleber könnte trocknen, bevor der Mast auf ganzer Länge fest eingespannt ist, in panischer Hast arbeiten muß. Besonders wichtig ist das für alle, die ihren Mast zu Hause bauen und nicht genügend Zwingen und nur zwei Hände haben.

Der nächste Schritt besteht im Anbringen der inneren Verblockungen zur Lastverteilung. Demonstriert wird er am Beispiel eines Mastes für normale Sluptakelung mit einem Satz Salings und Mastbefestigung am Kiel. Diese Art von Mastbau eignet sich aber auch für Masten für Bermuda-Slup-Takelung (Abb. 15.6).

Zunächst wird Block A zwischen die Seitenteile eingepaßt. Er sollte dabei auf einer Seite etwa 1,5 mm über die Seitenteile hinausragen. Dieser Überstand wird später abgehobelt (Abb. 15.7). Jetzt oben in Block A die sich verjüngenden »Finger" einschneiden. Diese vier Finger sollten bei einem durchschnittlichen 12m-Mast etwa 45 cm lang sein, um die Biegebelastung über eine große Fläche zu verteilen. Bei völlig massiver Verblockung kommt es am Ende der einzelnen Blöcke zu abrupten Änderungen in Festigkeit und Flexibilität, bei denen starre Stellen am Mast auftreten könnten, die ihn unter Belastung schwächen.

Nach dem Ausschneiden der Keile, die die Finger bilden, überlegt man zunächst, wo und wie das Drahttauwerk und die Wasserablauflöcher am Mast angebracht werden sollen. In die kurzen Blöcke lassen sich problemlos senkrechte Löcher bohren, doch der längere Block am Mastfuß muß möglicherweise aus zwei Stücken mit jeweils einer Nut, die dann zusammen das Ablaufloch ergeben, zusammengeleimt werden. Jetzt wird Block A zunächst probeweise zwischen die Seitenteile gespannt.

Hat der Mast die richtige Dicke?

Genügend Schraubzwingen vorhanden?

Die sich verjüngenden Finger an den Seitenteilen festspannen. Wenn alles paßt, wieder abnehmen, mit Kleber einstreichen und festleimen.

Als nächstes kommen Block B und C, die auf dieselbe Art und Weise entweder nacheinander oder zur gleichen Zeit eingepaßt werden. Darauf achten, daß die Seitenteile sich auf der Vorderseite verjüngen und hinten gerade verlaufen.

Wenn alle Blöcke zwischen die Seitenteile geleimt sind, werden die Kanten der Seitenteile und die Blöcke dazwischen plan gehobelt (Abb. 15.7). Vorsicht bei den Kanten! Jede Vertiefung ist später immer zu sehen, wenn der Mast gefirnisst wird.

Der schwierigste Teil der Arbeit ist damit getan; jetzt kommt das Vorder- und das Hinterteil des Mastes an die Reihe, sozusagen der Boden und der Deckel des Kastens. Diese Teile sind dicker als die Seiten, und zwar nicht nur, um die Kanten großzügig abrunden zu können, sondern auch, um die Schrauben für die Gleitschienen von Großsegel und Spinnaker tiefer – und damit fester – eindrehen zu können.

136

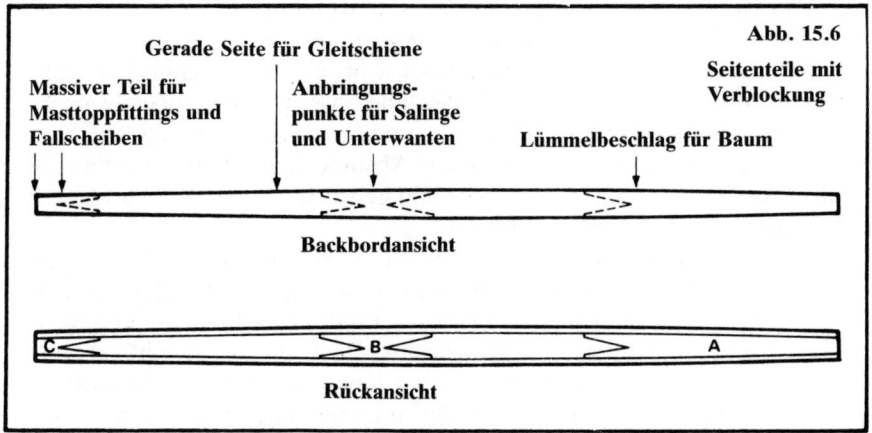

Gerade Seite für Gleitschiene

Massiver Teil für
Masttoppfittings und
Fallscheiben

Anbringungs-
punkte für Salinge
und Unterwanten

Abb. 15.6

Seitenteile mit
Verblockung

Lümmelbeschlag für Baum

Backbordansicht

Rückansicht

Die beiden Bretter für die Vorder- und die Hinterseite mit einem Lineal quer zur Maserung auf Vertiefungen überprüfen. Bis zu 0,8 mm auf 10 cm sind noch akzeptabel. Alles, was darüber hinausgeht, sollte weggehobelt werden.

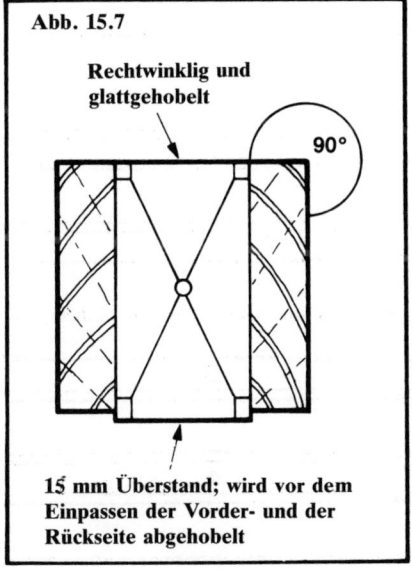

Abb. 15.7

Rechtwinklig und
glattgehobelt

90°

15 mm Überstand; wird vor dem
Einpassen der Vorder- und der
Rückseite abgehobelt

137

Die Hohlseite der Bretter mit *innen* markieren.

Alle Teile mit *oben, unten, vorn, hinten usw.* bezeichnen.

Verlaschungen aussägen und zunächst probeweise zusammensetzen.

Jetzt die vorher verleimten Seitenteile zwischen den Blöcken nachmessen, um zu sehen, ob sie sich eventuell nach innen verzogen haben. Wenn das der Fall ist, werden sie mit Abstandshaltern aus 2 cm dickem Holz wieder auf den richtigen Abstand gebracht. Diese Abstandshalter können an Ort und Stelle bleiben.

Das erste Brett wie in Abb. 15.8, Nr. 1, auflegen und mit Zwingen im Abstand von 25 – 30 cm zentrieren. Paßsitz der Verbindungsstellen überprüfen. Darauf achten, daß die Verbindungsstellen auf der gegenüberliegenden Seite und die Verlaschungsfläche nicht eingedrückt werden. Jetzt am ersten Brett die Mastverjüngung mit einem Bleistift an den Seitenteilen entlang bis zur Verbindungsstelle anzeichnen. Zwingen abnehmen.

Bei einem Überstand von mehr als etwa 6 mm bis an den Bleistiftstrich absägen; die restlichen 1,5 mm werden abgehobelt, wenn der Kleber trocken ist.

Wenn alles paßt, Kleber auftragen und Zwingen ansetzen; die Verlaschungsfläche dabei mit Hilfe eines flachen Holzstücks mit Wachspapier niederhalten. Wenn der Kleber trocken ist, Zwingen vorsichtig

**Abb. 15.8**

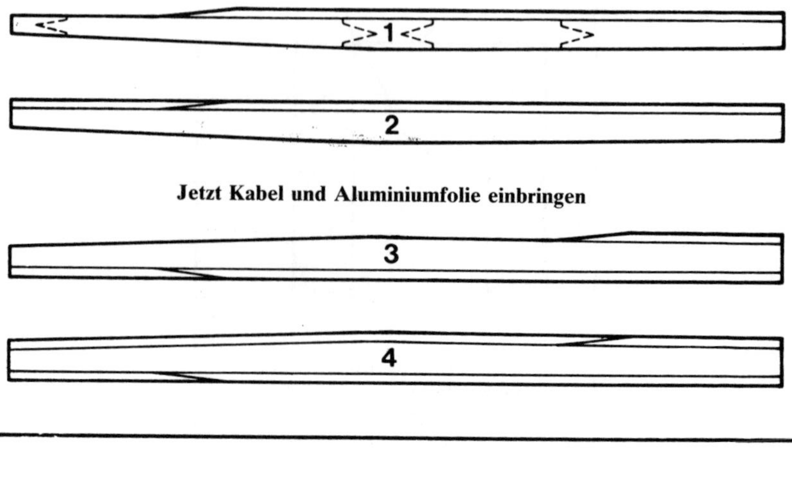

Jetzt Kabel und Aluminiumfolie einbringen

abnehmen und Holzstück von der Verlaschungsfläche abheben. Verlaschungsfläche von Kleber befreien, das nächste Teil ansetzen, sorgfältig anzeichnen, abschrägen und aufleimen.

Den jetzt dreiseitigen Mast umdrehen (Abb. 15.8, Nr. 3); Verkabelung installieren und befestigen, damit nichts klappert.

Die Aluminiumfolie (Radarreflektor) nicht vergessen!

Vor dem Aufbringen der letzten Seite die Lage der Kabel im Hinblick auf die massiven Abschnitte überprüfen und außen am Mast anzeichnen. Sonst kann es beim Anbringen der Beschläge später passieren, daß sich Spuren von Kupfer und Isoliermaterial am Bohrer befinden, und das ist ein elendes Gefühl.

Jetzt können die Seitenteile wie in Abb. 15.8, Nr. 3 und 4, aufgeleimt werden. Der Kastenmast sieht jetzt schon so aus, als könnten die Kanten abgerundet werden. Aber dem ist nicht so. Erst müssen noch

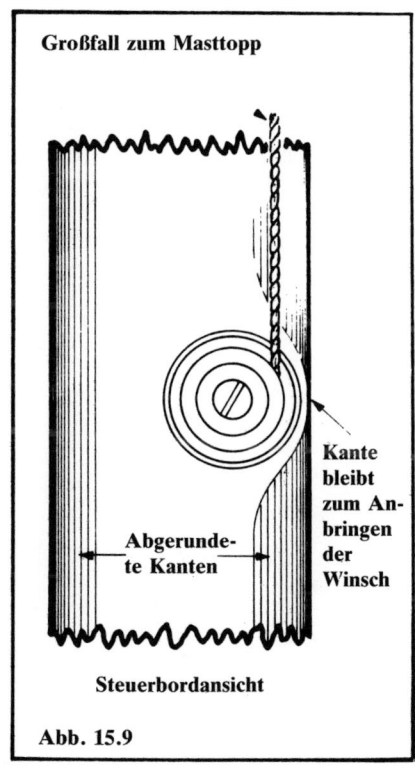

Großfall zum Masttopp

Kante bleibt zum Anbringen der Winsch

Abgerundete Kanten

Steuerbordansicht

Abb. 15.9

139

die richtigen Stellen für die Salings, Beschläge und Winschen gefunden und angezeichnet werden.

So soll beispielsweise die Großfallwinsch möglichst weit vorn an der Mastseite sitzen, damit sie sich im günstigsten Winkel zur Fallscheibe befindet (Abb. 15.9). Wenn die Kante an dieser Stelle bleibt, hat man eine natürliche Auflagefläche für die Winsch. Dasselbe gilt umgekehrt für die Fockfallwinsch. Der Mast kann auch an der Fischung rechteckig bleiben oder grob achteckig geformt werden, damit man keine konkav-konvexen Keile anzufertigen braucht.

Sobald die Stellen für die Beschläge usw. angezeichnet sind, kann man die restlichen Kanten abrunden und den Mast fertigstellen.

# 16
# Die selbstgebaute Reling

Nach 25 000 sm im Pazifik baute Hal Roth die *Whisper*, seine 10,6 m lange Serienslup aus Glasfaser, völlig um. Eine der vielen Änderungen, die er vornahm, bestand darin, die alte Fußreling durch eine Schanzkleidreling zu ersetzen. Wir wissen, warum er diesen Umbau vornahm, denn wir haben selbst ein 20 cm hohes Schanzkleid auf der *Seraffyn*, und das ist eine großartige Sache. Es verleiht einem auf einem kleinen Fahrtensegler nicht nur ein Gefühl der Festigkeit und Sicherheit, sondern hat auch noch mehrere andere Vorteile.

Ein hohes Schanzkleid verlängert vielen Dingen das Leben. Die fallengelassene Winschkurbel geht nicht gleich über Bord. Beim Wechsel des Vorsegels wird man nicht gleich mit der Fock über Bord gespült. Eine Fußreling gibt allenfalls den Zehen Halt, ein 20 cm hohes Schanzkleid hingegen bietet Halt für den ganzen Fuß. Das Ankergeschirr kann für kurze Zeit ungesichert an Deck liegen bleiben, ohne daß man gleich befürchten muß, daß es über Bord geht. Ein hübsches hohes Schanzkleid sorgt einfach dafür, daß die Verbindung zwischen Boot und Ausrüstung bzw. Besatzung nicht so schnell abreißt.

In den Tropen ist es ein reines Vergnügen, an Deck zu schlafen. Ein Schanzkleid macht es möglich, daß man sich den schönsten Platz an Deck aussuchen kann, und sorgt dafür, daß man mitsamt Bett auch an Bord bleibt.

Nutzfahrzeuge haben in der Regel ein hohes Schanzkleid, von dem die Besatzung mehr oder weniger annimmt, daß es beim Verholen am Pier oder bei der Frachtaufnahme beschädigt wird. Denn im Vergleich zum Rumpf oder zum Deck läßt es sich relativ leicht instand setzen. Auf einer Segelyacht kann das ein echter Pluspunkt sein, wenn man mal mit einem anderen Schiff kollidiert oder wenn schlicht und einfach

etwas auf das Boot herunterfällt. Das Schanzkleid nimmt einen Großteil des Stoßes auf und erspart einem kostspielige Reparaturrechnungen.

Schanzkleider mit großen Speigatten ermöglichen die Anbringung
einer voll verstellbaren Leitöse über die gesamte Schiffslänge. Diese
Leitöse läßt sich für Vorsegel, zum Anbringen von Baumniederholern,
für Preventer und Sturmsegel verwenden. Um eine Leitöse am Schanz-
kleid anzubringen, braucht man etwa 1,20 m Fallschirmgurtzeug aus
Nylon, 2,5 cm breit, das mit einer Überlappung von etwa 10 cm zu
einer Schlaufe zusammengenäht wird (Abb. 16.1). Diese Schlaufe wird
unten durch das Speigatt geführt und über der Reling im Schäkel eines
Klappblocks verbunden. Der Block wird dann mittels eines elastischen
Endes und eines Schnappschäkels am Relingsdraht befestigt. Die
Spannung des Endes reicht aus, um die Schlaufe an jeder beliebigen
Stelle zwischen den Schanzkleidstützen zu halten. Zum Verstellen
drückt man einfach den Block nach unten und verschiebt die Schlaufe
nach vorn oder achtern. Wenn sie über ein größeres Stück verschoben
werden muß, löst man sie aus dem Schäkel, zieht sie aus dem Speigatt
und bringt sie vor oder hinter der nächsten Schanzkleidstütze wieder
an. Das ist zwar für Regatten nicht ideal, reicht aber für reines
Fahrtensegeln völlig aus.

Die Speigatten unter dem Schanzkleid sollten etwa 2,5 cm hoch sein,
damit das Wasser schnell ablaufen kann und die Fockschotleitösen
leicht zu verstellen sind. Auf der *Seraffyn* sind die Speigatten am
Spiegel und am Bug geschlossen; ich habe sie aber auf anderen guten
Tourenyachten auch schon durchgehend offen gesehen.

Im Gegensatz zu den Traditionalisten halte ich einen Metallabschluß
auf dem Schanzkleid nicht für erforderlich. Das kostet nur mehr Geld
für Anbringen und Instandhaltung. Ohne einen solchen Abschluß
haben die Fockschotleitösen auch nichts, an dem sie schamfielen
könnten.

Ich habe mittschiffs in meinem Schanzkleid Klüsen, die verhindern,
daß die Springleinen ausrauschen. Außerdem kann man am Schanzkleid große hölzerne Belegklampen anbringen, an denen sich sehr gut
die Festmacheleinen aufschießen lassen, die dann nicht mehr an Deck
herumliegen.

Einer der Schwachpunkte bei modernen Yachten ist die Art und
Weise, in der die Relingsdrahtstützen am Deck befestigt sind. Diese
Stützen sind schnell überlastet, wenn beispielsweise Leute an Bord

142

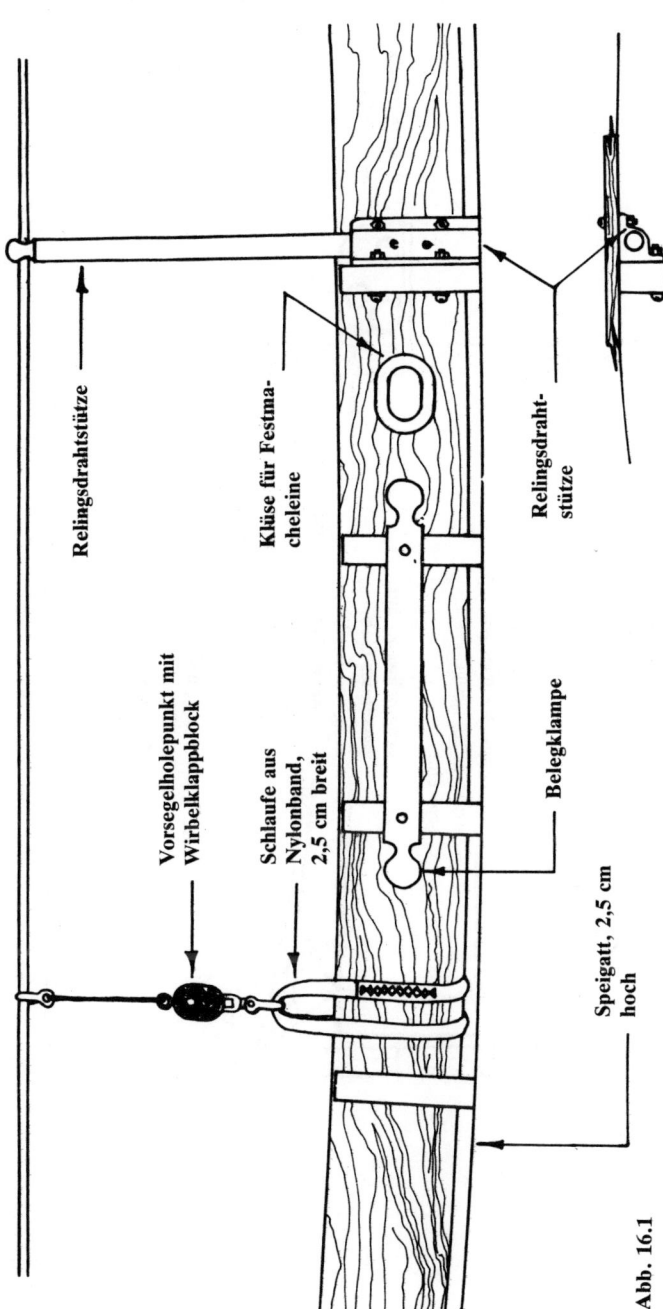

Relingsdrahtstütze

Vorsegelholepunkt mit Wirbelklappblock

Schlaufe aus Nylonband, 2,5 cm breit

Klüse für Festmacheleine

Relingsdraht- stütze

Belegklampe

Speigatt, 2,5 cm hoch

Abb. 16.1

143

144

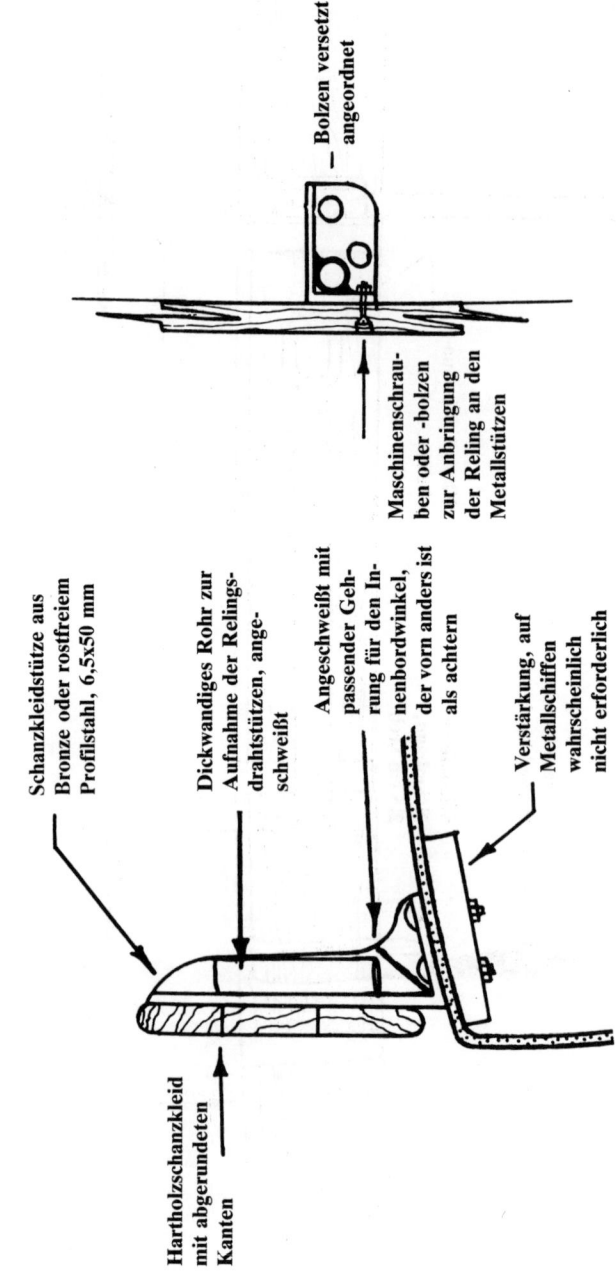

Schanzkleidstütze aus Bronze oder rostfreiem Profilstahl, 6,5x50 mm

Dickwandiges Rohr zur Aufnahme der Relingsdrahtstützen, angeschweißt

Angeschweißt mit passender Gehrung für den Innenbordwinkel, der vorn anders ist als achtern

Verstärkung, auf Metallschiffen wahrscheinlich nicht erforderlich

Hartholzschanzkleid mit abgerundeten Kanten

Bolzen versetzt angeordnet

Maschinenschrauben oder -bolzen zur Anbringung der Reling an den Metallstützen

Schanzkleidstützen für Metall-, GFK- und Holzschiffe mit Sperrholzdeck

Abb. 16.2

kommen und sich mit ihrem ganzen Gewicht oben an eine solche Stütze hängen. Durch den Hebelarm von 60 cm oder mehr wird der schmale Ansatzpunkt dabei fürchterlich belastet. Ich holte einmal eine Fock an Deck der *Seraffyn* nieder; im gleichen Augenblick kam die nächste See über und zog das Segel über den Relingsdraht. Es füllte sich mit grünem Wasser und bog die Relingsdrahtstützen in einem Winkel von 45° nach außen, bevor ich es wieder an Deck holen konnte. Weder der Ansatzpunkt der Stütze noch die Beplankung erlitt dabei irgendwelche Schäden, weil die Stütze fest und sicher mit der Schanzkleidstütze und dem Schanzkleid selbst verschraubt war. Zudem verwende ich für meine Stützen dickwandiges Messingrohr, das sich unter extremer Belastung biegt und nicht – wie etwa Edelstahl – abknickt. Eine verbogene Messingstütze kann man mit Hilfe eines Schraubstocks mit Hartholzbacken wieder richten.

Ein traditionelles Schanzkleid für eine Holzyacht kostet ziemlich viel Geld; außerdem braucht man eine wirklich gute Werft, wenn alles wasserdicht sein soll. Auf einem Schiff aus Kunststoff oder Metall (Stahl, Aluminium) läßt sich ein Schanzkleid recht günstig installieren (Abb. 16.2). Mit dem, was man an Genuaschiene, speziellen Füßen für die Relingsdrahtstützen, durchgehenden Bolzen, Verstärkungen unter Deck und Leitösen spart, läßt sich ein Schanzkleid bezahlen, mit dem die Yacht außerdem sicherer wird und leichter zu segeln ist.

# 17
# Werkzeug und Ersatz-
# teile für Hochseetörns

Ein unkompliziertes, einfaches Segelboot läßt sich mit relativ wenig
Werkzeug instand halten und reparieren. Je mehr Maschinen und
elektronische Geräte hinzukommen, desto größer wird auch die Liste
der erforderlichen Ersatzteile und Werkzeuge. Was aber noch wichtiger ist – auch die Anzahl der erforderlichen persönlichen Fähigkeiten
steigt dabei proportional an, wenn man sein Schiff selbst instand halten
will.

Jede der folgenden vier Listen ist in drei Kategorien unterteilt, und
zwar einmal in die Mindestausstattung an Werkzeug, die jeder Segler
an Bord haben muß, dann in zusätzliches Werkzeug für Boote mit
komplizierteren Dingen wie Innenbordern und elektrischem Gerät und
schließlich in das weitere Werkzeug, das man braucht, wenn man sich
unterwegs als Profi noch etwas Geld verdienen will.

Segelmacherwerkzeug für einfache Segelboote:

Segelnadeln, sortiert, Nr. 12 – 19
Messer oder Seitenschneider
Marlspieker
Segelmacherhandschuh
Schere
Ahle
Garn
Marlleine, Nylon oder geteert
Dacrontuch

Bienenwachs
Treibeisen, 3/8″, Ersatzösen und Gesenke
Kontaktkleber für Notreparaturen
Gasfeuerzeug zum Verschmelzen von Tampen
Zusätzliches Segelmacherwerkzeug zum Geldverdienen:
Tragbare elektrische Zickzack-Nähmaschine mit Handkurbel
Gesenke für Messingkauschen plus Ringe
Gummihammer
Nahttrenner
Lötpistole mit flacher Spitze zum Schneiden von Dacron
Takelklemmen
Nico-Preßwerkzeug (Talerit)
Segeltuch und Liektau in verschiedenen Ausführungen
Maßband, 30 m
Nylon-Gurtband
Isolierband, weiß

Zimmerwerkzeug für einfache Segelboote:

Holzbeitel, 6, 12 und 25 mm
Schlichthobel
Fuchsschwanz, Handsäge
Klauenhammer
Senker für Holzschrauben
Bohrleier mit Bohrern, 6 – 25 mm, und Stellbohrer bis 30 mm
Vier oder fünf verstellbare Zwingen
Spiralbohrer mit zwei Geschwindigkeiten und passenden Bohrern
Maßband, 4 m
Lackier- und Lasierpinsel
Wetzstein
Ölkännchen
Kittmesser oder Spachtel
Holzschaber und feine Feile
Holzraspel

Zusätzliches Zimmerwerkzeug für Eigner von Holzschiffen:

Kalfaterwerkzeug
Holzhammer
Holzdübelschneider, 10, 12 und 16 mm, passend zu den Senkern

Dieser Abwärts-/Aufwärts-Trafo für 110/220 V nimmt nur wenig Platz in Anspruch, kostet nicht viel Geld und wiegt nur etwa 3,5 kg. Mit diesem handlichen Gerät kann man überall auf der Welt amerikanische Elektrowerkzeuge einsetzen (in Europa, im Fernen Osten und in Südamerika sind 220 V die normale Spannung). Ich bevorzuge am Boot und in Wassernähe Geräte mit 110 V, weil diese Spannung nicht so gefährlich ist wie 220 V. Wir wissen von zwei Fahrtenseglern, die bei der Arbeit mit 220 V einen tödlichen Schlag erhielten. Wenn wir in Ländern, in denen die Spannung 220/240 V beträgt, mit den entsprechenden Werkzeugen für 220/240 V arbeiten, verwenden wir außerdem einen Trafo mit Schutzschalter, der bei Überlastung und Erdkontakt sofort die Verbindung zum Netz trennt. Ein solcher Transformator hätte den beiden obigen Seglern wahrscheinlich das Leben gerettet.

Schraubendrehereinsätze für die Bohrleier
Bohrmaschine mit Bohreraufnahme, 10 mm

Zusätzliches Werkzeug für Profis:

Sortiment Kalfatereisen
Schneidwerkzeug

Kartuschenpistole
Holzbeitel, 6, 10, 20, 30 und 40 mm
Nut-, Schrupp-, Stirn- und Rundhobel
Laubsäge, Zinkensäge (kleiner Fuchsschwanz)
Bohrer, 45-90 cm lang, 5 – 12 mm
Bohrmaschine mit 13mm-Bohrfutter und verstellbarer Umdrehungs-
zahl zum Schrauben
Bandschleifer, 7,5 cm breit
Anschlagwinkel, 20x30 cm
Winkellehre
Maßband, 15 m
Winkelschleifer für Reparaturen an Kunststoffyachten
Holzraspel (fein)
Zirkel
Ziehklinge
Verschiedene Holzschaber
Aufwärts-Abwärts-Transformator für 220/110 V

Mechanikerwerkzeug für einfache Segelboote (ohne Maschine):

Schraubenschlüssel, 20 und 25 cm
Sortiment Schraubendreher
Gripzange
Zange
Hartmeißel
Feine Flachfeile, grobe halbrunde Vorfeile, verschiedene Rundfeilen
Satz HSS-Bohrer, 1,5 bis 10 mm
Metallsäge
Kleine Rohrzange
Schlosserhammer

Zusätzliches Werkzeug für Besitzer eines Außenborders:

Steckschlüsselsatz, 3/8″-Antrieb
Kombi-Schlüssel, 10 – 19 mm

Für Innenborder außerdem:

Steckschlüsselsatz, 1/2″-Antrieb, mit Nüssen bis 30 mm
Fühllehre
Kombi-Schlüssel bis 25 mm

Inbusschlüssel
Wasserpumpenzange
Kreuzschlitz-Schraubendreher
Billiger Satz Gewindebohrer und -schneider
Innen- und Außentaster
Sicherungsringzange
Rohrzangen, 20 und 35 cm
Sortiment Metallfeilen und Hartmeißel, groß und klein
Ventilschleifpaste
Spitzsenker
Körner
Seitenschneider
Durchschlag
Drahtbürste
Brecheisen
Blechschere

Für gelernte Mechaniker außerdem:

Mikrometerschraube
Werkstatthandbücher zu bekannten Schiffsdieseln
Drehmomentschlüssel
Großer Satz Inbusschlüssel
Satz qualitativ hochwertiger Gewindebohrer und -schneider

Elektrowerkzeug für einfache Segelboote (ohne Maschine und Naßzellenbatterie):

Kleine Prüflampe und Krokodilklemmen
Isolierband

Für Yachten mit Naßzellenbatterie und Elektronik außerdem:

Voltmeter
Lötpistole
Abisolierzange
Sortiment Kabel und Verbinder

Für gelernte Elektriker:

Sortiment kompliziertes Prüfgerät (hier muß ich leider passen)

In den elf Jahren an Bord der *Seraffyn* hatten wir mit Ausnahme des Bandschleifers, der Nähmaschine, des Steckschlüsselsatzes mit 3/8″-Antrieb und des Werkzeugs für gelernte Mechaniker und Elektriker alles dabei. Das gesamte Werkzeug nahm etwa ein Zehntel Kubikmeter Raum ein und wog knapp 65 kg.

## Pflege und Aufbewahrung von Werkzeug

Eisernes Werkzeug ist eine Quelle dauernden Ärgers an Bord. Mit WD40 und Kunststoff-Werkzeugkisten läßt es sich viel leichter schützen. Nach der Arbeit das gesamte Werkzeug in die Werkzeugkiste legen, sorgfältig mit WD40 einsprühen und den Deckel schließen. Der Sprühnebel dringt in alle Ecken und Winkel ein und überzieht alles mit einer Schutzschicht. Er schützt auch das Werkzeug, das am wenigsten gebraucht wird, nämlich alles, was ganz unten in der Kiste liegt.

Für größeres Werkzeug wie etwa meine Handsäge habe ich lose Plastiküberzüge für die Zähne. Ich sprühe die Zähne mit WD40 ein und verstaue die Säge mit den Zähnen nach oben, so daß sie auf keinen Fall mit Wasser in Berührung kommen. All meine Holzbeitel und Meißel verstaue ich in Leder- oder Plastikscheiden, die mit Schmierfett gefüllt sind. Damit ist die Schneidkante immer geschützt.

Bohrmaschinen und Schleifgeräte halten sich gut, wenn man sie mit WD40 einsprüht, in Baumwollappen einschlägt und in dichtschließenden Plastikbeuteln oder -kästen verstaut. Handhobel aus Stahl schützt man am besten mit Schmierfett auf der Schneide und anschließendem Einsprühen mit WD40.

Die Werkzeugkisten, die wir seit zwölf Jahren benutzen, bestehen aus regenfestem Weichplastik, das keine Beulen im Holz hinterläßt, das Deck nicht verkratzt und keine Rostspuren hinterläßt.

## Ersatzteile

Wenn man ein Boot besitzt, das wie ein Fischerboot überall verzinkte und stählerne Teile hat, braucht man nicht so viele Ersatzteile mitzuführen. Wenn die Beschläge aber sämtlich aus Bronze oder Edelstahl bestehen, kann man sich tagelanges Suchen nach den richtigen Bolzen und Metallstücken ersparen, indem man einen Vorrat mit an Bord nimmt. Glasfasermatten, Harz, Weichstahl, Holz und verzinkte Beschläge gibt es überall auf der Welt. Die exotischeren Dinge wie Schrauben, Bolzen, Muttern und Unterlegscheiben aus Edelstahl oder Siliziumbronze sind es, die im Ausland oft schwer oder gar nicht zu

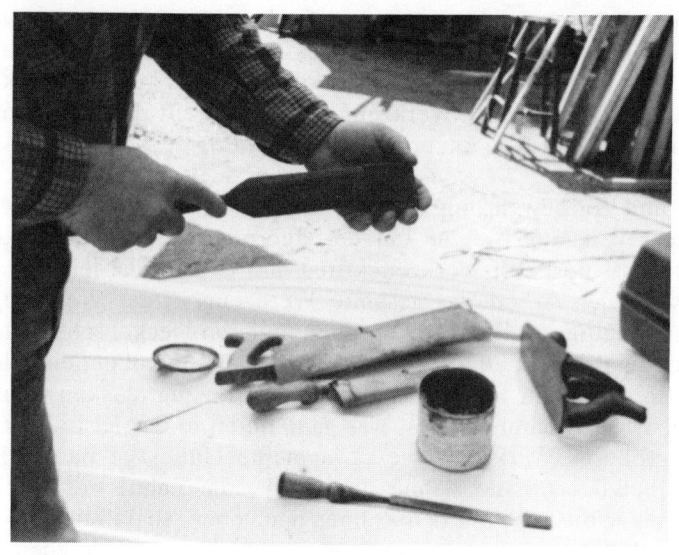

bekommen sind. Diese Dinge gilt es mitzunehmen, dazu Kalfaterwerg, Mittel zum Auspichen, Farbe und Lasurlack. Stücke aus dem Metall, das auf dem Boot verwendet wurde, können dazu dienen, neue Teile anzufertigen und alte zu reparieren.

Segeltuch und Segelreparaturzeug gibt es nur in den größeren Häfen der Industriestaaten. Wer also in abgelegene Gegenden unterwegs ist, sollte sich einen anständigen Vorrat mitnehmen.

Unbedingt zu empfehlen ist ein Werkstatthandbuch für die Maschine und den Generator. Diese Handbücher enthalten vollständige Bau- und Reparaturhinweise und, was noch wichtiger ist, meist auch Hinweise zur Fehlersuche. Wenn ich Yachten überführe, kaufe ich in der Regel ein Werkstatthandbuch für den Eigner, wenn nicht bereits eines an Bord ist. Auch für alle anderen Geräte sollte umfassendes Material zur Instandsetzung und Fehlersuche an Bord sein.

Werkzeug und Ersatzteile werden um so wichtiger, je weiter man sich vom nächsten Schiffsausrüster oder von der nächsten Werft entfernt. Mit vernünftigem Werkzeug, etwas Geschick und den richtigen Ersatzteilen an Bord kann man (fast) alles reparieren.

# TEIL V

# Vorbereitung ist alles

Eine der schönsten Seiten am Hochsee- und Fahrtensegeln als Sport ist die Sicherheit. Das unterscheidet das Segeln vom Skifahren, Fallschirmspringen, Segelfliegen, Motorrad- und sogar Fahrradfahren, wo die eigene Sicherheit von anderen Leuten abhängig ist, sei es nun der Pilot, der dich absetzt, andere Skiläufer am Hang oder andere Verkehrsteilnehmer auf der Straße. Sobald man den Hafen verlassen hat, beseitigt eine gute Wache nahezu alle Risiken von Verletzung oder Schaden aufgrund der Fahrlässigkeit anderer Leute. Die eigenen Vorbereitungen, das persönliche Können und etwas Umsicht sorgen dafür, daß nichts passiert.

Was noch besser ist – Segeln ist ein Sport, in dem das Alter keine Rolle spielt. Man ist weder mit fünfundvierzig noch mit fünfundfünfzig und auch nicht mit fünfundsechzig »aus dem Rennen«. Im Gegenteil, wenn man weiter segelt, wird man um so mehr respektiert, je älter man wird. Humphrey Barton war noch mit neunundsiebzig Jahren dabei, und jedes Mal, wenn er mit seiner Frau Mary einen Hafen anlief, waren die jüngeren Segler ganz wild darauf, »die Bartons« kennenzulernen.

Erfolgreiches Fahrtensegeln hat mit Heldenmut oder Kühnheit nichts zu tun. Es ist ein Sport für jeden, der bereit ist, die grundlegende Prämisse zu akzeptieren, daß nämlich der erfolgreiche Abschluß eines Törns im direkten Verhältnis zum Ausmaß der Vorbereitungen steht. Diese Vorbereitungen und das Bereitsein dürfen nicht aufhören, wenn das Schiff ausgerüstet ist und alle Seekarten an Bord sind. Dazu gehört auch, daß man immer wieder umsichtig Situationen in die Überlegungen einbezieht, die noch in der Zukunft liegen.

Die folgenden Kapitel befassen sich mit drei grundlegenden Gebieten, in den Vorbereitung und Bereitsein Probleme zu einem späteren Zeitpunkt vermeiden helfen.

# 18
# Sicher ankern

Wenn man seinem Ankergeschirr traut, kann das Fahrtensegeln eine himmlische Angelegenheit sein. Man kann vor Anker gehen und die Nacht ruhig durchschlafen. Weil man weiß, daß das Boot nicht in Gefahr ist, braucht man es sich nicht zweimal zu überlegen, bevor man zum Essen oder zu Besichtigungen an Land geht. Nichts verdirbt den Spaß am Segeln so sehr wie die Angst, abgetrieben zu werden. Leider lernt man die Kunst, sicher vor Anker zu liegen, meist auf die harte Weise, indem man beispielsweise um zwei Uhr morgens bei Sturm vor Anker quer durch eine Bucht treibt oder von anderen treibenden Booten gerammt wird. Aber ein sorgfältiger Blick auf die Ankertechniken, eine defensive Einstellung im Hinblick auf die Ankerplatzwahl und ein Blick auf all das Gerät, das man zum Umgang mit dem Ankergeschirr unter wechselnden Bedingungen braucht, sorgen dafür, daß derart unangenehme Lektionen nicht so häufig vorkommen.

In Puerto Andraitx auf Mallorca sahen wir einmal, wie eine 14m-Ketsch mit hohem Vorschiff bei 25 kn Wind vor Anker trieb. Der Eigner versuchte sechs oder sieben Mal, vor Anker zu gehen, bevor er schließlich aufgab und längsseits an einem Fischerboot an der Mole festmachte. Wir waren seit vier Monaten in Andraitx und mußten unseren Anker jedesmal mit der Winde ausbrechen, wenn wir segeln wollten; daher wußten wir, daß der Ankergrund gut war. Der Mann auf der Ketsch verwendete gutes Ankergeschirr mit einer schweren Kette und Pflugscharanker. Später erzählte er mir: »Mein Echolot zeigte 5 m Wassertiefe an, so daß ich 15 m Kette aussteckte. Das hätte eigentlich reichen sollen. Muß wohl schlechter Ankergrund sein.«

Ich hatte mit einer Lotleine gemessen und wußte, daß die Wassertiefe 6 m mit nur 30 cm Tidenhub betrug. Sein Echolot befand sich also wahrscheinlich einen Meter unter der Wasserlinie und war nicht entsprechend justiert. Außerdem hatte er offensichtlich die eineinhalb Meter vom Wasser bis zur Laufrolle am Bug nicht berücksichtigt. Diese zusätzlichen zweieinhalb Meter ergaben zusammen mit der Echolotanzeige von fünf Metern eine Gesamthöhe von siebeneinhalb Metern zwischen Laufrolle und Grund. Da die Kettenlänge mindestens das Dreifache der Wassertiefe betragen muß, hätte er 22,5 m Kette ausstecken müssen (ich nehme in seichten Gewässern unabhängig von der Wassertiefe sogar das Fünffache oder mindestens 27 m; in der Kiste nutzt die Ankerkette nichts).

Um die richtige Kettenlänge zu bekommen, muß man besonders an seichten Ankerplätzen die Höhe der Laufrolle über dem Wasser kennen und die Wassertiefe genau messen; dazu kommt dann eine Zugabe für den Tidenhub. Eine Lotleine ist für diesen Zweck genauer, billiger und zuverlässiger als ein Echolot. Wenn man das Lot mit Talg, weichem Bienenwachs oder zur Not auch Erdnußbutter speist, weiß man anschließend gleich, wie der Ankergrund beschaffen ist, und kann den entsprechenden Anker wählen.

Vor dem Ankern sorgfältig die Tiefenlinien auf der Karte ansehen. Auf der Isla Cabrera bei Mallorca erzählte uns der dortige Militärkommandant, daß einmal zehn Yachten an der einzig möglichen Stelle, über einem schmalen Schelf in der Nähe seines Hauptquartiers, vor Anker gelegen hätten. Bei einer Bö mit Stärke 10 seien sechs der zehn Yachten ein kurzes Stück vor Anker getrieben, bis der Rand des in fünf Faden Tiefe liegenden Schelfs erreicht war, wo die Anker plötzlich in zwanzig Faden Wasser hingen. Alle sechs seien auf der felsigen Leeseite der Bucht gestrandet. Wenn sie über sanft ansteigendem Grund geankert hätten, wäre für die Besatzungen noch Zeit gewesen, mehr Kette auszustecken oder einen zweiten Anker auszubringen, während die Schiffe abtrieben. Wenn die Karte für einen Ankerplatz also nur wenig Raum zum Treiben zeigt, muß man unbedingt von vornherein mehr Kette nehmen oder zwei Anker setzen.

Defensives Ankern ist eine Kunst. Indem man das Schicksal gar nicht erst herausfordert, erspart man sich die Arbeit, das Schiff reparieren und ausgefranste Nerven beruhigen zu müssen. Nach Möglichkeit genau in der Mitte des Ankerplatzes ankern. Damit hat man den größtmöglichen Platz, um vor Anker zu schwojen, die meiste Zeit, um zu reagieren, wenn das Schiff vor Anker treibt, und die beste Stelle, um nach dem Lichten des Ankers weiterzusegeln. Vor dem Ausbringen des Ankers überlegen, in wessen Nachbarschaft man sich befinden möchte. Angenommen, es stehen zwei Plätze zur Wahl, und zwar zum einen in Lee einer stämmig gebauten Ketsch, die die gelegentlichen Böen, die durch den Hafen fegen, stoisch an ihrer Ankerkette über sich ergehen läßt, und zum anderen in Lee einer leichten Rennyacht, die an ihrer Ankerleine hin und her treibt. In einem solchen Fall ist es fast immer am sichersten, in Lee des Schiffes mit Ankerkette zu ankern. Die Nylon-Ankerleine der anderen Yacht könnte nämlich beispielsweise an einem Metallstück, das auf dem Grund vor sich hinrostet, schamfilen, bis sie durch ist und das Schiff gegen das eigene Boot treiben läßt. Bei starkem Wind reichen dann das Gewicht und der Luftwiderstand des zweiten Bootes möglicherweise aus, um den eigenen Anker ausbrechen zu lassen. So etwas kommt nur zu oft vor, und zwar besonders in alten Häfen, in denen rostiges Metall auf dem Grund seit Jahrzehnten darauf wartet, eine Ankerleine durchzuscheuern.

Wer nur mit Kette ankert, macht um Yachten mit Ankerleine am besten einen weiten Bogen. In einem Hafen mit wechselnden Winden und Tidenhub liegt die Kette auf dem Grund, und das Schiff bewegt sich nur bei frischem Wind und starker Tide. Diese Bewegung erfolgt zudem relativ langsam, weil die Kette über den Grund schleift. Ein Boot mit Ankerleine hingegen schwojt sehr schnell und ist möglicherweise schon »längsseits gegangen«, bevor sich die eigene Ankerkette auch nur drei Meter bewegt hat.

Im Mittelmeer spart das Ankern mit dem Heck zum Kai in den kleinen Häfen viel Platz. Wenn sich dabei der Anker aber nur um zwei oder drei Meter bewegt, kracht auch schon das Ruder, der Spiegel oder die Selbststeueranlage gegen den Kai. Bei dieser Ankermethode nimmt daher das Risiko mit der Größe der offenen Wasserfläche im Hafen zu. Im Hafen von Rhodos etwa ist das Yachtbecken vollkommen umschlossen und mißt nur etwa 150 m in der Breite. Das bedeutet, daß sich keine Seen aufbauen können, die den Anker ausbrechen lassen. In Palma de Mallorca hingegen reicht die offene Wasserfläche vom Kai aus eine Meile nach Süden. Dort baut sich bei südlichen Winden schnell eine unangenehme kurze See auf, bei der das Schiffsheck gefährlich nah am Kai auf- und abschwingt. Wer in einer solchen Situation trotzdem mit dem Heck zum Kai ankern will, muß dabei ganz vorsichtig vorgehen. Das heißt, daß man doppelt so viel Kette oder Leine wie im Normalfall aussteckt, um sich daran im Notfall schnell 15 m vom Kai weg verholen zu können. Bei der Abfahrt macht diese zusätzliche Länge es einfacher, das Schiff mit der Winde zum Anker zu bringen, und sorgt für mehr Platz zum Manövrieren.

Das Schiff unbeaufsichtigt zu lassen, wenn es nach der Mittelmeermethode festgemacht ist, beschwört, wenn nicht das Unheil, so doch zumindest Beschädigungen geradezu herauf. Im Sommer 1977 sanken im Hafen von Palma in weniger als einer Stunde neunundzwanzig der fünfundvierzig Yachten, die mit dem Heck zum Kai lagen, als plötzlich eine steife südliche Brise aufkam.

Wer mit dem Heck festgemacht hat, muß aufpassen, wenn andere Segler ihre Anker aufholen. Sehr oft liegen die Ankertrossen nämlich kreuz und quer übereinander. Wenn der Nachbar dann seinen Anker aufholt, kommt der eigene Anker unbeabsichtigt mit aus. Es folgt ein großes Durcheinander, und oft genug wird der Anker einer Yacht, auf der niemand an Bord ist, einfach wieder ins Wasser geworfen, ohne daß man den Versuch macht, ihn wieder richtig fassen zu lassen. Wenn der Eigner dieser Yacht dann zurückkehrt, muß er möglicherweise feststellen, daß das Heck seines Schiffes gegen den Kai schlägt.

Ich denke, man kann es gar nicht oft genug sagen: Beim Ankern mit dem Heck zum Kai muß immer jemand an Bord sein, und wenn jemand in der Nähe den Hafen verläßt, muß die Kette anschließend dichtgeholt werden, um zu sehen, ob der Anker noch sicher faßt. Wir selbst ankern nach Möglichkeit immer weiter draußen und gehen im Beiboot an Land. Das ist in der Regel sicherer, bietet mehr Privatsphäre und ist auf die Dauer sauberer und einfacher.

Leider ist das in manchen Mittelmeerhäfen wegen des eingeschränkten Platzangebots einfach nicht möglich. Wir bringen dann den Heckanker aus und legen mit dem Bug voraus an. Auf diese Weise nehmen das weitaus weniger empfindliche Wasserstag und der bronzebeschlagene Vordersteven Kontakt mit der Kaimauer auf, wenn der Anker trotz aller Sorgfalt nicht hält. Diese Methode hat außerdem noch einen weiteren Vorteil: Sie hält die Leute davon ab, neugierig durch den Niedergang in die Kajüte zu starren.

Das Ankergeschirr vorsichtig ausbringen. Wenn die Kette auf den Anker fällt, bestehen sehr gute Aussichten, daß alles unklar kommt und der Anker nicht faßt. Der Anker wird an der richtigen Stelle ausgebracht, und dann steckt man langsam die Kette aus, ohne daß Zug auf den Anker kommt. Belegt wird erst, wenn die gesamte Kettenlänge ausgesteckt ist. Jetzt kann man den Anker einrucken lassen.

Besonders in alten Häfen mit ihren jahrhundertealten Ablagerungen auf dem Grund erweist sich oft eine Sorgleine als recht nützlich, die aber ebenfalls sorgfältig eingesetzt werden muß. In Nordspanien schaffte ich es einmal, die Sorgleine um meine eigene Kette zu wickeln, so daß sie den Anker achteraus zog. Seit damals achte ich darauf, die Sorgleine und die Boje weit genug hinauszuwerfen, bevor ich den Anker fallen lasse.

Auf einer Überführung ankerten wir einmal nachts in Funchal auf Madeira. Der Ankerplatz war ziemlich tief und felsig und für seinen ungünstigen Ankergrund bekannt. Also befestigten wir eine Sorgleine an dem kleinsten Fender, der an Bord zu finden war; er hatte einen Durchmesser von ca. 50 cm. Dann versuchten wir den Anker einzusetzen. Er faßte nicht. Der Fender ging nicht unter, aber wir erkannten erst nach dem zweiten Versuch, daß die Sorgleine zu kurz war und daß der Fender den 34 kg schweren Herreshoff-Anker in der Schwebe hielt. Wir verlängerten die Sorgleine, und der Anker faßte.

Vor elf Jahren in Mexiko zog einmal ein heftiger Regensturm über unseren Ankerplatz hinweg und verringerte die Sicht auf Null. Bei dieser Gelegenheit lernte ich, wie man ohne die Möglichkeit einer Peilung merkt, daß man vor Anker treibt. Fast sofort nach dem ersten Windstoß legte sich das Schiff quer, und ich verschwendete wertvolle Zeit damit, das Vorsegel vom Bugspriet zu holen, weil ich hoffte, die geringere Windangriffsfläche würde es dem Boot gestatten, in den Wind zu drehen. Dann dämmerte es mir, daß das Schiff quer zum Wind lag, weil wir vor Anker trieben. Ich steckte sofort weitere 45 m Kette aus, und das Boot drehte in den Wind. Bei Tagesanbruch sahen wir mit Erschrecken, daß nur noch wenige Meter zwischen uns und den Felsen lagen. Wir hatten eine kostenlose Lektion erhalten: Wenn das Schiff quer zum Wind liegt und keine Gezeitenströmung herrscht, treibt es vor Anker.

In weniger dramatischen Situationen zeigt ein Blick auf die Kette, ob das Schiff treibt. Wenn sie sich bei Windeinfall langsam hebt und langsam wieder senkt, wenn die Spannung nachläßt, hält der Anker. Wenn sie sich jedoch unter Belastung ruckartig bewegt, holpert und schleift der Anker über den Grund.

Darüber, welcher Anker für diesen und jenen Grund am besten geeignet ist, sind schon viele Worte verloren worden. In der Werbung werden geringer Platzbedarf, niedriger Preis oder geringes Gewicht als Argumente für den Kauf genannt. Aber der autarke Hochseesegler sollte sich einmal selbst mit den Fakten befassen und ein Sortiment der *schwersten* Anker mitführen, die er und seine Besatzung bewältigen können. Wenn es darauf ankommt, sind die Anker und das entsprechende Geschirr die einzige Versicherung. Ich will mir für mein neues Schiff drei Ankertypen kaufen, und zwar einen 16 kg schweren Pflugscharanker für den täglichen Gebrauch, einen 30 kg schweren Stockanker (vorzugsweise den von Nat Herreshoff) zum Ankern bei Sturm und einen 9 kg schweren Danforth aus hoch zugfestem Stahl als Heckanker.

In seinem Buch *The Commonsense of Yacht Design* behauptet L. Francis Herreshoff von der ursprünglichen Konstruktion seines Großvaters: »Hier haben wir ein perfekt proportioniertes Gerät, und wenn man sagen kann, daß die Schrotflinte und die Violine den Stand der endgültigen Perfektion erreicht haben, dann sehen wir hier den absolut perfekten Anker.« Aber es könnte durchaus passieren, daß sich die Ankertrosse um die Flunke eines Herreshoff-Ankers wickelt und ihn achteraus zieht (Abb. 18.1). Der Stockanker hält in den meisten Arten von Ankergrund gut und ist der beste Anker bei Fels und Algenbewuchs. Wenn aber die Möglichkeit besteht, daß das Schiff schwojt, braucht man einen zweiten Anker zusätzlich.

In Sand und festem Lehm halten die leichten stocklosen Anker wie der Danforth besser als der Stockanker. Bei weichem Lehm ist es mir schon oft passiert, daß der Patentanker mit den flachen Flunken über den Grund glitt, statt sich einzugraben. Wenn der Patentanker in festem Lehm steckt und sich bei einer Winddrehung um 180° erneut eingraben muß, können sich Lehmklumpen zwischen Flunken und

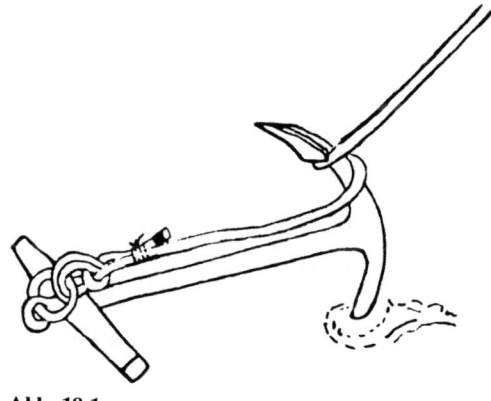

**Abb. 18.1**

159

Schaft setzen, so daß die Flunken nicht umklappen und an der neuen Stelle fassen (Abb. 18.2). Als ich einmal nach drei Tagen in La Paz mit einem täglichen Tidenhub von fast zweieinhalb Metern meinen Danforthanker aufholte, kam er mit dem unteren Ende voran nach oben; die Kette hatte sich um die rechteckige Klappflunke gewickelt. Bei einem Danforth sollte man immer einen zweiten Anker verwenden, wenn Aussicht auf wechselnde Winde oder starke Gezeitenströmungen besteht. Außerdem sollte der Anker mindestens fünfzig Prozent schwerer sein, als vom Hersteller empfohlen. Alle Patentanker, die heutzutage verkauft werden, sind geschweißt (und manchmal sogar nur punktgeschweißt). Wir haben in Werften und Werkstätten buchstäblich Hunderte von Patentankern und stocklosen Ankern gesehen, die gerichtet und neu geschweißt werden mußten. Die mit der großen Flunke erreichte Haltekraft des Patentankers ist für die Bauweise einfach zu groß. Die Firma Danforth gab dies indirekt zu, indem sie einen 10 kg schweren Standardanker aus Weichstahl und dann einen teureren 9 kg schweren Anker aus hoch zugfestem Stahl auf den Markt brachte. Das ist meiner Meinung nach so, als baute man zwei Modelle der Boeing 747, eines mit Tragflächen, die fest genug sind für die volle Nutzlast, und ein zweites für die Tage, an denen das Flugzeug nur halbvoll ist.

Der echte gesenkgeschmiedete Pflugscharanker ist unter Fahrtenseglern der Favorit für den täglichen Gebrauch. An einem Pflugscharanker kann das Boot in der Strömung und im Wind schwojen, ohne daß ein zweiter Anker benötigt wird. Der Pflugscharanker hat keine vorstehenden Teile, an denen etwas unklar kommen könnte, meines Wissens aber drei Nachteile. Er hält zwar ausgezeichnet in Sand,

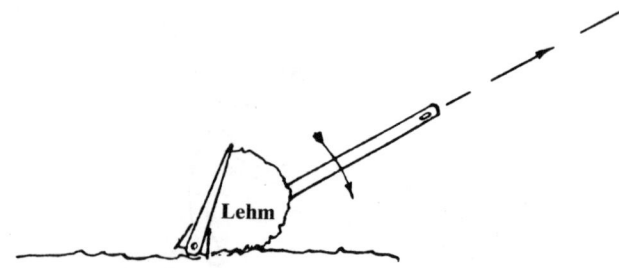

In Korallen und anderen Objekten könnte ein stockloser Anker auf die gleiche Weise unklar kommen.

Abb. 18.2

Muscheln und Kies, ist dem Stockanker aber unterlegen, wenn es darum geht, durch Algen bis auf festen Grund zu kommen. Zweitens hat der Pflugscharanker die schlechte Angewohnheit, sich unter großen Felsbrocken zu verklemmen, so daß es ratsam ist, einen Stockanker als Reserve mitzuführen, und drittens erfordert er jede Menge Kette in der richtigen Größe, damit der Stock unten bleibt und der Anker sich in harten Sand eingraben kann.

Auf welche Seite man sich in der Auseinandersetzung um Ankerleine oder Ankerkette auch schlägt, interessant ist die Tatsache, daß die Versicherungsgesellschaften für Handelsschiffe nur Ketten zulassen. Die Kette fungiert durch ihr Gewicht als Stoßdämpfer, so daß auf den Ankerschaft keinerlei Kraft ausgeübt wird, bis die gesamte Kette steil im Wasser steht. Wegen ihres Gewichts liegt die Kette auf Grund und kommt nicht so schnell mit dem Anker unklar. Und wenn eine Kette an etwas Scharfem schamfilt, wird sie nicht durchgescheuert und läßt das Boot nicht auf einen ungeplanten Mondscheintörn gehen. Eine Kette hat definitiv ihre Nachteile: Sie ist schwer und teuer, und man braucht ein Ankerspill, um sie einzuholen. Sie wird gelegentlich schmutzig und muß nach jedem Ankern sorgfältig verstaut werden, wenn sie beim nächsten Mal nicht im Kettenkasten klemmen soll. Aber keiner dieser Nachteile hat etwas mit der Haltekraft zu tun.

Auch für Nylon-Ankerleinen gibt es durchaus Verwendung. Mein zweiter Buganker sitzt an 90 m Nylonleine mit 9 m Kettenvorlauf aus 5/16″ dickem Stahl.

Wenn ich einen zweiten Anker ausbringen muß, kann ich ihn problemlos mit dem Beiboot hinausrudern. Nylon ist aufgrund seiner Elastizität extrem belastbar und läßt den Anker bei Dünung nicht ausbrechen; außerdem macht es in der Führung keinen Lärm. Bei einer Nylonleine kann man eine Schotwinsch als Ankerspill verwenden. Patentanker in Verbindung mit Nylonleinen sind also definitiv billiger als Ketten und geschmiedete Anker. Deshalb werden sie auch von vielen Konstrukteuren und Bootsbauern empfohlen. Auf Regattayachten, die nur selten vor Anker gehen, ist diese Ausrüstung in der Praxis zur Norm geworden. Aber beim Fahrtensegeln verbringt man die meiste Zeit vor Anker, so daß Gewicht und Kosten der Kette hinter die Verläßlichkeit zurücktreten.

Nylonleine läßt sich auch dann, wenn man eine Ankerkette hat, zu einem ganz bestimmten Zweck einsetzen. Aus Sicherheitsgründen schäkelt man 15 m Nylonleine an das bordseitige Kettenendglied an,

**Bei einem Hurrikan wie hier fühlt man sich mit Ankerkette etwas sicherer**

um den Zug beispielsweise bei schwerer Dünung nach einem Sturm aufzunehmen. Das andere Ende der Leine wird an einem sehr stabilen Teil des Bootes, etwa an einem Ladepfosten, mit einem Rundtörn und zwei halben Schlägen belegt. Dieser Knoten läßt sich schnell lösen, wenn man den Ankerplatz aus irgend einem Grund ganz plötzlich verlassen und die Ankerkette deshalb slippen muß. In diesem Fall kommt ein Reservefender an das Ende der Nylonleine, damit man das Ankergeschirr später wieder aufnehmen kann (die Leine auf keinen Fall mit einem Palstek belegen, weil der sich unter Belastung nicht lösen läßt).

Ein weiterer Vorteil dieser »Seilbremse« am bordseitigen Ende der Kette besteht darin, daß sie den Zug aufnimmt, falls einmal die Kupplung am Ankerspill versagt und die Kette ausrauscht. Neunzig Meter Kette können unglaublich schnell werden, und gelegentlich beginnt es aufgrund der Reibung am Kattdavit sogar zu qualmen. So etwas passierte mal einer 50m-Motoryacht in der Karibik. Das Ende

Bei dieser Führungsrolle ist alles falsch, was falsch sein kann – keine Vorrichtung, um die Leine gegen Herausspringen zu sichern, scharfe Kanten und schwache Konstruktion

der Kette war an einem der Bolzen angeschäkelt, die den Vordersteven zusammenhielten. Als die Kette kurz kam, riß sie den Steven nach innen und hinterließ knapp unter der Wasserlinie ein Loch von 60x60 cm. Das Schiff sank. Der Reck in der 15 m langen Nylonleine hätte den fürchterlichen Zug wahrscheinlich gemindert und das Boot damit gerettet.

Schnell einen Anker auszubringen kann die Rettung für das Schiff bedeuten, wenn Gefahr besteht aufzulaufen, und zwar besonders bei ablaufendem Wasser und wenn Dünung und Wind auflandig sind. SCHNELLIGKEIT IST OBERSTES GEBOT. Nur ein Ruderboot kommt schnell genug zu Wasser und ist sofort einsatzbereit. Es bleibt keine Zeit, um das Gummiboot zu holen und aufzupumpen, den Außenborder zu montieren und zu hoffen, daß er anspringt. Was für das Mann-über-Bord-Manöver gilt, gilt auch hier: Es zahlt sich aus, wenn man vor Fahrtantritt immer wieder übt, den Anker in das Beiboot zu bringen und zu verholen. Beiboot zu Wasser lassen. Zuerst den Anker hinein, dann die Leine sorgfältig aufwickeln, damit sie beim Rudern problemlos ausrauscht. Das Beiboot mit einer Lippklampe versehen, die mit gerundetem Messing überzogen ist. Nylonleine mit einem kurzen Kettenvorlauf ist in einer solchen Situation am besten.

Wenn genügend Zeit ist, nehme ich meinen 11 kg schweren Pflugscharanker mit Kette aus 5/16" dickem Stahl, um mich beispielsweise von einer Kaimauer zu verholen oder als Dwarsanker, um von einem Kai abzuliegen. Damit die Kette nicht zu schnell ausrauscht, trete ich mit dem Fuß dagegen und drücke sie in den Einschnitt im Spiegel des Bootes. Wenn ich den Druck verringere, läuft die Kette schneller.

Ich habe die Erfahrung gemacht, daß das Beiboot unbedingt einen Vordersteven haben muß, wenn man bei Windstärken über sechs Beaufort und kabbeliger See einen Anker ausbringen will. Der scharfe Bug durchschneidet die Seen besser und mit jedem Ruderschlag weiter als ein Prahmbug. Ein Gummiboot ist unter diesen Umständen noch weniger zu gebrauchen als ein Prahmdingi.

Im Roten Meer ankerten wir einmal hinter einem Riff, um einen Sturm abzuwettern. Am nächsten Morgen frischte der Wind noch weiter auf, und ich versuchte, meinen zweiten Anker mit unserem 2 m langen Prahmdinghi hinauszurudern. Vergeblich – gegen die 90 cm hohen Seen, die sich zwischen uns und dem Riff aufgebaut hatten, kam ich einfach nicht an.

Ich wollte diesen Anker aber unbedingt draußen haben, um ruhig schlafen zu können. In Lee von uns lagen einige unbefeuerte Korallenriffe. Ich befestigte einen Fender an unserem 5 kg schweren Patentanker mit 60 m Leine aus 3/8" dickem Nylon. Dann legte ich Schwimmflossen und Maske an und schwamm mit dem Anker am Fender nach Luv, während Lin die Leine fierte. Es war bemerkenswert einfach, gegen die Seen anzuschwimmen. In etwa sechzig Meter Entfernung vom Schiff und ein gutes Stück in Backbord des Hauptankers löste ich den Fender und ließ den Anker fallen. Anschließend schwamm ich mit einer Hand an der Nylonleine zum Schiff zurück. Jetzt kam dasselbe noch einmal mit dem 16 kg schweren Stockanker an drei Fendern. Dieses Mal zog ich mich aber Hand über Hand an der kleinen Leine entlang und achtete darauf, nicht über den kleinen Anker zu geraten. Ich löste den größeren Anker von den Fendern, und Lin holte ihn mit der Winsch dicht. Dann zog ich mich mit den Fendern um die Hüfte zu dem kleinen Anker hinüber, brach ihn aus und ließ mich von Lin zusammen mit dem Anker zum Schiff ziehen. In der ganzen Zeit hatte ich immer Verbindung mit der *Seraffyn* gehabt. Wir verbrachten eine ruhige Nacht und nahmen von Stund an Tauchermaske, Schnorchel und Flossen in die Liste des erforderlichen Ankergeschirrs auf.

An der Spitze dieser Liste steht ein Ankerspill, ohne das ich nicht einmal daran denken würde, auf Fahrt zu gehen. Mit dem Spill kommt auch Lin mit den Ankern zurecht. Sie braucht nur die Kupplung loszulassen, und schon rauscht der Pflugscharanker, der am Wasserstag festgemacht ist, abwärts. Lin kann auch die Kette wieder einholen und den Anker einhängen, ohne befürchten zu müssen, sich zu verheben. Meiner Meinung nach ist das einer der einschränkenden Faktoren auf einem Boot von der Größe, an der zwei Personen noch Spaß haben: Wie groß darf der Sturmanker sein, damit auch das körperlich schwächste Crewmitglied noch problemlos damit fertig wird? Mit dem richtigen Ankerspill darf es ruhig etwas mehr sein.

Eine gut konstruierte stabile Lippklampe

165

Auf Schiffen unter 11 m ist ein gutes handbetriebenes Ankerspill aus Bronze oder verzinktem Schmiedeeisen der Schlüssel mit Umgang mit dem Ankergeschirr. Ankerspills aus Bronze, Eisen und Aluminium fressen sich fest, wenn sie nicht regelmäßig geschmiert werden. Bei Bronze und Eisen ist das kein großes Problem. Man nimmt das Spill auseinander, löst die festgefressenen Teile, schmiert sie kräftig und baut sie wieder zusammen. Bei Aluminiumspills hingegen dringt das durch das Salzwasser entstehende weiße Oxid in alle Ecken und Enden vor und macht die Demontage extrem schwierig. Schraubbolzen brechen ab, und die Ausdehnung durch die Korrosion ist oft so stark, daß die Gußteile direkt an den Wellen oder Bolzen reißen. Ich habe derartige Erscheinungen auch bei einigen der besten Spills aus sogenannten Schiffslegierungen gesehen. Deshalb verzichtet man am besten auf Ankerspills aus Aluminium und nimmt stattdessen ein solides und verläßliches Spill aus Bronze oder Eisen mit getrennten Köpfen für Leine und Kette. Dabei ist noch darauf zu achten, daß sie unabhängig voneinander eingesetzt werden können, damit man einen zweiten Anker ausbringen kann, während der erste von seinem eigenen Windenkopf gehalten wird.

Wer im Ausland ein Ankerspill bestellt, sollte unbedingt dreißig Zentimeter von der vorgesehenen Kette beilegen, weil die Kettengliedgrößen in den USA, England und Ländern mit metrischen System unterschiedlich sind und die Hersteller nur für die richtige Kopfgröße garantieren können, wenn sie ein Muster der Kette erhalten.

Probleme gibt es mit Sicherheit, wenn sich die Kettenführung verbiegt, bricht oder die Kette bei Dünung ausspringen läßt. Die Kette sägt sich dann buchstäblich in sehr kurzer Zeit durch das Deck. Für die blanken Hände ist die Kette eine echte Gefahr, wenn sie außer Kontrolle gerät. Die Kettenführung muß so stabil sein, daß sich die Außenlippe nicht verbiegt, wenn die Kette seitlichen Druck ausübt. Das läßt sich erreichen, indem man die Lippe verstärkt oder durch die Lippe einen Bolzen setzt, der an der bordseitigen Platte der Führung unmittelbar vor der Rolle angreift. Dann kann die Kette auch nicht aus der Führung springen.

Wenn die Kettenführung am Bugspriet montiert wird, sollte sie mit Metallbändern am Bugspriet gesichert werden. Wenn Anker oder Kette sich nämlich beim Einholen unter einem großen Felsbrocken verkeilen, könnte die nächste See die Yacht anheben, d.h., die Kettenführung wird nach unten gerissen, und das Bugspriet spaltet sich genau an den Stellen, wo die beiden durchgehenden Bolzen sitzen. Wenn eine Dünung in den Hafen hineinsteht, zahlt es sich aus, die Kupplung etwas lose zu geben und die Sperrklinke nicht einzusetzen, damit die Ankerkette etwas slippen kann, wenn das Schiff Aufwärtsbewegungen gegen Kette und Anker macht. Das schützt die Kettenführung und die Nerven.

Darauf achten, daß die Kettenführung sich nach vorn erweitert, damit die Ankerleine nicht schamfilen kann. Die Bugrolle sollte drei- bis viermal so breit wie der Leinendurchmesser sein, damit Platz für den Schamfilschutz bleibt.

Sicheres Ankern ist eine Kombination aus richtiger Ausrüstung und defensiver Ankertechnik. Jeder Segler sollte diese Kombination als seine primäre Versicherung betrachten. Wenn alles andere fehlschlägt, ist der einsatzbereite Anker das As im Ärmel. Er kann das Boot und – viel wichtiger – das Leben der Crew retten. Wer in fremden Gewässern segelt, wird feststellen, daß es nur wenige Yachthäfen gibt, die zudem noch weit voneinander entfernt, teuer und überfüllt sind. Er wird die meiste Zeit irgendwo vor Anker verbringen. Sichere Ankertechniken und zuverlässiges Ankergeschirr sind deshalb für gefahrloses, erfreuliches und sorgenfreies Fahrtensegeln unverzichtbar.

# 19
# Notausrüstung

Vor Jahren wurde Jean Gau einmal gefragt: »Und wie ist das mit einem Rettungsboot?« Gau, der den Atlantik mit seiner Ketsch *Atom* elf Mal überquert und zweimal umrundet hatte, ist für sein Selbstbewußtsein bekannt. Er antwortete schlicht und einfach: »Die *Atom* ist mein Rettungsboot.«

Dem konnten wir nur zustimmen, und zwar besonders, wenn wir überlegten, daß die *Seraffyn* mit ihrer Deckslänge von 7,3 m nicht größer ist als die Rettungsboote der meisten Schiffe. Deshalb unternahmen wir auch alles, was nur möglich war, um sicherzustellen, daß sie flott blieb.

Nachdem wir einmal eines Nachts Hunderte von Meilen von der nächsten Schiffahrtsstraße entfernt knapp einer Kollision mit einem Frachter entgangen waren, beschlossen wir, jederzeit Wache zu gehen. Nur bei sehr dichtem Nebel würden wir uns auf den 10 m langen Radarreflektor in unserem hohlen Holzmast verlassen müssen. Besonders wachsam waren wir in der Nähe der Walzugstraßen. Und jedes Jahr inspizierten wir die *Seraffyn* von innen und außen, damit uns auch kein Anzeichen für einen eventuellen Defekt an Rumpf und Mast entging.

Dann lernten wir eines Tages in Gibraltar drei junge Engländer kennen, deren Schiff spät nachts 40 sm auf See mittschiffs von einem portugiesischen Fischerboot gerammt worden war. Die *Piratical Pippet*, ihr stabiles Holzboot, war dabei ziemlich mitgenommen worden. Barry, Will und Gordon hätten sie nicht lange genug über Wasser halten können, um den nächsten Hafen zu erreichen. Doch Barry, ein Judokämpfer, war in der allgemeinen Verwirrung nach der Kollision an Deck des Fischerbootes gesprungen und hatte dem Kapitän für den

Fall, daß er die *Piratical Pippet* nicht in den Hafen schleppte, eine anständige Tracht Prügel versprochen.

Nur ein Jahr früher hatten wir gelesen, daß Peer Tangvald auf seiner *Dorthea* fünfzig Meilen vor der Orinokomündung mit einem unter Wasser schwimmenden Baumstamm kollidiert war. Die *Dorthea* hatte dabei ein Leck erhalten, das trotz aller Versuche nicht abzudichten war, so daß Peer sein Schiff aufgeben und sich auf seinem 2,4 m langen Dinghi in Sicherheit bringen mußte. In diesem winzigen Rettungsboot segelte er 125 sm bis zu einer der karibischen Inseln.

Diese beiden Vorfälle in Verbindung mit einer Vielzahl von Geschichten über Kollisionen mit Walen, bei denen die Boote schließlich sanken, ließen uns zu der Überlegung kommen, daß es ja trotz all unserer Vorsicht passieren könnte, daß wir die *Seraffyn* aufgeben und uns in unser besegeltes Beiboot retten müßten.

Wir waren seit geraumer Zeit davon überzeugt, daß ein Rettungsfloß nicht die richtige Lösung war. Die Baileys trieben 117 Tage in ihrem Rettungsfloß und hatten keine Möglichkeit, irgendwie in den Bereich der Schiffahrtsstraßen zu kommen, die weniger als hundert Meilen entfernt waren. Ein französisches Ehepaar trieb zwölf Tage in Sichtweite von Mallorca und konnte die Insel nicht erreichen, weil kein Antrieb vorhanden war. Deshalb nahmen wir uns unser 2,1 m langes Glasfaserdinghi vor, bauten wasserdichte Auftriebskörper ein und rüsteten es für den Fall, daß wir die *Seraffyn* aufgeben mußten, insgesamt so aus, daß wir nur eine Leine kappen mußten, um das Dinghi mitsamt Riemen, Segel, Ruder und Schwert flott zu bekommen. Wenn absolut sicher war, daß die *Seraffyn* sinken würde, und wir noch vier Minuten Zeit hatten, konnten wir uns Mast und Baum des Dinghis schnappen, die in einer einfachen Halterung aus einem Lederstiefel unten und einem Stück Plastikschlauch oben am Oberwant steckten. Dann mußten wir noch den einen Knoten lösen, mit dem der jederzeit gefüllte 20l-Wasserkanister innen am Speigatt befestigt ist, den Kanister im Dinghi verstauen und das Ganze im Cockpit der Yacht absetzen, wo es auf uns wartete, während wir versuchten die *Seraffyn* flott zu halten. Wir würden das Mutterschiff (ob jetzt die *Seraffyn* oder eine Yacht, die wir vielleicht gerade überführten) nie aufgeben, bis es wirklich unter uns sank. Es gibt zu viele Fälle, in denen aufgegebene Yachten später treibend gefunden wurden, während Besatzung und Rettungsboot nie wieder auftauchten.

Wenn wir weniger als fünf oder zehn Minuten Zeit hatten, konnten wir das Dinghi samt Ausrüstung schnell zu Wasser bringen und dann fertig ausrüsten, sobald die *Seraffyn* sank. Wir hatten Segel und Riemen, so daß wir selbst zu unserer Rettung beitragen konnten, statt nur dazusitzen und zu hoffen, daß uns ein Schiff fand. Mit ihrem gut 4 m hohen gestreiften Segel war die *Rinky Dink* auch weitaus besser zu sehen als ein Rettungsfloß. Nachdem alles arrangiert war und wir ein wenig geübt hatten, dachten wir noch insofern an ein eventuelles Verlassen des Schiffes, als wir das Dinghi bei jedem Törn über mehr als dreißig Seemeilen auf dem Kajütdach verzurrten.

Im Winter 1976/77 beschlossen wir dann, Malta zu verlassen und nach Osten durch das Rote Meer, den Indischen Ozean und schließlich den Nordpazifik zu segeln. Das war das erste Mal, daß wir mehr als einen Langstreckentörn im Jahr planten. Ein alter Freund, der ebenfalls auf Malta überwinterte, verkaufte sein Schiff und drängte uns: »Nehmt meine Seenotfunkboje. Ich mache mir dann etwas weniger Sorgen um euch, wenn ihr mitten im Indischen Ozean schwimmt.« Seine Besorgnis und die Tatsache, daß es auf unserer geplanten Route kaum Schiffahrtsstraßen gab, veranlaßten uns, über eine Notausrüstung nachzudenken, die wir im Dinghi verstauen konnten, falls wir das Schiff aufgeben mußten. Wir sahen uns einige der im Handel erhältlichen Notausrüstungen an, wie sie in den Rettungsflößen auf Regattaschiffen zu finden sind. Die waren aber viel zu teuer und außerdem für Segler vorgesehen, die ruhig sitzen bleiben und auf Rettung warten würden. Deshalb kamen sie für uns nicht in Frage. Also suchten wir uns selbst die Vorräte und die Ausrüstung zusammen, die es uns gestatten würden, selbständig auf unser Überleben in einem kleinen Boot hinzuarbeiten und dabei in Richtung einer vielbefahrenen Schiffahrtsstraße zu segeln oder Kurs auf Land zu nehmen. Die Ausrüstung, die wir schließlich zusammenpackten, wog etwa 14 kg und paßte in einen zylindrischen Segeltuchbeutel mit 25 cm Durchmesser und 65 cm Länge. Alles war so verpackt, daß Salzwasser und Sonnenlicht ihm nichts anhaben konnten.

Inhalt

Lose im Beutel:
4 Leuchtsignale, rot, in wasserdichten Taschen
1 Rauchsignal, orange
1 zusammenklappbarer Radarreflektor, 25 cm

1 Wassererzeuger (aus ausgesonderten Luftwaffenbeständen, ergibt knapp 1/2 l Wasser pro Tag, wenn die Sonne scheint)
1 Dacron-Persenning für das vordere Drittel des Dinghis (Schutz gegen Sonne und Gischt)
2 Faltkanister für je 4 l Wasser
1 Handkompaß

In hermetisch versiegeltem 8l-Plastikbehälter (Farbeimer):
10 Dosen Fruchtsaft
10 Dosen Fleischpastete
500 g Traubenzucker

In versiegeltem 8l-Plastikbehälter, als Treibanker ausgerüstet:
1 Bleistift
Notizblock
Pässe (Kopien)
50 Dollar
Kleine Dose Dichtmasse
Wasserfestes Klebeband, 4 cm breit
40 Multivitamintabletten

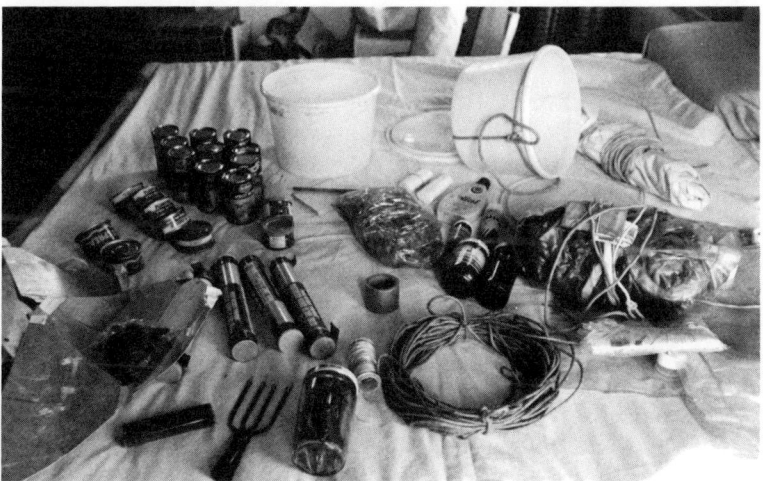

**Unsere gesamte Notausrüstung; links Teile für einen Radarreflektor, rechts ein Solar-Wassererzeuger.**

171

2 Mullbinden
Handcreme (Heilsalbe)
Sonnenschutzcreme (UV-undurchlässig)
Segelgarn in drei Stärken, je 60 m
Wetzstein
Dreizack (mit Widerhaken)
30 m Leine, 3 mm
Messer
Mini-Dosenöffner
3 Köder zum Angeln
12 Angelhaken, sortiert
6 m Leitschnur
3 m Bändseldraht aus Edelstahl, 1,5 mm
2 weiße Handtücher
1 Signalspiegel

Anstelle der Fleischpastete in Dosen würde ich heute kalorienreiche Müsliriegel nehmen. Ihr konzentrierterer Kaloriengehalt dürfte die Energie, die man braucht, um aktiv an der eigenen Rettung zu arbeiten, schneller zur Verfügung stellen.

Unsere Notausrüstung sollte uns vier oder fünf Tage am Leben erhalten, in denen wir lernten, mit der neuen Situation fertig zu werden. Dann, so hofften wir, würden wir in der Lage sein, für uns selbst zu sorgen.

Der Radarreflektor am Topp unseres 4,3 m hohen Mastes würde ein besseres Signal auf dem Radarschirm ergeben als ein Rettungsfloß, das bei Dünung immer wieder hinter Wellenbergen verschwindet. Bis auf die einfachsten Erste-Hilfe-Sachen entschieden wir uns auch gegen Medikamente, und zwar nicht nur aus Platzgründen, sondern auch, weil es abseits von Menschenmassen und Land nur wenige ansteckende Krankheiten gibt. Weil wir beide mit der Navigation an Bord der *Seraffyn* vertraut sind, kamen auch keinerlei Karten in die Notausrüstung. Wir sprechen täglich über unsere genaue Position und kennen beide den Kurs, den wir segeln müssen, um Land zu erreichen. Larry zeichnet die Positionen in die Karte ein, wenn er sein Sonnen- oder Sternenbesteck genommen hat. Ich trage sie dann in das Logbuch ein und berechne die Entfernung zum Land. Zweimal wöchentlich ziehen wir unsere Übersichtskarten zu Rate, auf denen die Schiffahrtsstrassen verzeichnet sind; auf diese Weise wissen wir, wann wir auf Wache besonders achtgeben müssen. Wenn wir das Schiff aufgeben müßten, hätten wir eine ziemlich genaue Vorstellung, in welche Richtung wir zu segeln oder zu rudern hätten, um in ein Gebiet zu kommen, wo dichterer Schiffsverkehr eine Rettung wahrscheinlicher machen würde. Wenn noch Zeit dafür bliebe, würden wir beim Verlassen des Schiffes noch einen Sextanten und eine Karte in kleinem Maßstab mitnehmen.

Außen an der Notausrüstung befindet sich ein Anhänger mit dem Datum der letzten Inspektion. Einmal im Jahr wird die Ausrüstung ausgepackt, durchgesehen und eventuell neu zusammengestellt. Das neue Datum wird auf dem Anhänger vermerkt und der Beutel unmittelbar am Niedergang verstaut, wo er leicht erreichbar ist. Am ersten Morgen auf See spulen wir dann ein beruhigend vertrautes Programm ab. Zunächst verstaut Larry die Segelausrüstung in der *Rinky Dink*. Er holt die Notausrüstung und verzurrt sie unter der vorderen Ducht des Dinghis. Einer der Ersatzwasserkanister wird mit einem Slipknoten befestigt. Anschließend dichtet er die Kettendurchläufe ab, spannt Handleinen in Schulterhöhe von der Baumstütze bis zu den Oberwanten und mahnt mich (oder ich ihn): »Fall nicht über Bord, sonst bist du tot.« Dann vergessen wir jedes »was wäre, wenn« und bemühen uns, die *Seraffyn* vernünftig zu segeln.

Die erwähnte Seenotfunkboje blieb sechs Monate an Bord. Dann entschlossen wir uns nach reiflicher Überlegung, sie an ihren Besitzer zurückzuschicken, bevor wir durch das Chinesische Meer und über den Nordpazifik segelten. Zunächst einmal hatten wir nämlich an vielen Anschlüssen Korrosionserscheinungen bemerkt, obwohl die Boje an einem trockenen Platz im Innern der *Seraffyn* verstaut gewesen war. Bei unserer Skepsis gegenüber elektronischen Geräten rechneten wir damit, daß sie genau in dem Moment, in dem wir sie brauchten, nicht funktionierte. Außerdem hatten wir das Gefühl, daß wir angesichts der Tatsache, Hilfe herbeirufen zu können, möglicherweise nicht so vorsichtig mit der *Seraffyn* und uns selbst umgehen würden.

Dem Eigner einer 15m-Slup aus Kanada, den wir auf Sri Lanka kennenlernten, war bekannt, daß eine seiner Salings an der Spitze Trockenfäule zeigte und daß das Schiff an der Kielbeplankung undicht war. »Kein Problem,« erklärte er uns. »Zu dieser Jahreszeit herrscht zwischen hier und Singapur nie rauhes Wetter. Außerdem nehme ich zweimal am Tag mit Funkamateuren Verbindung auf, so daß ich jederzeit Hilfe erbitten kann.« Die *Crusader* ging zehn Tage danach mit sechs Mann an Bord bei einem nicht der Jahreszeit entsprechenden

Taifun verloren. Ihre Funkrufe lösten eine umfangreiche Suchaktion mit Schiffen, Militär- und Passagierflugzeugen aus. Die US-Luftwaffe flog zwei Tage lang Sucheinsätze, die sich über 260 000 km² erstreckten und den kanadischen, amerikanischen und malaysischen Staat Tausende von Dollars kosteten. Dieselben Notrufe sorgten unter unseren Freunden und in unseren Familien für beträchtliche Unruhe, weil wir den gleichen Hafen zur gleichen Zeit mit Kurs Malaysia verlassen hatten. Außer viele Leute in Angst und Sorge zu versetzen und eine massive Suchaktion auszulösen, war das Funkgerät zu nichts nutze. Ein bißchen Arbeit am Kiel und an der Saling der *Crusader* hätte mehr gebracht.

Wir sind der Meinung, daß Segler eine tiefe moralische Verantwortung dafür tragen, auf sich selbst aufzupassen, wenn sie die Hafenausfahrt hinter sich lassen. Außer Vergnügen und Abenteuerlust haben wir keinen anderen echten Grund, um auf Fahrt zu gehen. Im Unterschied zu Fischern und Handelsmatrosen tragen wir nicht dazu bei, daß andere Menschen mit dem, was sie brauchen, versorgt werden. Wir verdienen uns nicht den Lebensunterhalt auf dem Meer. *Und deshalb haben wir nicht das Recht, uns auf Funkgeräte zu verlassen, mit denen Handelsschiffe und Flugzeuge dazu gebracht werden, nach uns zu suchen.* Damit bringen wir das Leben der Besatzungen in Gefahr und verschwenden anderer Leute Geld, um uns bei unserem eigenen Vergnügen sicherer zu fühlen.

Wir sind vor langer Zeit zu der Überzeugung gelangt, daß das Fahrtensegeln ein Zeitvertreib oder ein Sport ist, dessen Ziel darin besteht, autark zu werden. Das Segeln in all seinen Formen ist eine der ungefährlichsten Sportarten, die es gibt. Im Hinblick auf die zurückgelegten Meilen ist es weitaus sicherer, als mit dem Auto zum nächsten Gemüseladen zu fahren. Mehr noch als beim Autofahren auf Straßen, die von Millionen anderen Menschen benutzt werden, hängt die Sicherheit auf einem Segelboot vom Segler selbst, seinem Können und seiner Erfahrung ab.

Wir haben uns die Notausrüstung aus demselben Grund zusammengestellt, aus dem wir für jedes sicherheitsrelevante Teil des Schiffes ein Ersatzteil mitführen. Wenn Ersatzteile an Bord sind, ist die Wahrscheinlich groß, daß man sie nicht braucht. Wenn ich der Meinung wäre, das Segeln auf den Weltmeeren sei eine so unsichere Angelegenheit, daß die Aussichten, die Notausrüstung wirklich zu benötigen, größer als eins zu zehntausend sind, würde ich nicht auf Fahrt gehen.

# 20
# Nur nicht über Bord gehen

Im Anfang war die Ersatzfockschot oder ein Fall-Ende. Wenn ein etwas ängstlicher Matrose bei rauhem Wetter auf das Bugspriet hinaus und ein Segel bergen mußte, schnappte er sich die nächste Leine, band sie sich um die Hüfte und ging an die Arbeit. Dann fingen Hobby-Segler an, zum Vergnügen lange Hochseetörn zu unternehmen. Sie konstruierten sich Gurtzeug, um bei schlechtem Wetter gesichert zu sein, wenn sie auf das Vordeck mußten. In den sechziger Jahren entwickelte sich in zunehmendem Maße die Marotte des Einhandsegelns. Die einsamen Segler erkannten, daß es niemanden gab, der ihre Selbststeueranlage ausschalten und ihr Schiff wenden konnte, wenn sie über Bord gingen. So wurde das Gurtzeug für rauhe Bedingungen zur allzeit getragenen Lösung für den von Grund auf unseemännischen gefährlichen Sport Einhandsegeln (siehe Kap. 6).

Von da an war es nur noch ein einfacher Schritt bis zur Szene der Hochseeregatten. Die Regattaregeln waren der Nährgrund für Boote, bei denen die Crew auf dem Vordeck einiger der wichtigsten grundlegenden Sicherheitsvorrichtungen beraubt war. Der Zwang, um jeden Preis zu gewinnen, bedeutete, daß die Regattateilnehmer eine Möglichkeit finden mußten, die Hände freizuhalten, um auf den leichten Yachten mit ihren unvorhersehbaren, tückischen Bewegungen, dem fehlenden Schanzkleid und den unzulänglichen Handleisten und Griffmöglichkeiten die Segeln wechseln zu können. Und so begannen Segelmacher und Ausrüster mit der Konstruktion und dem Verkauf von Gurtzeug.

Leider wurde das eigentlich für schweres Wetter gedachte Gurtzeug durch die Werbung dieser Firmen aus der Kategorie Ausrüstung verdrängt, die eigentlich für Notsituationen vorgesehen war. Irgendwie gelangten die Segler zu der Überzeugung, daß es sich hier um Sicherheitsgurte handelte, die sie unter allen Umständen vor dem Überbordgehen bewahren und retten sollten, wenn es dann doch geschah. Die Folge war, daß diese relativ billigen, leicht zu erwerbenden Ausrüstungsstücke an die Stelle des Könnens und der Vorbereitung traten, die auf hoher See für wirkliche Sicherheit sorgen.

Ein ordentlich konstruiertes Boot ist der erste Schritt in Richtung auf das Ziel, auch bei rauhestem Wetter an Bord zu bleiben. An allererster Stelle steht hier die Seetüchtigkeit bei Seegang. Die Schiffsbewegungen werden nicht nur durch die Größe und die Verdrängung beeinflußt, sondern auch von der Konstruktion des Unterwasserschiffs und der Gewichtsverteilung. Ein 11m-Flossenkieler mit einem Ballastverhältnis von fünfundvierzig Prozent und hohem Überwasserschiff macht bei Seegang viel schnellere, ruckartigere Bewegungen als ein altmodischer Langkieler mit niedrigem Freibord und fünfunddreißig Prozent Ballast. Das ist das Hauptproblem, wenn man mit einer ehemaligen Rennyacht auf Hochseetörns geht. Die Rennyacht ist zwar unter gewissen Bedingungen schneller, vergrößert aber durch ihre Bewegungen die Gefahr des Überbordgehens.

Hohe Decksaufbauten und achterliche Kajütaufbauten sorgen zwar für mehr Komfort unter Deck, machen aber die Sicherheit an Deck zunichte, indem sie die Schiffsbewegungen verstärken. Diese Tatsache wurde uns einmal deutlich vor Augen geführt, als wir eine 16,5m-Ketsch über den Atlantik überführten. Ihr schweres hohes Deckshaus und der massive Sonnenschutz sowie das hohe Überwasserschiff führten zu einem derart unangenehmen Schlingern und Stampfen, daß wir nicht gefahrlos vor dem Wind laufen konnten. Deshalb verlängerten wir den 2 800 sm langen Törn um weitere 480 sm, indem wir dauernd vor dem Wind kreuzten. Selbst dann waren die Schiffsbewegungen noch weitaus schlimmer als auf der 7,3 m langen *Seraffyn* bei gleichem Wind und Seegang.

Hohe Decksaufbauten sind besonders bei Yachten, deren Mast durch das Kajütdach führt, eine Gefahrenquelle. Man muß bei jedem Heißen, Niederholen und Reffen der Segel auf die Kajüte klettern. Je höher man dabei kommt, desto weiter entfernt man sich von der Schiffsachse und desto heftiger werden die Bewegungen. Für gefahrlo-

176

ses Hochseesegeln ist bei uns immer ein Boot erste Wahl, dessen Decks eine Ebene und damit auch eine Arbeitsfläche bildet. Das bedeutet nämlich, daß man nicht zu klettern braucht, um an den Mast zu kommen, und anschließend nicht vom Kajütdach springen muß, wenn die Segel niedergeholt sind.

Breite aufgeklarte Seitendecks sind ein weiteres Konstruktionsmerkmal, das für Sicherheit auf See sorgt. 45 cm galten lange Zeit als Minimum, das es dem Segler erlaubte, sich gefahrlos zu bewegen und dabei einen Segelsack hinter sich herzuziehen. 60 cm waren sogar noch besser. Dann war auch Platz genug für die Fälle, in denen man sich doch lieber auf Händen und Knien vorwärts bewegte. Leider versuchen viele Konstrukteure, den Innenraum durch Verbreiterung der Kajüte zu vergrößern, bis die Seitendecks auf sogenannten Tourenyachten nur noch 20 cm breit sind. Diese Geräumigkeit hilft beim Verkauf der Boote, und zwar besonders, wenn der Käufer ein seglerischer Neuling ist, dem der Begriff »Sicherheit an Deck« nicht viel sagt.

Auch Fahrtensegler verstoßen gegen diesen sehr wichtigen Aspekt der Sicherheit, indem sie das Seitendeck als zusätzlichen Stauraum mißbrauchen. Treibstoffbehälter, Motorräder, tragbare Generatoren – das sind nur wenige Teile von der Liste der Ausrüstungsgegenstände, die wir diesen lebenswichtigen "Sicherheitskorridor« haben versperren sehen.

Ganz oben auf meiner Liste der konstruktiven Sicherheitsmerkmale steht ein Schanzkleid oder eine 15 cm hohe Fußreling. Wenn das Boot krängt und Wasser über das Seitendeck rauscht, findet der Fuß bei jedem Zentimeter weniger nicht mehr genügend Halt. Ohne diese hohe Reling rutscht alles, was auch nur einen Augenblick lang nicht festgehalten wird, über Bord. Statt sich auf vorsichtige Bewegungen an Deck zu konzentrieren, muß man dann plötzlich beispielsweise hinter einer Winschkurbel herspringen, die drauf und dran ist, sich von Bord zu verabschieden.

Längst nicht alle sogenannten rutschfesten Decks sind wirklich rutschfest, und das mag auch der Grund dafür sein, daß so viele unerfahrenere Segler sich auch bei ruhiger See kaum ohne Schlechtwettergurtzeug an Deck trauen. Die Griffigkeit des Decks kann man mit einem einfachen Test feststellen. Etwas Diesel oder Petroleum an Deck ausgießen und antrocknen lassen, bis das Deck noch feucht aussieht; dann Salzwasser darüberschütten und die Rutschfestigkeit mit bloßen Füßen und in Bootsschuhen testen. Decks aus unbehandeltem Teakholz, Treadmark und unbehandelter Zeder sowie lackierte und geschliffene Decks bestehen diesen Test. Viele Decks aus rutschfestem Kunststoff hingegen verwandeln sich in die reinsten Rutschbahnen. Der Test mag etwas merkwürdig erscheinen, aber genau diese Situation kann sich durch überlaufenden Treibstoff beim Tanken, Öffnen der Tankentlüftungsventile, Verschütten von Petroleum, Fallenlassen von fetthaltigen Lebensmitteln und sogar durch auf See übergenommene Ölschlieren ergeben. Wenn das Deck rutschig ist, besteht immer die Gefahr, einen unerwarteten und möglicherweise tödlichen Ausflug über Bord zu unternehmen.

Ein letztes, aber sehr wichtiges Konstruktionsmerkmal für die Sicherheit auf See sind Handgriffe. Dazu gehören Relingsleinen an mindestens sechzig bis fünfundsiebzig Zentimeter hohen Stützen, die einen 90 kg schweren Mann abfangen müssen, der mit einer Wucht von möglicherweise 680 kg aufprallt. Dazu müssen die Stützen am Fuß durch das Deck an einem massiven Teil des Schiffsgerippes festgeschraubt werden. Stützen, die nur an Deck festgeschraubt sind, reißen aus. Ein Schanzkleid mit seinen Holz- oder Metallstützen ist der beste Ausgangspunkt für gute Relingsleinen.

Als nächstes kommen Handgriffe auf dem Kajütdach. Diese müssen auf See jederzeit klar sein. Ich habe schon viele schöne Handgriffe erlebt, die völlig nutzlos waren, weil sie als Aufbewahrungsort für Wischlappen und Bootshaken dienten.

Wenn das Dinghi mit dem Unterwasserschiff auf dem Kajütdach ruht, sollte es Handgriffe am Boden haben. Es zahlt sich aus, das Schiff zu beladen, als ginge es auf See, und dann bei schlechtem Wetter zu üben, jeweils nach vorn und nach achtern zu gehen, wenn das Schiff auf Backbord- und auf Steuerbordbug liegt. Dafür sorgen, daß auf beiden Seiten genügend leicht zu erreichende Handgriffe vorhanden sind.

Diese Suche nach Handgriffen und das Fehlen guter Stützen für die Füße sind die Ursache dafür, daß wir uns an Bord von Yachten mit Glattdeck nicht wohlfühlen. Eine niedrige Kajüte, auf deren Dach sich genügend Handgriffe befinden, sorgt nicht nur dafür, daß man sich jederzeit irgendwo festhalten kann, sondern macht es auch möglich, daß man sich bei rauher See mit den Knien oder dem Rücken gegen die Luvseite stemmt, während man Segel und laufendes Gut verstaut.

Wenn erst mal ein gutes, sicheres, seetüchtiges Boot angeschafft ist, kommt es darauf an, die richtige Ausrüstung zu besorgen, die verhindert, daß man in Situationen gerät, in denen man über Bord gehen könnte. Mit einem Fockniederholer bekommt man ein schlagendes Segel in den Griff, während man am Mast steht (siehe Kap. 32). Vernünftige Schnellreffvorrichtungen, bei denen alle wesentlichen Teile in Mastnähe angeordnet sind, machen es überflüssig, sich auf einem schrägen, auf und ab tanzenden Deck zu bewegen (Kap. 25). Hochgeschnittene Vorsegel mit eingenähten Schothornringen und einem Palstek anstelle des Schäkels für die Schot lassen den Kampf gegen gefährlich umherfliegende Metallringe der Vergangenheit angehören. An mehreren leicht zugänglichen Stellen auf dem Vordeck, mittschiffs und in Cockpitnähe verstaute Beschlagzeisings reduzieren die Zahl der Suchvorgänge in Fällen, in denen jeder unnötige Schritt Gefahr bedeuten könnte.

Baumstützen werden nicht gebaut, um salzverkrustet auszusehen. Sie sind auch nicht nur eine bequeme Vorrichtung, auf der man im Hafen den Baum ablegt. Sie sind vielmehr ein wesentlicher Bestandteil des Schiffes, der dazu beitragen kann, daß man bei rauhem Wetter nicht über Bord geht. Eine ordnungsgemäß gebaute und angebrachte Baumstütze bietet dem Körper einen stabilen Rückhalt, wenn man am Heck des Schiffes arbeitet. Was noch wichtiger ist – die außenbords befindliche Oberkante der Baumstütze bildet einen festen Ansatzpunkt für brusthoch gespannte Handleinen. Larry arbeitete damit zum ersten Mal bei einem Törn von Honolulu nach Newport Beach und zurück auf dem 26m-Schoner *Double Eagle*. Bob Sloan, ein erfahrener Überführungsskipper, brachte brusthohe Handleinen zwischen der Baumstütze und den einzelnen Wanten an, so daß die Crew sich auf dem Weg nach vorn und achtern an Schanzkleid, normalem Relingsdraht und den zusätzlichen Handleinen festhalten konnte. Larry übernahm diese Methode für die *Seraffyn*, so daß der Weg nach vorn auch bei schlechtem Wetter einfacher erscheint und wohl auch ist.

Ankergeschirr, das einfach auszubringen und einfach wieder einzuholen ist, scheint auf den ersten Blick vielleicht nichts damit zu tun zu haben, daß man auf See nicht über Bord geht. Wenn man jedoch bei schwerem Wetter in einen kleinen Hafen einlaufen muß, ist es unerläßlich, daß das Ankergeschirr zum Ausbringen bereit ist. Wenn das bedeutet, daß man auf dem Vordeck herumklettern, schwere Anker schleppen und nach passenden Schäkeln und anderen Dingen suchen muß, ist man genau an der Stelle, wo die Schiffsbewegungen am schlimmsten sind und die Rutschgefahr am größten ist. Aus diesem

Grund fahren wir unseren Hauptanker immer klar zum Fallen. Einer von uns geht immer nur kurz nach vorn, um sicherzustellen, daß er wirklich klar ist und die Kurbel für das Spill bereitliegt. Je weniger Zeit man bei Seegang auf dem Vordeck verbringt, desto geringer sind die Aussichten, über Bord zu gehen.

Bei einigen der schlimmsten Vorfälle, von denen wir gehört haben, sind Fahrtensegler oder Überführungsteams nur knapp dem Überbordgehen entgangen, als in schwerem Wetter irgend etwas versagte, darunter in vielen Fällen die Rollreffvorrichtung für die Fock. Diese Rollreffvorrichtungen funktionieren ganz hervorragend unter normalen Segelbedingungen. Aber bei den vier Überführungstörns, bei denen wir mit Yachten mit Rollreffvorrichtungen in schweres Wetter gerieten, ergaben sich jedes Mal Probleme. Ein Skipper mit 300 000 sm Erfahrung erzählte uns einmal von einer Rollreffvorrichtung, die sich bei halb aufgerollter Fock derart verklemmte, daß er im Interesse von Boot und Crew bei Sturmböen aufentern und das unklar gekommene Segel losschneiden mußte. Vorsegel mit Stagreitern machen zu Anfang mehr Probleme, lassen sich aber immer setzen und kommen immer wieder herunter. Und bei Sturm sollte niemand je auf das Vordeck hinaus oder gar aufentern müssen, um mit verklemmtem oder gebrochenem Gut zu kämpfen.

Die richtigen Segeltechniken sorgen ebenfalls dafür, daß man nicht über Bord geht. Am wichtigsten ist dabei, daß die Segelfläche nicht zu groß sein darf. Segel niederholen oder reffen, wenn zum ersten Mal der Gedanke daran auftaucht, nicht erst, wenn schon die Hölle los ist. Man ist besser eine Zeitlang unterbesegelt, als das Risiko einzugehen, bei Böen auf das Vordeck zu gehen. Ob mit oder ohne Bugspriet – es zahlt sich aus, wenn man nicht nur die Segelfläche verkleinert, bevor der Wind zu stark wird, sondern auch das zusätzliche Vorsegel niederholt und verstaut. Wir verzurrten einmal achthundert Meilen westlich von Vancouver im Nordpazifik unsere kleine Genua am Bugspriet, um in einer Sturmbö, die anscheinend schnell vorbeiziehen würde, beizuliegen. Drei Stunden später zeigte sich, daß die Bö nur der Vorläufer eines zweitägigen Sturms mit Windgeschwindigkeiten von 55 kn gewesen war. Weil er das Vorsegel nicht geborgen hatte, als die See noch relativ ruhig war, mußte Larry jetzt seinen Sicherheitsgurt anlegen und bei sechs Meter hohen Seen auf das Bugspriet hinaus. Aus diesem Job, der im Normalfall fünf Minuten in Anspruch nimmt, wurde ein zwanzigminütiger Kampf.

Wer sich der Lage entsprechend an Deck bewegt, geht vielen Gefahren aus dem Weg. Bob Duke, ein stämmiger, über 1,80 m großer Vermesser, erzählte mir einmal, daß er oft von potentiellen Bootskäufern geneckt werde, weil er sich immer so langsam an Bord bewege. Er hat immer eine Hand an einem festen Griff und meint selbst: »Wahrscheinlich sehe ich aus wie eine alte Frau.« Er ist auf den Hunderten von verschiedenen Yachten, auf denen er schon war, noch nie ausgerutscht oder gar über Bord gegangen. Aber mehrere seiner Kunden verschafften sich schon eine Abkühlung, wenn sie in ihrer Begeisterung über das Seitendeck rannten und über Bord fielen. Es hat absolut nichts mit Feigheit zu tun, wenn man bei rauhem Wetter über das Seitendeck kriecht. Auch bei mäßigem Wind und Seegang sollte man sich bei jedem Schritt festhalten. Wer einmal im Hafen mit verbundenen Augen an Bord herumgegangen ist, weiß, wo die Stolperstellen auf seinem Boot sind.

Wenn all diese Sicherheitsvorkehrungen zur ständigen Praxis geworden sind, kommt noch ein Sicherheitsgurt auf die Liste der Ausrüstungsgegenstände. Ein sechs bis acht Zentimeter breiter Gurt, der ein Stück unterhalb des Brustkorbs sitzt, wenn er nicht belastet ist, trägt sich angenehmer als viele gekaufte Sicherheitsgurte. Bei normaler Spannung der Sicherheitsleine verteilt der breite Gurt die Last über die Rückenmitte, und in extremen Situationen sollte er nach oben unter die Achseln rutschen, wohin er dann auch gehört. Eine nur 75 cm lange Sicherheitsleine bedeutet, daß man sich weder zu weit vom nächsten Handgriff entfernen noch sich zu schnell bewegen kann. Man wird gezwungen, an die grundlegende Vorsichtsregel zu denken, daß man auf See jeden Schritt plant, bevor man ihn macht. Die einzige Verbesserung, die wir an unseren Sicherheitsgurten, die jetzt seit zwölf Jahren in Gebrauch sind, vornehmen würden, wäre eine zweite 75 cm lange Leine, die wir an einem zweiten Punkt festmachen könnten, bevor der erste Karabiner gelöst wird.

Aber wie sorgfältig ein Sicherheitsgurt auch konstruiert ist, er darf nicht die ganze Zeit angelegt sein. Er ist kein Ersatz für ordentliche Ausrüstung und richtiges Training. Und er ist kein Ausrüstungsteil, an das man sich zu sehr gewöhnen sollte. Es gibt mehrere Gründe dafür, daß wir und die meisten anderen Langzeitsegler der Meinung sind, Sicherheitsgurte sollten wieder die ihnen zugedachte Rolle spielen, d.h., sie sollten benutzt werden, wenn man bewußt denkt: »Jetzt ist aber etwas mehr Vorsicht am Platze.« Zunächst einmal trägt in der

Praxis niemand die ganze Zeit einen Sicherheitsgurt. Das würde ja bedeuten, daß man ihn anlegt, wenn man schläft, ein Sonnenbad nimmt und an einem warmen sonnigen Tag im Cockpit an der Pinne sitzt, und dabei müßte die Sicherheitsleine immer an einem stabilen Punkt eingehängt sein. Das mag auf Rennyachten vorkommen, wo der eine lange Törn des Jahres vielleicht achtzehn oder zwanzig Tage dauert. Aber auf den langen Fahrtentörns, die sich manchmal über fünfunddreißig oder vierzig Tage erstrecken, ist so etwas nur lästig; dort ist es in der Regel doch so, daß man den Niedergang heraufstürzt, um nachzusehen, was da draußen los ist, nach vorn eilt, um beim Bergen der widerspenstigen Fock zu helfen oder das vertörnte Fall zu lösen, und dabei überhaupt nicht daran denkt, ob man seinen Gurt angelegt hat oder nicht. Und wenn der Betreffende dann nicht gelernt hat, daß er sich immer irgendwo festhalten muß, ist er der erste Anwärter auf einen unerwünschten Ausflug über Bord. Wer sich immer darauf verlassen hat, daß der Gurt praktisch als dritte Hand fungiert, denkt nicht an die alte Regel: »Eine Hand für das Schiff, eine Hand für den Mann.«

Man kann natürlich sagen: »Gut, ich lege den Gurt immer dann an, wenn ich das Cockpit bei Wind über 20 kn verlasse.« Aber dann ist er wahrscheinlich in dem Augenblick, in dem plötzlich eine Bö einfällt, nicht greifbar. Um es noch einmal zu sagen, nur tiefsitzende Gewohnheiten verhindern, daß man über Bord geht.

Sicherheitsgurte schränken die Bewegungsfreiheit an Deck ein und neigen dazu, unter plötzlicher Stoßbelastung zu reißen. Das zeigte sich bei der katastrophalen Fastnet-Regatta 1979. Von den 235 Teilnehmern, die nach eigenen Angaben ihren Sicherheitsgurt angelegt hatten, berichteten 26 von Problemen. Schnallen lösten sich, Karabinerhaken bogen sich auf, Befestigungspunkte brachen und Sicherheitsleinen scheuerten an den Relingsdrähten durch. Sieben Tote waren direkt auf diese Probleme zurückzuführen. Weitere zehn Teilnehmer berichteten, ihre Gurte hätten sich beim Überbordgehen irgendwo verhakt, so daß sie ohne fremde Hilfe nicht wieder an Bord gekommen seien.

Peggy Slater, eine bekannte und erfolgreiche Regattaseglerin von der Westküste, ist ein lebendes Beispiel dafür, wie schwer es ist, wieder an Bord zu kommen. Auf einem Solotörn nach Honolulu wurde sie beim Wechsel des Vorsegels von Deck gespült. Der Sicherheitsgurt hielt sie am Schiff, doch es gab keine Möglichkeit für sie, wieder an Bord zu kommen, zumal die Selbststeueranlage das Schiff mit fast 7 kn vor dem Wind hielt und das Vorsegel sie gegen die Schiffswand drückte. Trotz gebrochener Hand konnte sie nach fast acht Stunden doch wieder an Bord klettern, gerettet durch ihre außergewöhnliche Kraft, Entschlossenheit und ein paar glückliche Umstände, darunter eine Woge, die sie hoch genug brachte, um einen Griff an Deck zu erreichen. Doch nach jahrelangen Überlegungen kam sie zu dem Schluß: »Ich glaube, wenn man – auch mit Sicherheitsgurt – beim Einhandsegeln über Bord geht, ist das meistens gleichbedeutend mit Tod. Vorrichtungen, die es ermöglichen, wieder an Bord zu klettern, z. B. eine Leiter am Heck, eine Auslöseleine für die Selbststeueranlage, die das Boot in den Wind drehen läßt, oder Handgriffe außen an der Schiffswand, könnten eine Hilfe sein. Aber niemand, der bei klarem Verstand ist, würde seine Sicherheitsleine lösen, um zu versuchen, das Heck zu erreichen, wenn er schwere nasse Kleidung am Leib hat und noch unter dem Schock des Überbordgehens leidet.«

Dieser Spruch – wenn du über Bord gehst, bist du tot – scheint sich wie ein roter Faden durch mein Leben auf See zu ziehen. Zum ersten Mal hörte ich ihn, als wir unsere Selbststeueranlage schließlich fertig hatten und voller Staunen erlebten, wie sie die *Seraffyn* genau auf Kurs hielt. Larry erinnerte mich daran, daß die Anlage meine Schreie nicht hören würde, wenn ich nachts über Bord fiel, wenn er schlief. Auch er würde mich aller Wahrscheinlichkeit nach nicht hören. Dann wieder warnte mich der Kapitän eines Krabbenfischers aus Costa Rica, auf dem ich als Köchin arbeitete: »Die Männer gehen nachts an die Heckreling. Sie sind verschlafen, machen ein Fehler und fallen über Bord. Und bei laufender Maschine und dem Rauschen des Wassers hört der Rudergänger ihre Schreie nicht.«

Viele Leute, die neu zur Gemeinde der Fahrtensegler stoßen, fragen sich, wie sie ihre kleinen Kinder davor bewahren sollen, über Bord zu gehen. So manche Tourenyacht sieht heute aus wie ein Laufstall, in dem die Kinder auch noch angebunden sind. Ich habe mit den Eltern von Kindern gesprochen, die auf See aufwuchsen, bevor Sicherheitsgurte als die endgültige Lösung des Problems angepriesen wurden. Die Stanilands erzählten, sie hätten ihren drei Monate alten Sohn Ian mit auf eine Atlantiküberquerung genommen und ihm im Alter von vier Monaten das Schwimmen beigebracht. Sobald er schwimmen konnte, durfte er sich frei an Deck der *Carina* mit ihrem 15 cm hohen Schanzkleid bewegen. Einmal fiel er über Bord, während seine Mutter dabeistand und zusah. Sie ließ ihn ein paar Augenblicke zappeln, bevor sie ihn wieder an Bord holte. Seit damals ist er nie wieder über Bord gegangen. »Das ist so wie mit der Herdplatte: Gebranntes Kind scheut das Feuer,« erklärte mir Ians Mutter, während sie ihrem mittlerweile sechsundzwanzigjährigen Sohn stolz nachblickte, als er zu seinem nächsten Chartertörn aus dem Hafen von Masessmett auf Malta auslief. »In einem Haus an Land gibt es viel mehr Gefahren – Elektrokabel, an denen die Kleinen ihre Zähne erproben, Betonstufen, die sie hinunterfallen, schwere Türen, in denen sie sich die kleinen Finger klemmen, Autos, die nur 15 m vor der Haustür vorbeirasen. Einem Kind beizubringen, nicht über Bord zu fallen, ist im Vergleich dazu leicht.«

Kürzlich las ich einen Artikel, in dem eine Mutter mit den Worten zitiert wurde: »Ich erklärte meinen Kindern, wenn sie um das Boot herumschwimmen könnten, brauchten sie nur noch dann einen Gurt anzulegen, wenn auch ihr Vater und ich das täten. Das war eine Herausforderung an die vier, die ihr dauerndes Angebundensein leid waren. Alle konnten schwimmen, bevor sie drei Jahre alt waren.«

Sicherheitsgurte sollten den ihnen zukommenden Platz einnehmen, nämlich als Ausrüstungsstücke für schweres Wetter. Wie Zeisings und Reffeinrichtungen sollten sie bereit sein, wenn sie gebraucht werden. Und wie bei allem anderen Gerät an Bord sollte man sich überlegen, was als Ersatz dienen kann, wenn der Sicherheitsgurt einmal nicht zur Hand ist, wenn man ihn braucht. Mit einer Fockschot kann man sich am Boot festbinden, wenn eine Bö plötzlich heftige Seen gegen eine starke Gezeitenströmung aufbaut. Ein Fall-Ende bietet zusätzliche Sicherheit, wenn man aus der Kajüte heraufkommt und vor der Wahl steht, das Vorsegel entweder zu bergen oder zu verlieren. Am wichtigsten aber ist die folgende Überlegung.

Kein noch so großes Können, kein Gerät und kein Schiff bieten Sicherheit vor dem Überbordgehen, wenn man sich nicht die wichtigste aller seemännischen Fähigkeiten aneignet, nämlich die ständige Angst, über Bord zu gehen. Es ist erstaunlich, wie sorglos die Leute mit ihren Autos durch überfüllte Städte und über dichtbefahrene Schnellstraßen fahren. Keiner hat Angst vor dem Fahren, aber jeder fürchtet sich davor, am Steuerrad einzuschlafen, weil das den sofortigen Tod zur Folge haben könnte. Der Mensch kann lernen, nicht am Steuer eines fahrenden Autos einzuschlafen, und er kann lernen, daß man nicht vor einem Lkw auf die Straße läuft. Genau so gut kann er lernen, nicht von Bord zu fallen – ob mit oder ohne Sicherheitsgurt.

# 21
# Prioritäten für gefahr-
# loses Hochseesegeln

Wir sind der Meinung, das Ziel fast aller Fahrtensegler besteht darin, gekonnt durchgeführte Törns ohne Pannen und Unfälle zu erleben. Diese Unfälle ergeben aufregende Geschichten, verderben aber in Wirklichkeit jeden Spaß an dem Törn. Die folgende Checkliste haben wir in der Reihenfolge aufgestellt, von der wir glauben, daß sie zu diesem Ziel führt. Sie basiert auf der Voraussetzung, daß Autarkie das Gesetz der See ist. Es gibt längst nicht überall Einrichtungen wie die amerikanische Küstenwache oder die britische und die deutsche Gesellschaft zur Rettung Schiffbrüchiger, die willens und in der Lage sind, in Not geratenen Seglern zu helfen. Im Nordpazifik oder im Indischen Ozean braucht das nächste Schiff, wenn es den Notruf aufgefangen hat, möglicherweise fünf Tage, um zu Hilfe zu eilen. Deshalb stehen die seglerischen Fähigkeiten in unserer Liste an erster Stelle. Wir meinen, daß man erst dann, wenn die ersten fünf Kategorien abgehakt sind, an die Dinge aus der sechsten Kategorie denken sollte, Dinge, die man nur in einem seltenen, extremen Notfall braucht.

I. Segeln und Umgang mit dem Boot von Grund auf lernen. Diese Kategorie wird von Fahrtenseglern in spe am häufigsten außer acht gelassen. In der Erregung der Planung und Umstellung ihrer Lebensverhältnisse auf sechs oder mehr Monate Segeln im Jahr scheinen die meisten Leute die Zeit und den Aufwand, den es kostet, richtig segeln zu lernen, als lästig zu betrachten. Sie sind nur darauf bedacht, ihren

Traum schnell wahr zu machen. Die Geschichten von Leuten, die erst segeln lernten, nachdem sie auf Fahrt gegangen waren, sind voll von Fehlern, Unfällen und sogar Tragödien. Die verborgenste Tragödie ist wohl die Angst vor oder die Abneigung gegen das Segeln, die beim Partner ausgelöst werden, wenn das eigene Unvermögen zu Vorfällen geführt hat, die zu vermeiden gewesen wären, wenn man etwas mehr Zeit auf die Ausbildung des seglerischen Können verwandt hätte. Wir empfehlen zum Lernen und Üben ein Dinghi oder eine Jolle, weil die schnelle Reaktion dieser einfachen Boote dazu beiträgt, die Grundlagen von Segeltrimm, Gewichtsausgleich und Segelmanövern zu erlernen. Selbst wenn die letztlich zu kaufende oder zu bauende perfekte Tourenyacht eine sehr zuverlässige Maschine haben sollte – auch die könnte einmal ausfallen. Wer das folgende Programm erfolgreich hinter sich gebracht hat, kann seiner Hilfsmaschine den Platz zuweisen, der ihr gebührt, nämlich den einer Annehmlichkeit und nicht einer Notwendigkeit für gefahrlose Törns.

a. Vor dem Kauf eines größeren Schiffes lernen, wie man richtig mit einem Dinghi oder anderen Boot unter 6 m segelt.

b. Lernen, wie man sich ohne Gurt auf dem Boot festhält und bewegt.

c. Üben, wie man ankert und bei treibendem Anker Fahrt aufnimmt.

d. Lernen, bei jedem Wetter und jedem Seegang zu reffen und die Segel zu wechseln.

e. Bei böigem, stürmischem Wetter segeln.

f. Möglichst viele Boote segeln, damit bei der Wahl des eigenen Schiffes Erfahrung vorhanden ist.

II. Ein Schiff wählen, das von der Konstruktion her gefahrloses Segeln erlaubt. Jeder Hersteller, der Schiffe über 6 m verkauft, behauptet zwar, seine Tourenyachten seien hervorragend für Ozeanüberquerungen geeignet, aber nur mit Hilfe der vorher gemachten Segelerfahrungen kann man eine richtige Hochseeyacht wählen. Erscheinungsbild, Innenausstattung, Preis und einfache Finanzierung dürfen die Wahl nicht beeinflussen. Wenn eine ausgedehnte Erprobung auf See vor dem Kauf nicht möglich ist, sollte man die Ausgaben nicht scheuen und ein gleichartiges Boot chartern. Nach zehn oder zwölf Tagen auf See ist man dann in der Lage, die wichtigsten Sicherheitsfaktoren selbst zu beurteilen.

a. Sicherheitsfaktor Nummer eins ist die Größe. Darauf achten, daß jedes Crewmitglied auf See und im Hafen notfalls allein mit dem Schiff fertig wird. Daran denken, daß der Sturmanker für eine 12m-Yacht fast 45 kg wiegt.

b. Gut erträgliche Schiffsbewegungen bei Seegang.

c. Breite, freie Seitendecks.

d. Rutschfeste Oberfläche an Deck und in Arbeitsbereichen

e. Freie Decksfläche auf einer Ebene.

f. Freies Vordeck für Arbeitsgut und Segel.

g. Keine extrem hohen Teile, die zu übersteigen sind.

h. Schanzkleid oder 15 cm hohe Fußreling.

III. Fahrtensegeln lernen. Diese und die erste Kategorie brauchen Zeit und Geduld. Peter Pye traf den Nagel auf den Kopf, als er sagte: »Um segeln zu lernen, muß man aufs Wasser.« Er verbrachte seine dreijährige Lehrzeit auf den Flüssen und in den Flußmündungen Südenglands, bevor er auf die Atlantiküberquerung ging. Man kann zwar unheimlich viel aus Büchern lernen, aber erst die Praxis sorgt bei Skipper und Crew für das entsprechende Vertrauen in die eigenen Fähigkeiten.

a. Navigation lernen. Auch wer sich ausgeklügeltes elektronisches Gerät leisten kann, sollte sich um der Sicherheit willen mit astronomischer Navigation einzig mittels Kompaß, Sextant und Funkempfänger vertraut machen.

b. Erkennen, was absolut lebenswichtig ist, und daran denken, daß alles andere nur der Annehmlichkeit und der Bequemlichkeit dient, d.h., man kann von Bohnen, Reis und Wasser leben, man kann nur mit Groß- und Vorsegel segeln, man kann ohne Maschine segeln, aber man kann nicht ohne Mast segeln.

c. Angewöhnen, das stehende und laufende Gut sowie die lebenswichtige Ausrüstung regelmäßig zu überprüfen.

d. Lernen, jeden wichtigen Gegenstand an Bord instand zu halten und zu reparieren.

e. Lernen, auf engstem Raum ohne Maschine zu manövrieren. Mit Warpleinen, Ankern und, auf kleinen Booten, Riemen üben.

f. Erste-Hilfe-Kurse besuchen und dafür sorgen, daß eine zweite Person an Bord über die medizinische Ausrüstung Bescheid weiß und im Notfall helfen kann (vor langen Törns möglicherweise den Blinddarm entfernen lassen).

g. Die Crewmitglieder in die Grundlagen des Segelns, einfache Navigation und Sicherheitsmaßnahmen einweisen, damit sie gegebenenfalls übernehmen können, wenn der Skipper ausfällt.

h. Die Ausrüstung so verstauen, daß sich nichts Schweres über den Kojen befindet, die Bodenbretter nicht hoch kommen und die Schranktüren sich nicht unbeabsichtigt öffnen. Keine Treibstoffbehälter an Deck. Überlegen, was sich lösen oder zu Verletzungen führen könnte.

i. Jedem an Bord die Gefahr des Überbordgehens bewußt machen und zeigen, wie man sich richtig sichert.

## IV. Ausrüstung für gefahrloses Segeln wählen.

a. Fockniederholer weit hinten, um ein schlagendes Segel einholen und gefahrlos auf das Vordeck gehen zu können.

b. Keine tief angeschlagenen, über das Deck fegenden Vorsegel, die bei Krängung die Sicht versperren. Tief heruntergezogene Segel, Relingskleid und achterliche Kajütaufbauten mit beschlagenen Fenstern führen dazu, daß man ein Schiff auf Kollisionskurs möglicherweise nicht sieht.

c. Leicht bedienbare, dauernd angebrachte Reffeinrichtungen (Bindereff, Reffkauschen).

d. Relingsleinen, die die Belastung durch einen mit hoher Geschwindigkeit aufprallenden, 90 kg schweren Mann aushalten.

e. Brusthohe Handleinen auf See.

f. Ersatzfallen.

g. Ausreichend Handgriffe und -leisten.

h. Baumniederhalter, der einfach anzubringen ist und nicht nur Patenthalsen verhindert, sondern geplante Halsen erleichtert.

i. Leiter für Schwimmer und über Bord Gegangene.

j. Seeanker

k. Ordentlicher Bootsmannstuhl mit Sicherheitsleine.

l. Sortiment besonders schweres Ankergeschirr.

m. Handbetriebenes kräftiges Ankerspill, um den Rücken zu schonen und das Verholen zu erleichtern.

## V. Vernünftige Sicherheitsausrüstung an Bord nehmen.

a. Stroboskopleuchten.

b. Signallampe.

c. Radarreflektoren.

d. Freonhorn und Ersatzkartuschen.

e. Reserve-Öllampen, um jederzeit Positionslichter führen zu können.

f. Erste-Hilfe-Ausrüstung.

g. Reparaturmaterial und Ersatzteile für lebenswichtiges Gerät, d.h., für Segel, Takelage und Ruderanlage.

h. Plan für Nottakelung.

i. Leistungsfähige Bilgepumpe, und zwar nicht nur eine, die von der Maschine abhängig ist, sondern eine kräftige Handpumpe für den Fall, daß die Batterie leer ist oder die Maschine nicht anspringt.

j. Plan und Material für Rumpfreparatur.

k. Mindestens 300 m Festmacheleine.

l. Ersatzanker.

m. Feuerlöscher.

n. Wasserdestilliergerät

o. Bootshaken und Rettungsring.

p. Sicherheitsgurt.

q. Mit Kohlendioxidpatronen arbeitendes Bootsrettungssystem (so etwas wird seit Jahren auf Motorrennyachten verwendet. Es nimmt erstaunlich wenig Platz in Anspruch und wiegt weniger als ein Rettungsfloß. Wenn das Schiff leckgeschlagen ist, hält das System es über Wasser, so daß Zeit zur Reparatur bleibt).

r. Rettungsboot mit Segelausrüstung.

VI. Zusätzliche Notausrüstung. Wir hatten die Gelegenheit, einige Zeit mit einigen der bestbekannten Hochsee-Fahrtensegler unserer Tage zu verbringen. Alle waren sich einig, daß das Sportliche am Fahrtensegeln darin liegt, daß man möglichst autark bleibt. Wir fahren aus Spaß zur See, nicht aus wirtschaftlichen Gründen. Wenn wir deshalb um Hilfe bitten müssen, haben wir das Spiel irgendwie verloren. Wer sich diese Einstellung zu eigen macht und ehrlich behaupten kann, alle vorstehenden Hinweise beachtet zu haben, wird nur *höchst unwahrscheinlich* in die Lage kommen, die letzten drei Dinge zu benötigen.

a. Seenotfunkboje.

b. Zusätzliches Rettungsfloß mit Kohlendioxidpatronen.

c. VHF-Funkgerät oder Einseitenband-Sender.

Mit Ausnahme des Bootsrettungssystems paßt die gesamte Ausrüstung der Kategorien IV und V in zwei Schränke an Bord der 7,4 m langen *Seraffyn*. Geräte aus der Kategorie VI haben wir in den elf Jahren, die wir jetzt unterwegs sind, nie an Bord gehabt.

# TEIL VI

# Details, die das Schiff effizienter, einfacher und wartungsfreundlicher machen

Wir hatten einmal eine hitzige Debatte mit einem älteren Bootsbauer und einem jungen Konstrukteur. Sie drehte sich um einen Satz Rißzeichnungen für einen 9m-Fahrtensegler mit Kuttertakelung. Während der Bootsbauer von Erscheinungsbild, problemlosem Bau und Holzarten sprach, redete der Konstrukteur von Quergleichgewicht und Verhalten bei Seegang. Was die Debatte hitzig werden ließ, waren Larrys Fragen nach den Anbringungspunkten für Leitösen und Klampen, nach der Zugänglichkeit des Ruderschafts, nach freiem Platz zum Arbeiten am Mast und nach der Unterbringung der Gasflaschen. Schließlich wandte sich der Konstrukteur uns zu und meinte: »Larry, wichtig ist die Gesamtkonzeption. Auf die Details kommt es nicht so sehr an.«

Dieser Ansicht können wir auch heute noch nicht zustimmen. Es sind die Details, die aus einem akzeptablen Segelboot eine Tourenyacht machen. Und worum drehen sich die Gespräche unter Hochseeseglern? Doch um die vielen kleinen Details von der neuen Pumpe in der Pantry bis zu einem neuartigen Schäkel.

Eine Tourenyacht besteht vom Bug bis zum Heck aus einer Anhäufung von Details. Je mehr man darauf achtet, all diese Details zu vereinfachen, desto besser werden die Törns.

# 22
# Petroleumlampen

Petroleumlampen funktionieren. Maschinenausfall, Generatorversagen und Stromknappheit bringen sie nicht zum Erlöschen. Lin und ich verwenden auf der *Seraffyn* seit elf Jahren Petroleumlampen. Wir haben noch keine Nacht auf See verbracht, ohne daß die Positionslichter von Sonnenuntergang bis Sonnenaufgang klar und deutlich zu sehen waren.

Das Schönste an Petroleumlampen ist, daß sie eines der Ärgernisse des Lebens auf einem kleinen Schiff vor Anker oder auf See gar nicht erst aufkommen lassen: »Verflixt noch mal, mach das Licht aus. Die Batterien sind gleich leer!« Bei Petroleumlampen braucht sich niemand darum zu kümmern, wenn das Licht die ganze Nacht an ist.

Wir lassen in der Regel unser Ankerlicht brennen, wenn wir an Land gehen, und zwar auch dann, wenn wir an einem ausgewiesenen Ankerplatz oder festen Liegeplatz liegen, wo keine Lichter erforderlich sind. Wenn wir dann spät in der Nacht zurückkehren, führt uns das unverwechselbare goldene Licht auf die *Seraffyn*. Das Ankerlicht brennt mit etwa einem Achtelliter Petroleum dreißig Stunden – das nenne ich Effizienz! Man braucht nur einmal zu überlegen, wieviel Diesel erforderlich ist und wieviel Lärm es macht, genügend Strom zu erzeugen, um ein Ankerlicht für dieselbe Zeit elektrisch zu betreiben.

Wir sind verschiedentlich gefragt worden, wie sich Petroleumlampen denn zum Lesen eignen. Gut, kann man nur sagen. Die Zeichnungen in diesem Buch sind zum größten Teil im warmen Licht von Petroleumlampen entstanden. Wenn der Docht richtig beschnitten ist und aufrecht steht und wenn sich hinter dem Zylinder ein Spiegel oder Reflektor befindet, gibt eine Petroleumlampe helles und klares Licht. Rußen und Qualmen ist bei allen Petroleumlampen meistens das

Resultat eines schlecht zugeschnittenen Dochts oder eines plötzlichen Luftzugs.

Unter Deck sind Petroleumlampen eine ungefährliche Angelegenheit, wenn sie kardanisch gelagert und mit einer Sicherungsschraube befestigt werden. Wenn man unabsichtlich einmal dagegenstößt und das Glas zerbricht, geht die Flamme einfach aus. Aufgrund einer unangenehmen Erfahrung drehen wir die Kajütlampen niedriger, wenn wir das Schiffs abends verlassen. Dann ist die Kajüte bei unserer Rückkehr auch noch hell genug erleuchtet, aber bestimmt nicht verrußt.

Wenn über der Lampe nicht mindestens sechzig Zentimeter freier Raum ist, benötigt man eine Lampenglocke, damit die von der Lampe produzierte Hitze oben nicht alles verbrennt. Das bißchen Wärme, das von einer Kajütlampe ausstrahlt, ist bei kaltem Wetter ganz angenehm und macht sich bei warmem Wetter kaum bemerkbar, wenn die Kajüte gut belüftet ist.

1972 lernten wir Bert Darrel kennen, einen Allround-Schiffsbauer, Takler und Segler, der auf den Bermudas lebt. Als die Sprache auf seekranke Positionslichter kam, gab er mir folgenden Tip: »Petroleumlampen oben in der Takelung gehen im allgemeinen dadurch aus, daß das Petroleum im Lampenfuß hin und her läuft. Wenn du den Fuß zu drei Vierteln mit Werg füllst, machst du den ganzen Behälter zum Docht, ohne das Fassungsvermögen sehr zu reduzieren. Dann wirken sich die Schiffsbewegungen nicht auf die Durchfeuchtung des Dochts mit Petroleum aus.«

Er hatte recht. Zwei Nächte lang lagen wir zwischen den Azoren und England bei Windstärke 9 und 10 unter Ankerlicht bei. Es brannte perfekt, ohne zu rußen oder auszugehen.

Unsere Petroleumlampen sind Perko-Standardlampen, die ich umgebaut und mit einem Innenzylinder versehen habe, der übermäßigen Zug verhindert. Dasselbe habe ich auch schon mit Seahorse-Lampen gemacht. Bei unseren Backbord- und Steuerbordlaternen haben wir die Lichtausbeute mittels Reflektoren hinter den Brennern vergrößert. Wir verwenden dazu Aluminiumfolie, weil wir meinen, daß es einfacher ist, diese Folie alle paar Monate zu ersetzen, als einen Reflektor zu polieren oder neu zu verchromen.

Unterwegs führe ich mein Rundum-Ankerlicht in einer Höhe von knapp 2 m am Backstag. Von dort beleuchtet es das Schiff ausreichend, um auch noch auf dem Vordeck arbeiten zu können. Da sich die

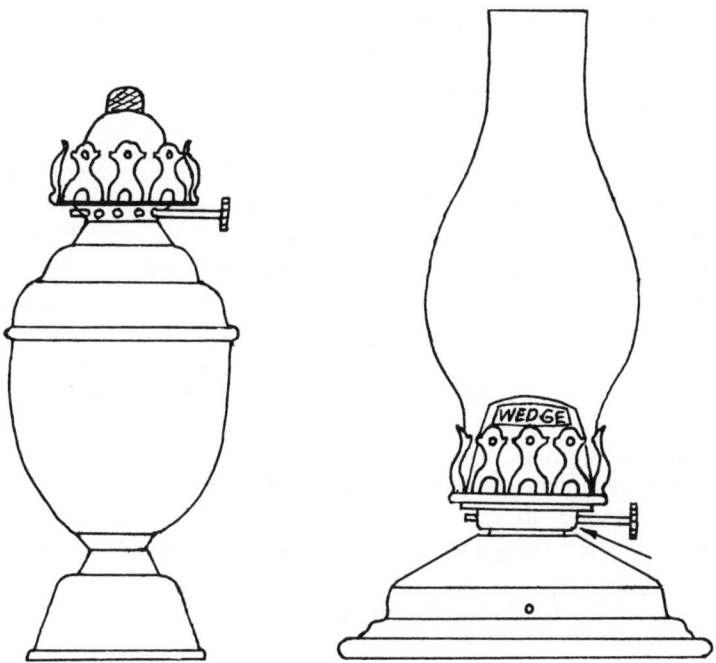

Links eine Perko-Kajütlampe, deren Docht ordnungsgemäß zurechtgeschnitten ist, damit die Lampe nicht qualmt und das bestmögliche Licht gibt. Rechts unsere Positionsleuchte mit Perko-Petroleumbehälter und zusätzlichem Innenzylinder, der übermäßigen Zug verhindert. Wie zu erkennen ist, hat sie die gleiche Fassung wie die Kajütleuchte. Ich kaufte Ersatzbrenner für die Kajütleuchte, sägte die Fassungen ab und lötete sie auf die mit breiteren Dochten ausgestatteten Brenner der Positionsleuchten.

Lichtquelle über Augenhöhe befindet, verringert sich auch die Nachtsicht nicht.

Elektrische Lichter sind anfänglich wohl bequemer, aber wenn sie einmal ausfallen, ist es meistens nicht möglich, beispielsweise einen Kurzschluß oder einen korrodierten Anschluß zu lokalisieren oder – besonders bei Starkwind – die Glühbirne am Masttopp auszuwechseln. Das sind nur ein paar der simpelsten Probleme, die dafür sorgen könnten, daß man unterwegs keine Positionslichter führen kann. Wenn

Lichtmaschine, Regler, Anlasser oder Maschine ausfallen, gibt es keinen Strom mehr. Solarzellen sind eine entwicklungsfähige Reserve für den Strom von der Maschine. Aber auch sie stellen keine Lösung für das Salzwasserproblem dar, das bei verkabelten Anlagen immer gegeben ist.

Petroleumlampen hingegen sind die Einfachheit selbst und lassen sich immer wieder in Gang bringen, indem man beispielsweise den Docht neu beschneidet, den Brenner auswechselt, das Petroleum ausleert und neues einfüllt, wenn sich etwa Kondenswasser gebildet hat (was man meistens daran erkennt, daß die Flamme zu »spucken« beginnt). Weil man Petroleumlampen direkt an Deck oder auch in der Pantry warten kann, besteht speziell bei rauhem Wetter eine weitaus größere Chance, ausgefallene Positionslichter wieder in Gang zu bringen.

Damit Petroleumlampen zu einer bequemen Angelegenheit werden, ist ein Schwerkrafttank unverzichtbar. Hinter einem Trichter und einem Fünfliterkanister, die über den Fußboden rutschen, herzujagen, zermürbt auf die Dauer auch den härtesten Seemann. Der Tank wird

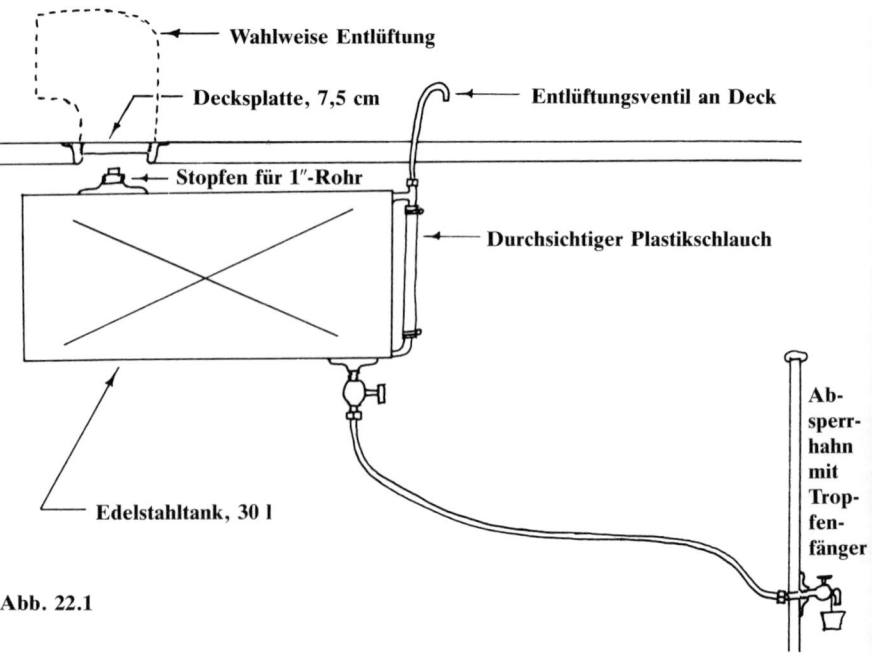

Wahlweise Entlüftung

Decksplatte, 7,5 cm

Entlüftungsventil an Deck

Stopfen für 1"-Rohr

Durchsichtiger Plastikschlauch

Ab-
sperr-
hahn
mit
Trop-
fen-
fänger

Edelstahltank, 30 l

**Abb. 22.1**

mittels Kupferrohren mit einem Hahn an einer geeigneten Stelle in der Kajüte verbunden. Dann kann man die Lampen problemlos nachfüllen, ohne etwas zu verschütten, und zwar besonders, wenn man daran denkt, das vor Einbruch der Dunkelheit zu tun (Abb. 22.1). Und einen Schuß Petroleum kann man oft gebrauchen, sei es, um Schmierfett zu beseitigen, Pinsel zu reinigen oder Lack zu verdünnen. Zum Anzünden der Lampen empfiehlt sich übrigens ein Pfeifenfeuerzeug.

Brennstoff für Petroleumlampen gibt es fast überall zu günstigen Preisen. Den besten fanden wir in Kolumbien, Südamerika, England und auf Malta, wo überwiegend mit Petroleum gekocht und geheizt wird. Düsenkraftstoff der Klasse 1 tut es auch, brennt aber in den Augen und hinterläßt einen braunen Film auf dem Zylinder. Er ist deshalb nicht zu empfehlen. Das für den Haushaltsgebrauch verkaufte Petroleum ist in der Regel ausgezeichnet. Es zahlt sich aber aus, wenn man erst nur eine kleinere Menge kauft und ausprobiert, bevor man den Tank damit füllt. Wenn das Petroleum zwei Nächte lang brennt, ohne Ablagerungen auf Docht und Zylinder zu hinterlassen, ist es gut. Wir brauchen knapp vier Liter Petroleum im Monat für all unsere Lichter und Lampen. Unser Schwerkrafttank faßt knapp zweiunddreißig Liter, so daß wir unter Berücksichtigung der Menge, die für Reinigungsarbeiten und ähnliches gebraucht wird, sechs Monate damit auskommen.

Es ist ratsam, jederzeit sechs oder acht Ersatzzylinder für die Kajütlampen mitzuführen. Das sind dieselben wie die Innenzylinder für die Positionslichter. Wir wickeln sie in Zeitungspapier ein und verstauen sie zwischen der am wenigsten benutzten Wäsche. Dazu kommen noch vier Reservebrenner mit Dochten für die Kajütlampen und die Positionslichter. In manchen Ländern sind diese Teile schwer zu bekommen, aber meistens waren wir in der Lage, für Dochte und Zylindern einen brauchbaren Ersatz zu finden.

Beim Kauf der Brenner für die Lampen nimmt man am besten einen Magneten mit. In manchen Brennern finden sich nämlich Eisenteile, die rosten und letztendlich das Nachstellen des Dochts verhindern.

Die Wartung von Petroleumlampen ist einfach. Wenn man vor jedem Törn die Lampen entleert und reinigt und den Docht einstellt, sollte man zunächst einmal einen Monat Ruhe haben. Wenn die Lampen wegen falscher Einstellung verrußen, werden sie mit Seife und Putzschwamm gesäubert. Danach braucht nur noch bei Bedarf Petroleum nachgefüllt zu werden.

Die Kosten für eine Petroleumlampenanlage entsprechen etwa denen einer vergleichbaren elektrischen Anlage mit Ausnahme der Einbaukosten. Bei beiden sind Positionslichter, Ankerlicht und Kajütlampen erforderlich. Für die Petroleumanlage benötigt man einen Schwerkrafttank, Rauchglocken, Halterungen und Ersatzteile. Anstelle dieser Dinge braucht man bei der elektrischen Anlage Batterien, Lichtmaschine, Kabel und Sicherungen sowie Ersatzglühbirnen, -sicherungen, -regler und -lichtmaschine. Die Arbeitskosten liegen bei der Petroleumanlage je nach Einbau des Schwerkrafttanks wahrscheinlich niedriger.

Weil sie nur ein bewegliches Teil haben, sind Petroleumlampen ohne Drucksystem sehr haltbar und unempfindlich gegenüber Feuchtigkeit und Salzwasser. Ich habe schon fünfzig Jahre alte Messing- und Kupferlampen gesehen, die noch völlig in Ordnung waren. Elektrische Anlagen mit ihren Dutzenden von beweglichen Teilen und Kabelverbindungen mögen kein Salzwasser und halten deshalb nicht so lange.

Die Petroleumlampen auf der *Seraffyn* stammen von dem amerikanischen Hersteller Perko. Sie sind klein und sogar recht hübsch. Die Kajütlampen gibt es in verschiedenen Größen ab 23 cm Höhe einschließlich Zylinder. Die Positionslichter sind 27 cm hoch, der Fuß mißt 13 cm im Durchmesser; es gibt sie auch größer. Die einzige Veränderung, die wir vornahmen, war der zusätzliche Innenzylinder, von dem schon die Rede war.

Die Daveys Company in England sowie ein paar Hersteller in den Niederlanden und in der Bundesrepublik bauen ausgezeichnete Lampen mit Innenzylinder. Diese Art von Petroleumlampen wird von den niederländischen Bergungsschleppern für geschleppte Schiffe und bei Leichtern ohne elektrische Anlage verwendet. Die meisten seefahrenden Staaten bestehen darauf, daß Handelsschiffe für den Fall, daß die elektrische Anlage ausfällt, Petroleum-Positionslaternen mitführen. Ich bin der Meinung, daß alle Yachten mit elektrischen Lichtern zumindest für die Positionslichter und das Ankerlicht Petroleumlaternen als Reserve an Bord haben sollten.

Es gibt ein paar kleine Probleme bei Lichtanlagen, die ganz auf Petroleum ausgelegt sind. So ist es beispielsweise schwer, ein gutes Kompaßgehäuse mit Petroleumbeleuchtung zu finden. Bei unserem ersten Törn hatten wir eines an Bord, das sehr gut funktionierte. Aber als es verlorenging, stellten wir fest, daß wir eigentlich gar kein beleuchtetes Kompaßgehäuse benötigten, weil die Selbststeueranlage uns auf Kurs hielt und eine Taschenlampe für den gelegentlichen Blick auf den Kompaß ausreichte. Wir haben einen ausreichenden Vorrat an Taschenlampen und jede Menge Batterien an Bord; dazu kommt eine batteriebetriebene Stroboskopleuchte für den Masttopp, die in Aktion tritt, wenn wir in einem Sturm beiliegen müssen. Dieses System aus Petroleumlampen plus Stroboskopleuchte wollen wir auch für unser neues 9m-Schiff übernehmen.

Elektrische Lampen reichen für den Wochenendsegler, aber für den Fahrtensegler bieten Petroleumlampen das Höchstmaß an Zuverlässigkeit und Einfachheit. Auf keinem der Schiffe, die ich überführt habe, konnte ich ordnungsgemäß alle Positionslichter führen, wenn die Maschine nicht lief. Wenn wir die ganze Nacht segelten, war morgens garantiert die Batterie leer. Deshalb liefen wir meistens nur mit dem Topplicht, einem guten Ausguck und der Weisung an die Crew, sofort die Positionslichter einzuschalten, wenn ein anderes Schiff in Sicht kam. Das ist sicherlich keine gute Praxis, aber die Elektroanlage zwang uns dazu.

Meine Petroleumlampen hingegen haben mich noch nie derart im Stich gelassen. Und außerdem – gibt es etwas Schöneres als das weiche goldene Leuchten einer Petroleumlampe in einem Glas Barbados-Rum? Petroleumlampen sind ein definitiver Beitrag zum ästhetischen Vergnügen des heutigen Fahrtensegelns.

# 23
# Ruderanlagen

Yachtkonstrukteure und Schiffsbauer vergessen recht häufig, wie wichtig der Faktor »Reparaturfähigkeit« ist. Natürlich steuert das Ruder das Schiff, wenn man die Pinne oder das Ruderrad bewegt, aber was ist mit der Instandhaltung und Reparatur von Ruder, Stevenrohr, Welle oder Propeller? Lage und Konstruktion des Ruders können verschiedene miteinander in Verbindung stehende Reparatur- und Wartungsarbeiten entweder einfach oder zu einem Problem machen.

Ein Freund von mir hatte sich in Südspanien eine Yacht gekauft, bei der das Stevenrohr locker war. Wir wollten sie in Land bringen, das Unterwasserschiff streichen, die Gummiabdichtung im Stevenrohr ersetzen und nach drei oder spätestens vier Tagen gemeinsam wieder auf See sein. Aber das Ruder machte uns einen Strich durch die Rechnung. Welle und Stevenrohr mußten wegen übermäßiger Abnutzung ausgetauscht werden. Die Ruderleitflosse befand sich in einer Linie hinter der Welle, so daß es unmöglich war, die Welle nach hinten herauszuziehen (Bild 23.4). Wir mußten die Maschine komplett losschrauben und nach vorn in die Hauptkajüte ziehen, um die Welle und das Stevenrohr ausbauen zu können. Auf diese Weise wurden aus einem Zweistundenjob drei zusätzliche Tage Arbeit mit zusätzlichen Slipgebühren und frustrierten Seglern. Wir verloren drei unersetzliche Segeltage, weil der Yacht die eingebaute Reparaturfähigkeit fehlte.

Im folgenden wollen wir uns anhand einiger Photos mit verschiedenen Rudern befassen. Die Aufnahmen wurden in einer Werft auf Malta gemacht, in der über dreihundert Yachten im Winterlager lagen.

Das große Loch im Ruder in Bild 23.1 dient dem bequemen Ausbau der Welle (die kleinen Löcher in der Hinterkante sind für Notsteuerleinen vorgesehen).

198

Bei einer ähnlichen Konstruktion (Bild 23.2) kann man die Welle ausbauen, ohne die Maschine nach vorn ziehen zu müssen. Trotz des Lochs in der Kielhacke muß man jedoch das Ruder ausbauen, um die Welle herausziehen zu können.

Bild 23.3 ist eine Studie eingebauter Reparaturprobleme. Anders als bei den beiden vorhergehenden Konstruktionen muß man hier das Ruder ausbauen, bevor man Propeller und Welle abnehmen bzw. das Stevenrohr warten kann, weil der Ruderschaft zu nahe an der Welle sitzt. Diese Ruderanlage fand sich am Boot eines Hobbybootsbauers.

Bild 23.4 zeigt eine moderne Flossenkielyacht. Zwischen Welle und Kielhacke ist genügend Platz, um den Propeller abzubauen und das Stevenrohr zu warten. Zum Ausbau der Welle muß allerdings die ganze Maschine nach vorn gezogen werden. Ein Loch wie in Bild 23.2 würde es erlauben, die Welle nach Ausbau des Ruders nach hinten herauszuziehen, könnte aber möglicherweise die Hacke schwächen.

Bild 23.5 zeigt ein praktisches Außenbordruder, das sich in Minutenschnelle von seinen Zapfen abnehmen läßt. Welle, Stevenrohr und Propeller lassen sich wegen des Ausschnitts in der Rudervorderkante ohne Ausbau des Ruders nach hinten abziehen. Ein Propeller, der in einer Öffnung sitzt, macht es weniger wahrscheinlich, daß Leinen darin unklar kommen.

Bild 23.6 spricht für sich. Man stelle sich so etwas auf einer Betonhelling vor! Ein Kran mit Laufkatze macht den Ausbau wahrscheinlich leichter, aber derart teures Gerät findet man in abgelegenen Segelrevieren kaum.

Die ältere Yacht auf Bild 23.7 hat einen Ruderschaft aus Holz, und wenn sie mir gehörte, würde ich den Schafttunnel und den Ruderschaft regelmäßig auf Würmer hin überprüfen. Aber ich nehme an, eine derartige Inspektion findet nicht sehr oft statt, weil das Ruder ungefähr 120 cm lichte Höhe unter dem Kiel benötigt, bevor es sich ganz löst. Wer ein solches Schiff zu kaufen beabsichtigt, sollte das Ruder ausbauen und Schafttunnel und Ruderschaft untersuchen lassen (ein Kupfer- oder Plastikrohr im Schafttunnel und Kupferblech hinter dem Achtersteven eliminiert die Wurmgefahr).

Bei der Stahlyacht in Bild 23.8 ergibt das umgekehrte Problem. Damit das Ruder nach unten aus dem Rumpf gezogen werden kann, müssen zuerst Propeller und Welle ausgebaut werden. Das Ruder befindet sich außerdem auf einer Höhe mit dem hinteren Bereich des Kiels. Bei Grundberührung könnte der Ruderschaft beschädigt werden

Abb. 23.1

Abb. 23.2

200

Abb. 23.3

Abb. 23.4

Abb. 23.5

Abb. 23.6

Abb. 23.7

Abb. 23.8

202

Abb. 23.9

Abb. 23.10

Abb. 23.11

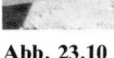

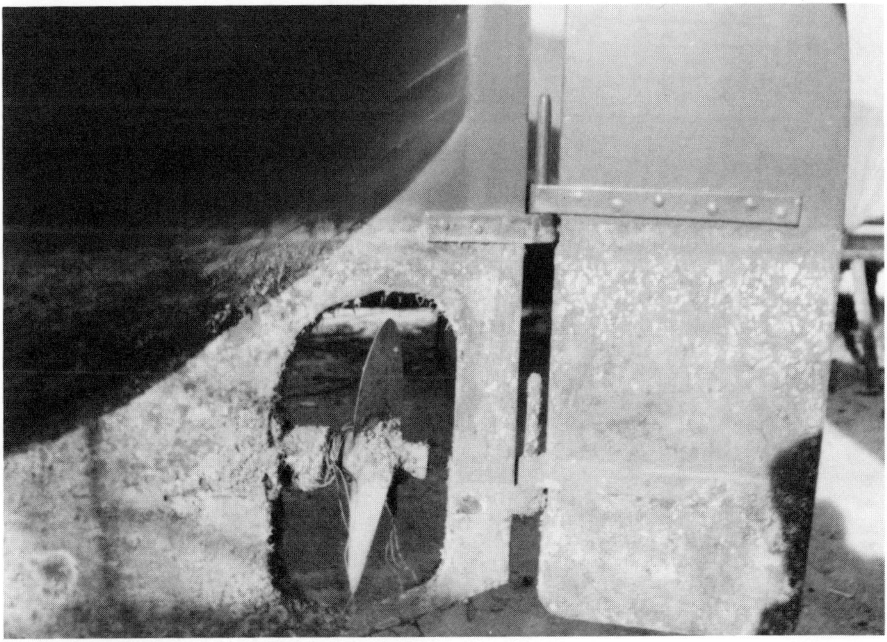

Abb. 23.12

**Abb. 23.13**

**Abb. 23.14**

204

**Abb. 23.15**

und sich verklemmen. Aus Sicherheitsgründen sollte das Ruder immer mindestens acht Zentimeter höher sitzen als die Unterkante des Kiels. Bild 23.9 zeigt das Innenbordruder eines Motorseglers, das sich ausbauen läßt, ohne daß man erst ein Loch graben muß. Nach Lösen der vier Schrauben zwischen Ruder und Schaft wird der Schaft so weit nach oben gedrückt, daß man das Ruder aus dem Hielingbeschlag herausheben kann, bzw. man schraubt den Hielingbeschlag – wie in Bild 23.10 – ab.

Das Ruder der Stahlyacht in Bild 23.11 sitzt hoch genug über der Kielunterkante. Das ergibt zusammen mit dem Verbindungsstück am Ruderschaft eine sehr brauchbare Innenbord-Ruderanlage. Interessant ist auch, daß das Ruder innen hohl und mit altem Maschinenöl gefüllt ist, das die Korrosionsgefahr verringert und für einen gewissen Auftrieb sorgt.

In Bild 23.12 sehen wir ein einfach auszubauendes und leicht zu wartendes Außenbordruder. Aber der hölzerne Achtersteven liegt zu nahe an der Propellerwelle. Um Stevenrohr oder Propeller auszubauen, muß der Eigner die Maschine nach vorn ziehen.

Das Ruder in Bild 23.13 hat einen nachträglich angebrachten Hielingbeschlag gegen Warpleinen, Hummertopfleinen, Ankerketten und ähnliches. Ohne diesen Beschlag könnte es passieren, daß man am eigenen Ruder vor Anker geht.

Dieses Boot (Bild 23.14) hat wie die meisten flachgehenden Schiffe insofern ein Problem, als die Ruder kaum tief genug im Wasser liegen, um Wirkung zu erzielen. Kleine Flossen am Rumpf unterhalb der Ruder könnten bei Grundberührung Schäden verhindern.

Bei einem Außenbordruder wie in Bild 23.15 läßt sich eine einfache selbstgebaute Selbststeueranlage anbringen. Außerdem hat es Stopper aus vorgespanntem Dacron. Wenn man beispielsweise beim Beiliegen in schwerem Seegang die Pinne festlascht, wird das Ruder durch die gemeinsame Wirkung der festgelaschten Pinne und der Dacronstopper davor bewahrt, hart überzugehen, was zum Abscheren der Zapfen führen könnte. Externe Ruderstopper werden bei Innenbordrudern wegen des erhöhten Wasserwiderstands nur selten verwendet.

Für mich persönlich kommen nur Außenbordruder in Frage, und zwar nicht nur, weil sie problemlos auszubauen, zu inspizieren und zu reparieren sind, sondern auch, weil sie zusätzlich den Vorteil bieten, daß man schnell und einfach eine effiziente Selbststeueranlage bauen kann.

Ich hoffe, diese »Bildergeschichte« hat ein paar Anregungen zum Umbau vorhandener Ruderanlagen gegeben. Für denjenigen, der eine neue Yacht plant, ist sie vielleicht eine Hilfe zur Konstruktion eines Ruders mit eingebauter »Reparaturfähigkeit«.

# 24
# Sanitäre Anlagen

Dieses Kapitel ist kein Kompendium der Klempner- und Installations-arbeiten an Bord. Es ist schlicht und einfach eine Sammlung von Gedanken und Ideen angesichts der Frage, wie man eine Tourenyacht komfortabel macht und ordentlich instand hält. Die Ideen sind in meiner persönlichen Reihenfolge der Priorität aufgeführt und beginnen mit den einfachsten Möglichkeiten, die komplizierteren Einrichtungen zu installieren.

Jeder, der lange Zeit segelt, ist sich der nahezu fanatischen Suche nach der mystischen heißen Dusche bewußt. Segler lassen sich viel einfallen, um an Bord das zu bekommen, was zu Hause an Land zur Norm gehört. Wenn man eigene Bad- oder Duschanlagen an Bord hat, ist man nicht gezwungen, in einem Hafen oder Yachtclub zu bleiben. Und wenn man sich eine einfache Möglichkeit einfallen läßt, ein heißes Bad zu nehmen, ohne gleich eine Tonne Frischwasser zu verbrauchen, wird das schwimmende Heim noch komfortabler und autarker.

In warmen Gegenden kann man schnell und einfach eine Dusche an Deck installieren. Auf der *Seraffyn* nahmen wir dazu einen schwarzen 20l-Plastikkanister. Wenn dieser Kanister ein paar Stunden in der Sonne gestanden hatte, ermöglichte er uns eine warme und manchmal sogar heiße Dusche. Wir duschten immer unmittelbar vor Sonnenuntergang, und wenn das Wasser doch noch nicht warm genug war, kam noch ein Kessel heißes Wasser hinein. Der Kanister kam an das Fitting für den Spinnakerbaum, die Wasserentnahme erfolgte über einen Schlauch mit einem einfachen Absperrhahn. Mit zwanzig Litern Warmwasser konnten wir beide ausgiebig duschen und uns die Haare waschen. Wenn es am Ankerplatz voll war, trugen wir Badezeug und wuschen uns darunter. Bei begrenztem Wasservorrat kamen wir beide zusammen mit zwölf Litern aus. Wenn wir wirklich auf unser Frisch-wasser achten mußten, wuschen wir uns zuerst mit Salzwasser und spülten uns dann mit zwei Litern Frischwasser ab. Das ist die einfachste Duschanlage, die man sich vorstellen kann; sie funktioniert auf Booten jeder Größe, wenn es warm ist. Wenn es kalt und das Boot zu klein für eine eingebaute Dusche ist, muß man auf die "beschwerliche« Methode mit Eimer und Waschlappen zurückgreifen.

Auf einem größeren Boot ab etwa 9 m wäre eine Sitzwanne mit Duschwassertank und manueller Druckpumpe für mich erste Wahl. An kälteren Tagen könnte man auf dem Kocher Wasser erhitzen und in den Tank geben, damit das Duschwasser eine erträglichere Temperatur bekommt. Eine solche Anlage ist nahezu narrensicher. Man braucht keine Rohre oder Schläuche, die unordentlich durch die Bilge verlau-fen und undicht werden können. Das Wasser wird einfach und billig erwärmt. Der gesonderte Drucktank bemißt die Wassermenge automa-tisch. Ein solcher Drucktank ließe sich auch für ein Standardarrange-ment mit Toilette und Dusche verwenden, doch ich ziehe die Sitzwanne vor, weil man dann nach dem Duschen nicht erst noch den ganzen Raum wischen muß, wenn man sich so schön sauber fühlt und auf das Essen an Land freut. Wichtiger noch ist die Tatsache, daß man bei Seegang in der Sitzwanne sicherer ist, als wenn man unter der Dusche steht.

Heißes Wasser für die Dusche erhält man auch, indem man Rohr-schlangen durch einen Diesel- oder Feststoffkocher führt oder das Kühlwasser der Maschine durch einen Wärmetauscher leitet. Dieses System funktioniert recht gut, nimmt aber Platz in Anspruch und bedeutet Rohrleitungen in der Bilge. Es kann auch recht teuer sein und – was am schlimmsten ist – bedeutet, daß man im Hafen die Maschine laufen lassen muß, nur um eine warme Dusche zu nehmen.

In Frage kommen noch Gasdurchlauferhitzer, die beim Aufdrehen des Warmwasserhahns anspringen. Sie benötigen eine ausreichende Be- und Entlüftung. Aber diese Geräte sind mir nicht ganz geheuer. Ich würde lieber Wasser im Kessel heißmachen, als mir Sorgen über eine eventuelle Explosion oder Kohlenmonoxid/Kohlendioxid-Vergif-tung zu machen.

Am kompliziertesten ist die elektrische Warmwasserbereitung, bei der ein 220V-Generator den Strom für einen Durchlauferhitzer erzeugt. Derartige Anlagen findet man häufig auf großen Motorseglern und Motoryachten mit ausgeklügelten Maschinenanlagen. Auch hier gilt, daß der Generator eine Lärmbelästigung für die Nachbarn am Liegeplatz bedeutet, daß Rohrleitungen und Kabel durch die Bilge geführt werden müssen und daß der Wasserverbrauch nur schwer zu kontrollieren ist.

Es gibt verschiedene Möglichkeiten, das Wasser von den Tanks in das Trinkglas zu bekommen. Die einfachste ist das System, das wir einmal auf dem Trimaran *No Name*, der auf Weltumsegelung war, erlebten. Die Besatzung führte zwanzig Fünfliterkanister mit, von denen jeden Tag einer auf den Tisch gestellt wurde. Etwas komplizierter, aber hundertmal bequemer ist ein Schwerkrafttank. Das ist im wesentlichen eine Kleinausgabe der Wasserhochbehälter, wie es sie früher in vielen Orten gab. Vom Tank aus führen Leitungen zu den verschiedenen Entnahmestellen. Auf einer Yacht braucht dieser Tank nicht groß zu sein (30-40 l). Man kann ihn in einer ungenutzten Ecke an Deck, in einer Ecke des Deckshauses und auch in dem flachen dreieckigen Raum über dem Kettenkasten installieren. Es spielt keine Rolle, wo er sich befindet, solange er höher liegt als die Wasserhähne. Größere Wassermengen werden in anderen Tanks unter den Kojen oder in der Bilge mitgeführt. Das mag unbequem erscheinen, weil man das Wasser ja per Hand von den Vorratstanks in den Schwerkrafttank schaffen muß. Aber das passiert doch nur auf langen Törns, und dann wird man durch dieses System gezwungen, auf den Wasserverbrauch zu achten. Im Hafen und bei Küstenfahrten kann man den Tagestank direkt aus den entsprechenden Einrichtungen wieder auffüllen.

An nächster Stelle kommen fuß- oder handbetriebene Pumpen, wie sie auf Tourenyachten am häufigsten zu finden sind. Sie lassen sich leichter als Schwerkraftanlagen installieren, verschleißen aber auf Yachten, die als schwimmendes Heim dienen, erstaunlich schnell und erfordern einen Vorrat an Ersatzteilen sowie regelmäßige Wartung.

Die elektrisch betriebenen Druckanlagen stehen bei mir an letzter Stelle. Sie sind von der Batterie abhängig. Wenn irgendetwas in der elektrischen Anlage ausfällt, bekommt man nur noch dann Wasser, wenn man eine handbetriebene Reservepumpe hat. Elektrische Anlagen nehmen in der Regel viel Platz in der Bilge in Anspruch und fallen dauernd aus. Es ist bekannt, daß sie undicht werden und auch mal das ganze kostbare Wasser in die Bilge pumpen. Und außerdem gibt es nur wenig Irritierenderes, als in der Kajüte zu sitzen und zuhören zu müssen, wie die Druckpumpe den schwindenden Wasservorrat vergeudet, weil sich ein Gast oder Besatzungsmitglied gemütlich duscht oder das Wasser laufen läßt, während er sich die Zähne putzt. Auf der positiven Seite ist ein elektrisches Drucksystem natürlich bequem und bietet einen Druck fast wie an Land. Wenn Wasser und Strom unbegrenzt vorhanden sind, funktioniert ein solches System recht gut. Aber irgendwie scheint das Wasser auf Schiffen mit Druckanlagen zu verdampfen, so vorsichtig die Besatzung auch ist. Wer also eine solche Anlage an Bord hat, sollte zumindest einen Tank absperren, damit Wasser für einen Notfall übrig bleibt.

Für den, der regelmäßig an Stellen mit Frischwasseranschlüssen festmacht, gibt es eine weitere Möglichkeit, Druckwasser zu bekommen, indem er nämlich den Schlauch vom Anschluß mit seiner eigenen Anlage verbindet. Das geschieht mittels eines Druckminderungsventils, das verhindert, daß die Schiffsanlage unter zu hohen Druck gesetzt wird und auseinanderfliegt. Auch eine Schwerkraftanlage läßt sich am Liegeplatz mit Druckwasser versorgen, indem man den Tagestank abklemmt und nur die Rohrleitungen anschließt. Wer seine Anlage von außerhalb mit Druckwasser versorgt, sollte daran denken, den Schlauch abzunehmen, bevor er das Schiff verläßt. Sonst könnte er sein schwimmendes Zuhause versenkt antreffen, wenn die Anlage nicht dicht ist.

Mit einem Salzwasseranschluß in der Pantry kann man Frischwasser sparen. Am einfachsten geht das über einen normalen Wasserhahn, der auf möglichst geradem Weg mit einer Öffnung im Rumpf verbunden ist, die möglichst weit von den Ablaßventilen für Spüle und Toilette entfernt ist. Der Wasserhahn wird unter der Wasserlinie an einem Schott nahe der Spüle befestigt. Wenn man dann beispielsweise zum Eierkochen oder Geschirrspülen Salzwasser gebrauchen kann, hält man einfach nur einen Topf unter den Hahn und dreht ihn auf. Dieser Hahn unter der Wasserlinie hat noch einen weiteren Vorteil: Man kann ihn zum Ausspülen der Bilge benutzen. Einfach einen Gartenschlauch anschließen und schon kommt Salzwasser mit einem Druck heraus, der der Höhe der Wasserlinie über dem Hahn entspricht. Zum Nachspülen nimmt man dann Frischwasser aus dem Schwerkrafttank.

Unsere zweite Wahl für einen Salzwasseranschluß wäre eine hand- oder fußbetriebene Pumpe in der Pantry. Da die Salzwasserpumpe nicht so häufig benutzt wird wie eine Frischwasserpumpe, verschleißt sie auch nicht so schnell. Wir bevorzugen fußbetriebene Pumpen in der Pantry, weil wir dann beide Hände zum Arbeiten oder Festhalten frei haben.

Eine weitere Möglichkeit besteht darin, warmes Salzwasser direkt in die Spüle oder sogar die Wanne zu pumpen. Das geht immer, wenn die Maschine läuft. Dabei wird das heiße Wasser vom Wärmetauscher über die Spüle außenbords geleitet. Wenn die Maschine laufen muß, damit die Eiskästen gekühlt oder die Batterien geladen werden, kann sie gleich den doppelten Zweck erfüllen, indem sie nämlich jede Menge heißes Salzwasser produziert, mit dem man etwa einen Haufen schmutziges Geschirr abwaschen kann. Das spart außerdem Frischwasser.

Die einfachste Spüle auf einem Schiff ist eine Kunststoff- oder Edelstahlschüssel, die man direkt über Bord entleert (an das Silberbesteck denken!). Aber heute haben auch die kleinsten Tourenyachten schon fest installierte Spülen mit automatischer Entleerung. Unsere Wahl für ein 9m-Schiff fiele auf zwei tiefe Spülbecken möglichst nahe an der Mittschiffslinie, damit das Wasser auf jedem Bug problemlos abläuft. Wenn die Spüle bei Krängung vollläuft, installiert man am besten ein Rückschlagventil direkt unter der Spüle. Das ist praktischer als die Rumpfarmatur in der Bilge.

Auf manchen Yachten fließt das Wasser aus Dusche und Eiskästen direkt in die Bilge. Das ist eine etwas anrüchige Praxis, die auf Holzschiffen absolut verboten sein sollte, da schmutziges Süßwasser die Bakterienbildung fördert und schließlich zur Fäulnis führen kann. Der Einbau eines Sumpftanks wird einfacher, wenn man die Bilgepumpe auch zum Lenzen dieses Tanks einsetzt. Dazu wird in Pumpennähe einfach ein Zweiwege-Ventil installiert, mit dem die Pumpensaugleitung von der Bilge auf den Sumpftank für Dusche und Eiskasten umgestellt wird.

Alle Schlauchleitungen an Bord müssen mit Edelstahlschellen an den Rumpfarmaturen befestigt werden. Auch wenn die Schellen beim Händler in einer Schublade mit der Aufschrift »Edelstahl" liegen, sollte man sie mit einem Magneten prüfen, weil die Schellen an sich aus Edelstahl, die Schrauben aber oft aus Eisen sind. Bei den richtigen Schlauchschellen wird der Magnet nicht sehr stark angezogen. Wenn die Gefahr besteht, daß andere in der Nähe verstaute Gegenstände auf einen Schlauch fallen, nimmt man Doppelschellen und gegebenenfalls widerstandsfähigere Druckschläuche. Darauf achten, daß die Armaturen, an denen die Schläuche angeschlossen werden, einen Hals oder eine Verstärkung haben, damit die Schläuche nicht von selbst abrutschen. Ordnungsgemäße Seeventile haben einen solchen Hals plus einen ebenen Flansch, der durch den Rumpf festgebolzt und außen mit einer Holzplatte verstärkt wird, die den Rumpf um die Öffnung herum versteift. Seeventile und Schläuche unter oder nahe der Wasserlinie müssen schließlich so zuverlässig sein wie der Rumpf selbst. Jede Armatur sorgfältig auf Qualität, Stärke und Einbaumethode prüfen. Bei nahezu allen Schiffen, die im Hafen geflutet werden oder sinken, liegt die Ursache in schlechten Schläuchen, minderwertigen Schellen oder billigen Rumpfarmaturen (oft nur simple Absperrhähne). In dieser Beziehung darf man nicht sparen und sollte immer auf beste Qualität achten.

Bilgepumpen sind normalerweise dazu da, das Wasser herauszupumpen. Eines Abends kamen wir mal zur *Seraffyn* zurück und mußten feststellen, daß die Fußbodenplanken in der Kajüte aufschwammen. Der außenbords führende Schlauch der Bilgepumpe bildete über der Wasserlinie eine Schlaufe und führte unter Wasser durch einen Rumpfdurchlaß nach außen. Irgendwie hatte sich eine Heberwirkung eingestellt, durch die das Wasser über die Pumpe ins Schiff gelaufen war. Möglicherweise war das Kielwasser eines vorbeifahrenden Fischerboots das auslösenden Moment gewesen. Wenn wir nicht an Bord gewohnt hätten, wäre die *Seraffyn* vielleicht direkt am Liegeplatz gesunken. Ich hatte oben in der Schlaufe, die der Schlauch bildete, ein Rückschlagventil eingebaut, das aber festsaß, weil wir unsere Bilgepumpe so selten gebrauchten. Ein solches Rückschlagventil ist in allen Schläuchen, die außenbords führen, unerläßlich. Es läßt Luft in den Schlauchteil oberhalb der Wasserlinie einströmen und verhindert, daß durch Heberwirkung Wasser ins Schiff gelangt. Beim Lenzen von Bilge oder Toilettentank sollte man darauf achten, ob das Ventil beim Rückwärtshub Luft ansaugt. Ist das der Fall, arbeitet es ordnungsgemäß. Wir lauschen jetzt jedes Mal, wenn wir die Bilgepumpe in Betrieb nehmen, auf dieses Geräusch und schließen das Seeventil, wenn wir von Bord gehen.

Wirksame, sorgfältig installierte sanitäre Anlagen sparen Zeit, Geld und Kummer. Sie machen auch den größten Teil der Rohrleitungen in der Bilge überflüssig. Eine leere Bilge ist einfacher zu säubern und – was noch wichtiger ist – gibt einen idealen Platz für den Weinkeller an Bord ab.

# 25
# Reffen, nicht kaufen

Beim Kauf der Segel für eine reine Tourenyacht sollte man an die folgenden Gesichtspunkte denken: Sie müssen widerstandsfähig sein, sie müssen zuverlässig und formstabil sein, sie müssen einfach zu reffen und leicht instand zu halten sein. Darüber hinaus müssen sie möglichst billig sein. Aber viele Yachtkonstrukteure sehen eine Besegelung mit sechs Vorsegeln, Sturm-Trysegeln, Driftern, Spinnakern und möglicherweise einem Doppelsatz Beisegel vor, und die Segelmacher und Fittinghersteller freuen sich ihres Lebens. Für alle, die die Segelausstattung für einen Törn planen oder die über ein mit sieben oder acht teuren nassen Segelsäcken vollgestopftes Vorpiek stöhnen, das sich besser für andere Zwecke nutzen ließe, hier ein paar simple und bewährte Möglichkeiten, die Platz sparen, den Segelwechsel vereinfachen und Geld sparen, mit dem man auf Fahrt gehen kann.

Als es an der Zeit war, den Klüver der *Seraffyn* auszutauschen, besorgten wir uns einen neuen mit einer 1,5 m tiefen Reffreihe. In gerefftem Zustand benutzten wir ihn als Arbeitsfock. Damit hatten wir praktisch ein zweites Segel zum Preis einer Reihe Reffbändsel (etwa 50 $). Wir nutzten dieses Segel mehr als sechs Jahre und fanden es ideal. Außerdem arbeiteten wir eine Reffreihe in die Arbeitsfock ein und erhielten damit ein Sturmstagsegel. Auf bestimmten Yachten mit beschnittenem Lateralplan funktioniert das auch recht gut als Backstagsegel zum Beiliegen. Unser Großsegel mit drei Reffreihen eignet sich gut als Sturmsegel.

Die *Seraffyn* ist kuttergetakelt und für eine große Arbeitsbesegelung ausgelegt, so daß wir mit diesen drei Segeln fast alle Kombinationen erreichen, die wir bei Wind über Stärke 2 benötigen.

213

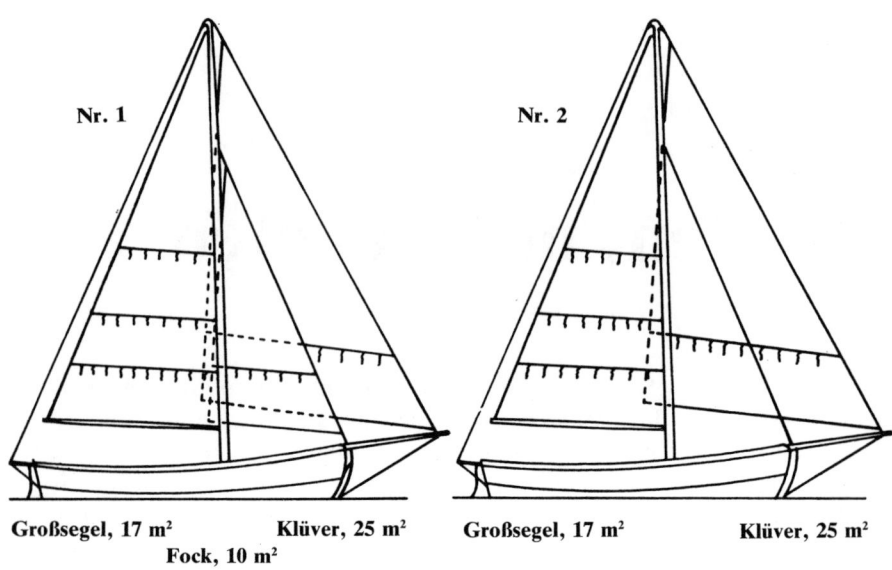

**Nr. 1**

Großsegel, 17 m²          Klüver, 25 m²
          Fock, 10 m²

**Nr. 2**

Großsegel, 17 m²          Klüver, 25 m²

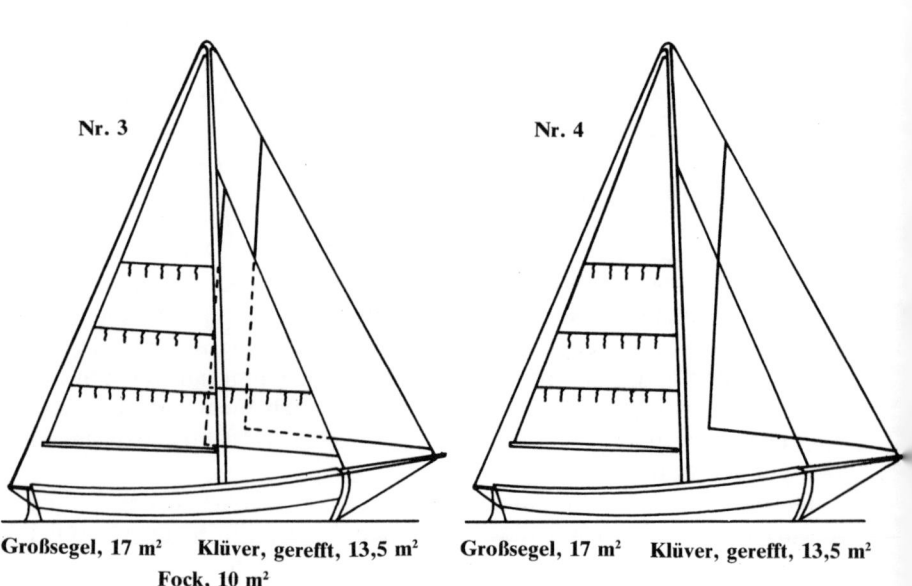

**Nr. 3**

Großsegel, 17 m²   Klüver, gerefft, 13,5 m²
          Fock, 10 m²

**Nr. 4**

Großsegel, 17 m²   Klüver, gerefft, 13,5 m²

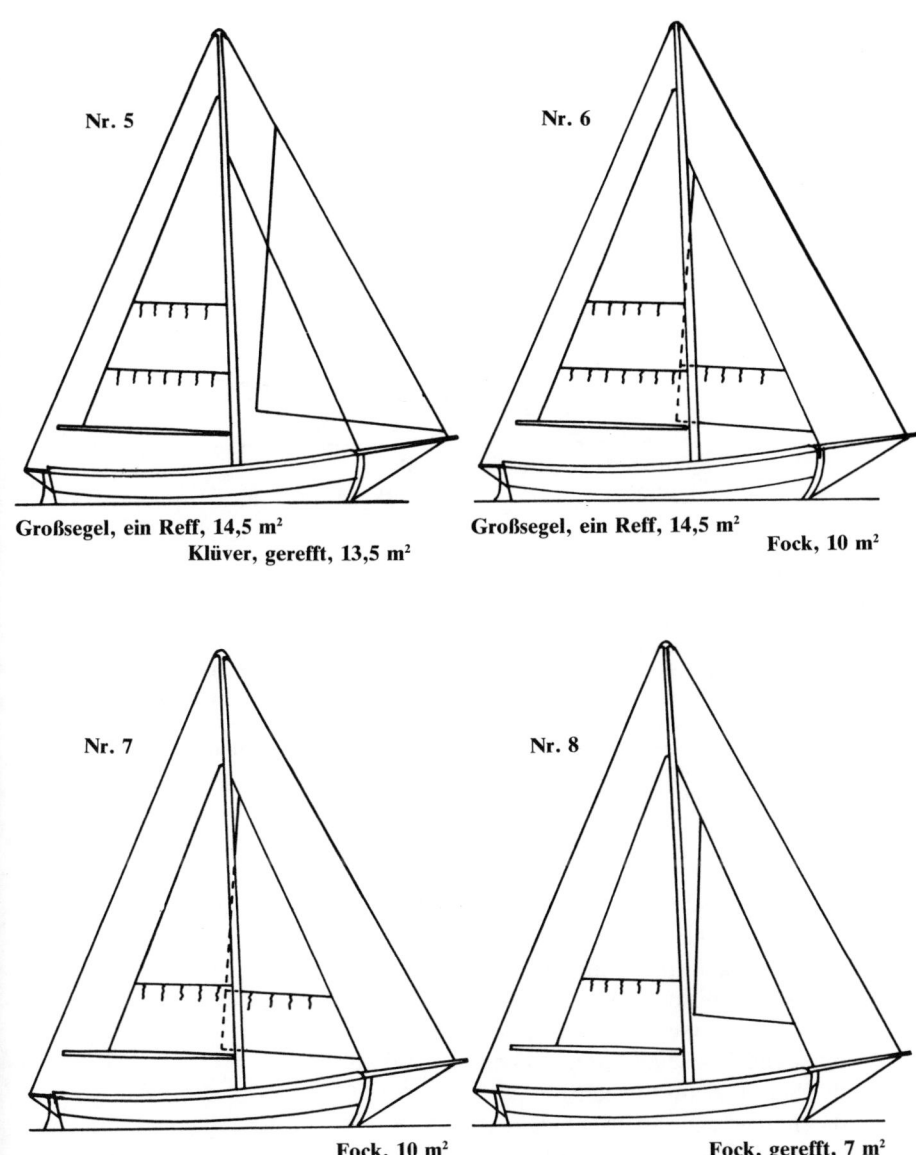

**Nr. 5**

Großsegel, ein Reff, 14,5 m²
Klüver, gerefft, 13,5 m²

**Nr. 6**

Großsegel, ein Reff, 14,5 m²
Fock, 10 m²

**Nr. 7**

Großsegel, zwei Reffs, 10 m²
Fock, 10 m²

**Nr. 8**

Großsegel, zwei Reffs, 10 m²
Fock, gerefft, 7 m²

215

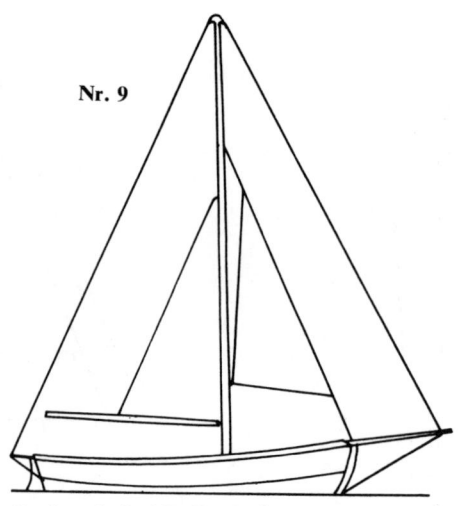

Nr. 9

Großsegel, drei Reffs, 6 m²
Fock, gerefft, 7 m²

| | |
|---|---|
| Nr. 1 Klüver, Fock<br>und Groß 52,0 | Nr. 6 Fock und Groß,<br>ein Reff 24,5 |
| Nr. 2 Klüver und Groß 42,0 | Nr. 7 Fock und Groß,<br>zwei Reffs 20,0 |
| Nr. 3 Gereffter Klüver,<br>Fock und Groß 40,5 | Nr. 8 Gereffte Fock und Groß,<br>zwei Reffs 17,0 |
| Nr. 4 Gereffter Klüver<br>und Groß 30,5 | Nr. 9 Gereffte Fock und Groß,<br>drei Reffs 13,0 |
| Nr. 5 Gereffter Klüver und<br>Groß, ein Reff 28,0 | |

Ein Vorsegel zu reffen ist viel einfacher als (in dieser Reihenfolge)
1. das Vorsegel niederzuholen,
2. das Vorsegel vom Stag zu lösen,
3. das Vorsegel im Segelsack zu verstauen,
4. das neue Vorsegel an Deck zu holen,
5. das neue Vorsegel auszupacken,
6. die Schoten auszuwechseln,
7. das neue Segel anzuschlagen,
8. das neue Segel aufzuheißen.

Bei einem reffbaren Vorsegel
1. holt man das Segel an Deck nieder,
2. befestigt die Schoten in der Reffkausch am Achterliek,
3. refft das Segel am Hals,
4. rollt das Segel auf und bändselt es an den Reffpunkten bei,
5. heißt das gereffte Segel auf und schon geht es weiter.

Das Großsegel ist noch schneller und problemloser gerefft, weil es keine Schoten hat, die neu zu befestigen wären. Das Segel wird bis zu den Reffkauschen im Achter- und im Vorliek niedergeholt und dann mit losen Unterteil wieder geheißt. Die Reffstander sollten dauernd angeschlagen sein und zu einer Klampe in der Nähe der Großfallwinsch führen. Die Reffleinen können beigebändselt werden, wenn Zeit dazu ist.

Ein weiterer Vorteil von Reffpunkten besteht darin, daß man bei einer größeren Beschädigung im Unterteil des Segels sofort ein Reff einstecken und weitersegeln kann. Da die meisten Segelboote sich auf ihr Großsegel verlassen müssen, um von Legerwall klarzukommen, ist es anzuraten, neben den anderen Reffeinrichtungen noch Reffpunkte zu haben, falls das Segel im Unterliekbereich reißt oder die Reffvorrichtung versagt.

Ein Sturm-Trysegel haben wir nie gebraucht. In den hinter uns liegenden sieben Jahren und zwanzigtausend Meilen mußten wir nur dreimal drei Reffs in das Großsegel stecken, als es bei Wind von über 50 kn aufzukreuzen galt. Daß das bei der *Seraffyn* so gut funktioniert, liegt meiner Ansicht nach daran, daß ihr gedrungenes Großsegel viel kleiner und weiter achtern ist als bei einer Sluptakelung mit denselben Maßen. Zum Beiliegen unter extremen Bedingungen wäre vielleicht ein reffbares Stag-/Backstagsegel nicht schlecht (Abb. 25.2)

Als wir in Poole in England waren, arbeitete ich zwei Winter lang bei einem Segelmacher, um dieses Handwerk zu erlernen und mir ein neues Großsegel und einen neuen Klüver für die *Seraffyn* zu verdienen. Ich unterhielt mich mit ihm über eine Rollfock aus 420 g schwerem Segeltuch. Er war dagegen und schlug die einfachere Methode vor, eine Reihe Reffpunkte, und zwar aus folgenden Gründen: Eine Fock mit Binderff hat keine teure Rollvorrichtung, die ausfallen kann, und steht gerefft und ungerefft gleich gut. Letzteres ist bei einer Rollfock nicht der Fall, weil das Segel hinten einen Bauch bildet, wenn es aufgerollt wird. Dadurch ergibt sich eine sackartige, schlecht geformte Fock. Eine auf das Vorstag aufgerollte Fock bietet beim

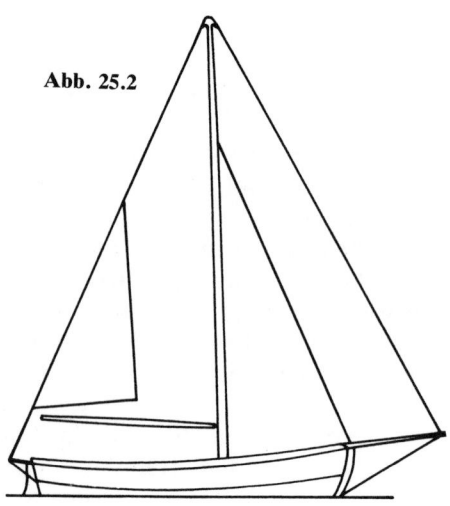

Abb. 25.2

**Gereffte Fock am Achterstag, 7 m²**

Beidrehen eine beträchtliche Windangriffsfläche, die es schwerer macht, den Bug hoch am Wind zu halten. Und schließlich kann man nicht ohne weiteres ein anderes Leichtwettersegel am Vorstag anschlagen, weil die Rollfock im Wege ist.

Während ich Stapel beschädigter Segel reparierte, hatte ich Zeit, mich mit den verschiedenen Nähmethoden zu befassen, die für Fahrtensegler zu gebrauchen sind oder auch nicht. Für Hochseetörns über große Entfernungen müssen all meine Arbeitssegel Dreifachnähte haben. Dann halten sie länger ihre Form. Außerdem bieten drei Nähte mehr Schutz gegen Durchscheuern.

Außerdem bevorzuge ich für meine Arbeitssegel Liekleinen, entweder von Hand eingenäht oder in einem kräftigen Liekband. Damit kann man die Wölbung des Segels in gerefftem und ungerefftem Zustand in einem Maß beeinflussen, wie es mit einem Liektau aus Draht nicht möglich ist. Bei Verwendung eines Fockniederholers kommt das Segel mit Liekleine herunter, ohne daß sich die Stagreiter verdrehen und verklemmen, weil die Liekleine nicht so steif wie ein Drahttau ist. Die Segel lassen sich außerdem besser im Sack verstauen und nehmen weniger Stauraum in Anspruch als mit Drahtliek.

Ich bin für handgenähte Kauschen und Ringe, die in eine große

218

Fläche Segeltuch eingenäht sind, die die Belastung besser verteilt. Ein in der Luft herumfliegendes Schothorn mit einem Edelstahlring könnte zu einem unvorhergesehenen K.O. führen (Abb. 25.3).

Die Eckversteifungen an den Reffpunkten im Vor- und Achterliek sollten fast genau so groß und stabil sein wie beim ungerefften Segel. Die Kräfte, die an den Eckpunkten angreifen, sind gerefft und ungerefft fast gleich groß.

Ich habe an meinen Arbeitssegeln gern schwere Taulieks. Das nimmt die Belastung von den Nähten der einzelnen Bahnen und macht es fast unmöglich, daß die Naht horizontal nach vorn aufreißt.

Alle Vorsegel sollten ein hohles Achter- und Unterliek haben, damit sie nicht schlagen und killen. Auch das Großsegel kann wie eine Genua ein hohles Achterliek ohne Latten und Kopfbrett haben. Aufgerissene oder durchgescheuerte Lattentaschen sind übrigens die häufigste Reparaturursache in der Segelmacherei. Ein lattenloses Großsegel kann man auch auf kleinen Booten bis zu jedem beliebigen Punkt aufheißen oder niederholen, ohne daß es in den Wanten unklar kommt (siehe nächstes Kapitel).

Es gibt auf einer Tourenyacht nichts Unpraktischeres als eine riesige, über das Deck fegende und weit überlappende Genua. Sie schamfilt an Bugkorb, Handleinen, Blöcken und Salingen und versperrt die Sicht. Durch ihr langes Unterliek erschwert sie das Wenden. Hochgeschnittene Vorsegel mit wenig Überlappung schamfilen nicht so sehr und geben den Blick auf Dampferlichter frei. Positionslichter in den Wanten oder an der Kajütseite werden nicht vom Unterliek verdeckt. Das Unterliek nimmt kein Wasser auf, wenn man aufkreuzt. Nur Regattasegler geben sich sich all den unseemännischen Nachteilen dieses Decksfegers ab. Ich kann mich damit nicht abfinden, wenn ich auf Wache bin und keine Rundumsicht habe.

Unter Deck ist Platz auf der 7,3 m langen *Seraffyn* Mangelware, und alles, was wir nicht dort verstauen müssen, verschafft uns mehr Platz zum Leben und für Vorräte. Deshalb schafften wir erst einmal Arbeitsfock, Sturm-Trysegel und Sturmgroßsegel ab, indem wir Reffreihen in die übrigen Segel nähten. Das Großsegel wird am Baum aufgetucht und abgedeckt, das Stagsegel bleibt am Stag. Auf ein Stagsegel mit Baum haben wir verzichtet, weil der Baum zu viel Platz auf dem Vordeck in Anspruch nimmt und den Umgang mit dem Ankergeschirr erschwert; außerdem steht ein Stagsegel mit Baum nur selten richtig und kostet überdies zusätzliches Geld. Der Klüver wird vom Bugspriet

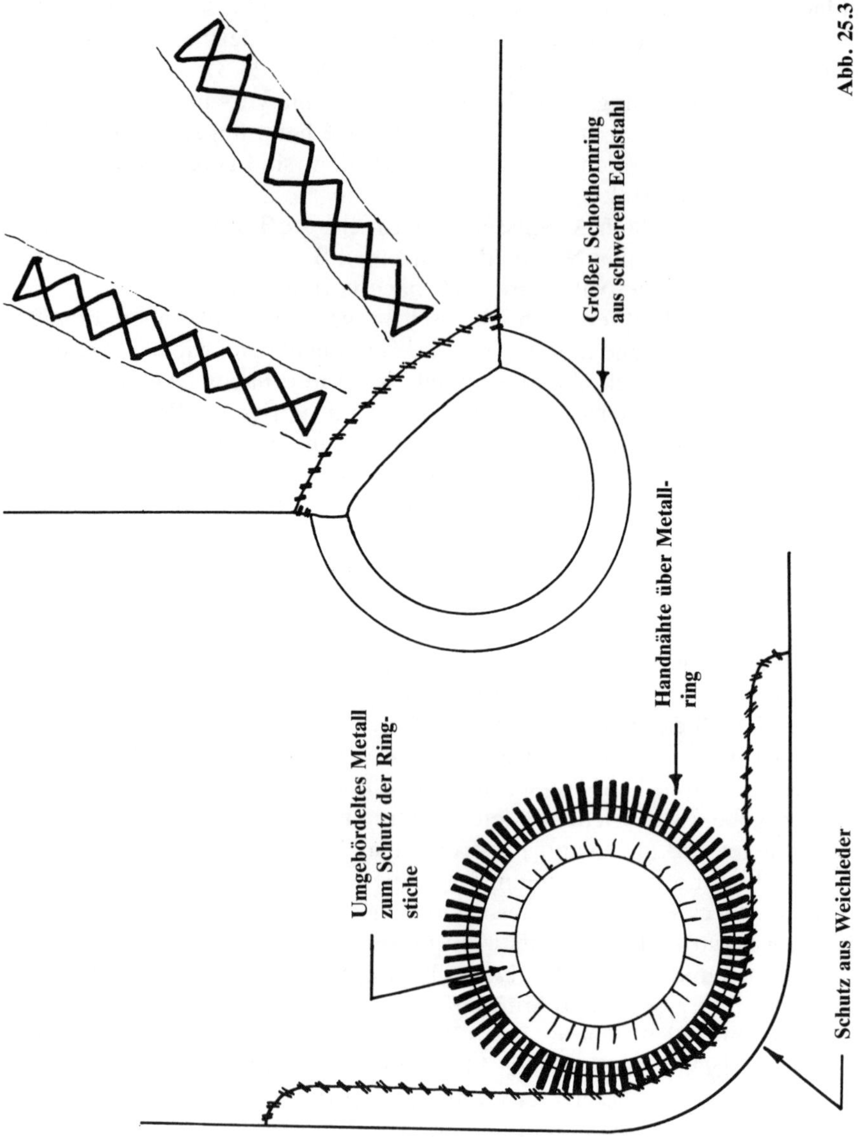

Großer Schothornring aus schwerem Edelstahl

Umgebördeltes Metall zum Schutz der Ring- stiche

Handnähte über Metall- ring

Schutz aus Weichleder

Abb. 25.3

220

abgenommen und in einem Sack an Deck aufbewahrt. Auf diese Weise sind unsere drei Arbeitssegel aus dem Weg und doch immer zur Hand, wenn wir einen kurzen Tagestörn unternehmen oder schnell an einen neuen Liegeplatz müssen.

All unsere Segelsäcke und -bezüge bestehen aus wasserdichtem Dacron mit PVC-Beschichtung, die die Segel vor Wasser und – was noch wichtiger ist – Sonne schützt. Mein erstes Großsegel war dreieinhalb Jahre alt und sah noch wie neu aus, als man auch schon mit dem Finger ein Loch in die beiden unteren Bahnen bohren konnte. Wir hatten es ohne Hülle auf dem Baum aufgetucht, so daß das Unterteil dauernd der tropischen Sonne ausgesetzt war. Die UV-Strahlung hatte schnell gewirkt. Heute nehmen wir uns die zwei oder drei Minuten Zeit, die wir brauchen, um das Segel abzudecken oder im Sack zu verstauen. Wir nutzen unsere drei Arbeitssegel zu achtzig oder neunzig Prozent der Zeit. Nur bei Wind ab Stärke 3 und weniger holen wir die Leichtwettersegel heraus.

Wir segeln die *Seraffyn* ohne Maschine und mit nur drei Arbeitssegeln, einer Leichtwettergenua, einem Drifter und einem Spinnaker – insgesamt also sechs Segeln. Das reicht für einfaches Fahrtensegeln mehr als aus. Und es sieht nicht so aus, als wenn uns was fehlte, wenn wir gelegentlich mal zu einer Wettfahrt unter Fahrtenseglern herausgefordert werden. Einen kleinen Teil des Geldes, das wir sparten, weil wir nur sechs statt neun oder zehn Segel haben, gaben wir dafür aus, diese Segel nach unseren Angaben besonders stabil und haltbar nähen zu lassen.

Wer demnächst einmal ein Photo eines alten Schoners oder Windjammers betrachtet, sollte sich einmal die Besegelung genau anschauen und auf die vielfachen Reffs in den nicht überlappenden Vorsegeln, die Reffs in den Stagsegeln und die Mehrfachreffs im Großsegel achten. Damals verschwendete man keine Zeit damit, drei Vorsegel zusammenzunähen, wenn ein größeres mit drei Reffreihen denselben Zweck tat. Es ist einen Versuch wert, weil es einfach, bewährt und, in unseren inflationären Zeiten, wunderbar billig ist.

# 26
# Das Großsegel des Fahrtenseglers

Wenn man sich dazu entschlossen hat, sein Leben als reiner Fahrtensegler zu verbringen, sollte man sich jedes Stück Ausrüstung an Bord
einschließlich des Großsegels ganz genau anschauen. Ist das Großsegel
leicht zu reffen, aufzutuchen und zu setzen? Ist es effizient auf
Amwindkursen? Ist es in weniger entwickelten Ländern problemlos zu
reparieren? Und vor allem – ist es stark und fest gebaut?

Ich hatte auf der *Seraffyn* vier Jahre lang ein normales Großsegel mit
Kopfbrett, Achterlieksrundung und Segellatten und war es leid, andau-
ernd Latten ersetzen und Lattentaschen nachnähen oder reparieren zu
müssen. Außerdem haßte ich es, Lin nachts immer stören zu müssen,
wenn das Großsegel gesetzt oder gerefft werden mußte. Wenn es
möglich war, unabhängig vom Kurs zum Wind auf die Latten und das
Kopfbrett zu verzichten, könnte das Schiff der Selbststeueranlage
überlassen bleiben, während einer allein reffte oder ausreffte. Ohne
Latten und Kopfbrett, die in den Wanten unklar kommen konnten,
würde es nicht erforderlich sein, zum Setzen und Bergen des Segels in
den Wind zu gehen.

Ich besprach dieses Problem mit Paul Lees von der Firma Crusader
Sails in Poole, England. Latten, große Achterlieksrundung und Kopfbrett dienen dem Zweck, einem Boot unter allen Regattaregeln die
größtmögliche Segelfläche zu verschaffen, und weil es bis vor kurzem
noch nicht viele reine Tourenyachten gab, bekam ein Fahrtensegler ein
Regattagroßsegel, ob er nun an Regatten teilnehmen wollte oder nicht.
Paul meinte, er könne unser neues Großsegel wie eine Genua

zuschneiden, ohne Latten und Achterlieksrundung. Außerdem sei eine Liekleine nicht erforderlich, da sorgfältiger Zuschnitt und stabiles Segeltuch verhindern würden, daß das Segel sich wellte und flatterte. Ich sprach auch mit Lyle Hess, dem Konstrukteur der *Seraffyn*. Lyle erklärte, seiner Meinung nach würde die fehlende Achterlieksrundung sich auf Amwindkursen nicht und bei raumem Wind nur wenig bemerkbar machen. Ich überlegte alles noch einmal und entschied mich für das vereinfachte Großsegel, weil es unsere Fähigkeit, von Legerwall freizukreuzen, nicht beeinträchtigen würde.

Segellatten machen auf einer Tourenyacht generell nur Ärger. Die Taschen schamfilen an den inneren Enden, die Taschennähte platzen auf, und wenn eine Latte zufällig nachts bricht, wenn es keiner bemerkt, reißt das ganze Segel. Bei leichtem Wind in kabbeliger See knallt und schlägt ein Großsegel auch mit Baumniederholer möglicherweise nervtötend. Wenn das Gewicht der Segellatten im Achterliek fehlt, verringert sich die Belastung und Abnutzung des Segels durch das Schlagen beträchtlich. Ohne Segellatten fallen nur noch halb so viele Reparaturen am Großsegel an; das wird jeder Segelmacher bestätigen.

Die Verwindung des Kopfbretts kann dazu führen, daß das Fall auf Vormwindkurs an der Scheibe schamfilt und möglicherweise herausspringt und sich festklemmt. Ohne Kopfbrett hat man auch dieses Problem nicht mehr und zusätzlich ein Teil weniger, das im Gut unklar kommen kann. Ein kopfbrettloses Großsegel ist wie eine Genua oder ein Baumstagsegel gebaut (Abb. 26.1 und 26.2)

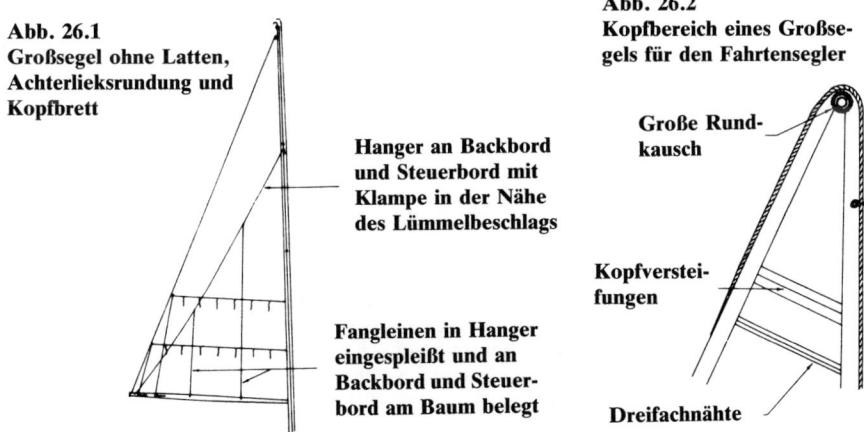

**Abb. 26.1**
**Großsegel ohne Latten, Achterlieksrundung und Kopfbrett**

Hanger an Backbord und Steuerbord mit Klampe in der Nähe des Lümmelbeschlags

Fangleinen in Hanger eingespleißt und an Backbord und Steuerbord am Baum belegt

**Abb. 26.2**
**Kopfbereich eines Großsegels für den Fahrtensegler**

Große Rundkausch

Kopfversteifungen

Dreifachnähte

223

Jetzt wird natürlich jemand sagen, daß das Schiff durch die fehlende Achterlieksausrundung leegierig wird. Dem kann man aber entgegenwirken, indem man den Mast leicht nach achtern trimmt. Die meisten neueren Yachten, die ich gesegelt habe, sind eher luvgierig, so daß ein Großsegel ohne Achterlieksrundung möglicherweise sogar eine Verbesserung darstellt.

Wer sich ein neues Großsegel kaufen will, sollte sich freundlich mit seinem Segelmacher darüber unterhalten, wie es wäre, wenn Achterlieksrundung, Segellatten, Lattentaschen und Kopfbrett entfielen. Sie bedeuten beträchtlichen Arbeits- und zusätzlichen Materialaufwand. Vielleicht näht er dann jede Naht dreifach, ohne daß es mehr kostet. Die meisten Segler sind übereinstimmend der Ansicht, daß die Nähte zwischen den einzelnen Bahnen extrem häufig durchgescheuert werden. Eine Dreifachnaht ist eineinhalbmal so widerstandsfähig gegen Schamfilen und hat viel mehr Garn, das erst einmal durchgescheuert werden muß (Abb. 26.3).

Da wir gerade beim Thema Schamfilen sind – man kann etwas

**Abb. 26.3**
**Dreifachnähte**

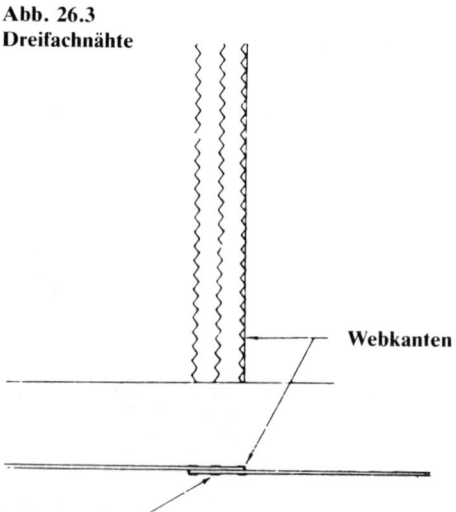

Webkanten

**Die Mittelnaht ist ein gutes Stück von den Webkanten entfernt und hält daher beide Lagen Tuch. Dadurch kann sich nichts verformen, wie es an den Kanten vorkommen könnte.**

dagegen tun. Durchsichtige Plastikschläuche über sämtlichen Wanten und anderem stehendem Gut, mit dem das Großsegel in Berührung kommt, verhindern das Schamfilen. Vor dem Wind und bei raumem Wind sichere ich den Baum mit einer Talje mit Nylonleine. Dann können Großsegel und Baum nicht gegen die Wanten schlagen und folglich auch nicht schamfilen.

Meine Vormwindbesegelung besteht aus Großsegel und Vorsegel im Schmetterling. Nachdem ich mich eingehender mit dem Problem des Schamfilens befaßt hatte, hielt mein Großsegel vier Jahre und vierzehntausend Meilen. Zusätzliches Gut wie etwa ein doppeltes Stagsegel habe ich vor dem Wind nie gebraucht. Doch zurück zu den Dreifachnähten. Segeltuch aus Dacron oder Terylene ist sehr stabil; ein Formverlust des Segels geht daher meistens auf die relativ schwachen Nähte zwischen den Bahnen zurück. Dreifachnähte an diesen Stellen sorgen dafür, daß das Segel seine Form länger behält (Abb. 26.3).

Beim Thema Großsegel für das Fahrtensegeln kommt man natürlich um Reffpunkte und Reffstander mit Fangleinen nicht herum, und zwar aus folgenden Gründen:

1. Es sind keine teuren oder komplizierten Anlagen erforderlich.

2. Wenn die Reffkauschen für die einzelnen Reihen fest eingenäht sind, kann man reffen, ohne die Reffbändsel sofort festzuzurren. Bei böigem Wetter ist das äußerst praktisch. Wenn die Böen vorüber sind, kann man schnell wieder ausreffen, indem man die Reffstander löst und das Fall dichtholt. Die Fangleinen (Abb. 26.1) fangen das Unterteil des gerefften Segels auf oder halten – beim Festzurren der Reffbändsel – das lose Tuch am Fuß des Segels, so daß die Knoten einfacher zu stecken sind.

3. Wenn das Segel im unteren Bereich stark beschädigt ist, bleibt der obere Bereich noch nutzbar, wenn man ein Reff steckt.

4. Bei einem Bindereff kann man das nötige Reff einlegen, das Segel wieder hissen und schnell wieder Fahrt aufnehmen; bei einem Rollreff hingegen muß man erst das ganze Segel aufheißen und kann dann mit dem Aufrollen beginnen, während das Segel knallt und schlägt.

5. Bei Verwendung eines Bindereffs kann man durch Lockern oder Anziehen der Bändselknoten und Reffstander die Form des Segels verändern.

6. Beim Rollreff liegt die größte Belastung auf dem Achter- und dem Vorliek, die sich dadurch frühzeitig dehnen.

7. Den Hals eines Segels für eine Rollreffvorrichtung wegzuschneiden,

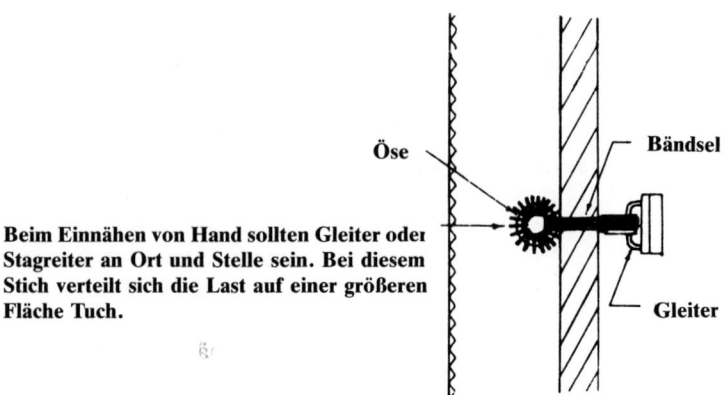

**Abb. 26.4**
Einnähen einer Öse

Öse

Bändsel

Beim Einnähen von Hand sollten Gleiter oder Stagreiter an Ort und Stelle sein. Bei diesem Stich verteilt sich die Last auf einer größeren Fläche Tuch.

Gleiter

ist definitiv nicht gut. Wenn das Segel aufgerollt wird, steigt es an der Reffvorrichtung. Das Ergebnis sind senkrechte Falten, Schamfilen und andere unangenehme Dinge.

8. Die Mehrkosten für das Einnähen von Reffpunkten werden zumindest auf einer neuen Yacht dadurch wettgemacht, daß man keine Rollreffvorrichtung zu kaufen braucht, die ziemlich teuer sein kann.

Auch wer auf Rollreffs schwört, kann auf Segellatten und Achterlieksrundung im Großsegel verzichten und dann sein Segel unbesorgt aufrollen. Ich würde allerdings aus Gründen der Sicherheit auch dann nicht auf Reffpunkte verzichten, wenn ich ein Rollreff hätte.

Nach Möglichkeit sollten alle Kauschen handgenäht sein, auch wenn das das Segel teurer macht. Diese handgenähten Kauschen sind sicherer und verteilen die angreifenden Kräfte über einen größeren Bereich des Segels. Bei Segeln mit gestanzten Metallösen nehme ich mir die Zeit, sie zu umnähen (Abb. 26.4). Große handgenähte Ringe vertragen provisorische Reparaturen viel besser als die hydraulisch gepreßten Ringe, wie sie in vielen Regattasegeln zu finden sind.

Ich bin mir sicher, daß mein lattenloses, rundungsloses und kopfbrettloses Großsegel mit Dreifachnähten fester ist, länger hält und bestimmt leichter zu handhaben ist als ein am falschen Ort befindliches Regattasegel.

# 27
# Der automatische Spinnakerbaum

Wenn man 1,47 m groß und etwas unsicher auf den Beinen ist, gerät nachts bei unruhiger See das Umlegen eines Segels an einem knapp 5 m langen Baum zu einer Zwickmühle. »Soll ich ihn wecken? Vielleicht dreht der Wind ja bald wieder zurück; vielleicht kann ich auch bis zum Wachwechsel einfach so weitersegeln.« An Tagen, an denen ich Lust hatte, einfach mal allein einen kurzen Törn zu machen, war es mir einfach zu viel, den Baum aus der Halterung auf dem Bugspriet zu holen, ihn an der Mastvorderkante anzuschlagen, den Aufholer anzubringen, das Außenbordende aufzuheißen und die Genua herumzuziehen. Deshalb ließ ich die Genua manchmal einfach hinter dem Großsegel knallen und killen.

Nach sieben Jahren auf der *Seraffyn* war Larry es schließlich leid, mir jedes Mal helfen zu müssen, wenn wir den Baum benutzten. Er beschloß, Dan Bowen zu imitieren, einen englischen Segler, den wir auf der 9m-Slup *Romadi* kennengelernt hatten. Dan hatte einen »automatischen Spinnakerbaum«, wie er es nannte. Ich muß zugeben, daß ich mit meiner üblichen konservativen Einstellung zunächst dagegen war. »Was ist, wenn das nicht funktioniert? Wir ruinieren unseren schön lasierten Mast. Was ist mit der Windangriffsfläche?« Aber Larry war auf der *Romadi* gesegelt. Er kannte ein paar Tatsachen, die ich erst glauben konnte, als ich unseren eigenen Baum erst einmal einen Tag lang gefahren hatte. Dann störte es mich ein wenig, daß Larry seit dem Tag, an dem er mit Dan gesegelt war, zwei Jahre lang gewartet hatte, bis er mir die wunderbare Freiheit des Segelns mit einem automatischen Spinnakerbaum gönnte.

Für so einen Baum braucht man eine kräftige Gleitschiene auf der Mastvorderseite, die von einem Punkt 1,2 m über Deck bis 60 cm über das obere Ende des aufrecht an Deck stehenden Baumes reicht. Wir hatten für den Spinnaker bereits eine 38 mm breite und 1,2 m lange Bronzegleitschiene am Mast, die wir nur um 2,75 m zu verlängern brauchten. Da wir dieselbe Schiene nicht mehr bekommen konnten, baute Larry selbst eine aus 5 mm starker und 3 cm breiter Bronze. Da diese Gleitschiene große Drehkräfte aufnehmen muß, befestigte Larry sie mit 38 mm langen bronzenen Holzschrauben, die er im Abstand von 10 cm versetzt anordnete. Bei einem Aluminiummast nimmt man eine Gleitschiene in der Stärke, wie sie normalerweise für die Schiene eines Spinnakerbaums auf einer Rennyacht der entsprechenden Größe verwendet würde.

Am oberen Ende der Schiene brachte Larry einen kleinen Stopper an. 90 cm unterhalb der Schiene wurden zwei kleine Leitösen für 6mm-Leine befestigt. Unser Baum hat einen Endbeschlag, der auf einen normalen Spinnakerbaumgleiter paßt. Nachdem Gleitschiene, Rolle und Leitösen angebracht waren, befestigten wir eine 6mm-Leine unten

**Oberes Baumende mit Auf-/Niederholerrolle**

am Gleiter und führten sie durch die Leitösen, den Mast hinauf, durch die Rolle und zurück zum Gleiter, wo sie fest verlascht wurde – so ergab sich so etwas wie eine endlose Wäscheleine.

Wenn man an der einen Seite dieses Aufholers zieht, gleitet das Innenbordende des Baumes am Mast hinauf. Zieht man auf der anderen Seite, kommt es wieder herunter. Um jetzt aus diesem simplen Auf- und Niederholer ein kleines Zauberwerk zu machen, befestigt man das Stagsegelfall am Außenbordende des Baumes. Das Fall muß so bemessen sein, daß zwischen Deck und unterem Baumende mindestens 30 cm Platz sind, wenn das Innenbordende des Baumes sich 30 cm unter dem oberen Ende der Schiene befindet. Wenn man jetzt das Baumende über den Relingsdraht legt und am Baumniederholer zieht, schwingt der Baum genau dahin, wohin er soll. Wer kein Stagsegelfall hat, probiert das Ganze mit dem Fockfall aus, bevor er ein gutes Stück über der Schiene einen Hangerblock anbringt. Vorgereckte Dacron-Leine eignet sich perfekt für das Fall. Wir installierten letztlich doch noch einen getrennten Hanger, als wir mit der *Seraffyn* an Regatten teilnahmen und feststellten, daß wir das Stagsegel oft dann benötigten,

Leitösen für das untere Ende des Aufholers

wenn der Baum ebenfalls gebraucht wurde. Aber das Stagsegelfall diente uns immerhin über drei Jahre und siebzehntausend Meilen als Hanger.

Als die Länge des Hangers für den Baum feststand, führte Larry dessen unteres Ende bis an das Vorderwant. Er markierte diese Stelle und brachte an Backbord und an Steuerbord jeweils einen Ring an, in dem der Baum dann eingeschäkelt wird, wenn wir ihn nicht mehr benötigen. Damit ist das Deck völlig frei von möglichen Hindernissen. Da der Baum nahezu parallel zum Unterwant steht, ist er nicht im Wege, wenn wir uns auf dem Seitendeck bewegen. Und er ist sofort zur Hand, wenn wir ihn benötigen.

Das Ausbringen des Baumes ist jetzt so einfach, daß wir ihn auch für das kurze Stück am Bootssteg entlang benutzen. Man geht nach vorn, nimmt den Baum aus der Halterung, schert die richtige Schot durch, schwingt das Baumende über den Relingsdraht und zieht am Niederho-

Unser Baum in seiner Halterung an der Want

ler. Dann geht man wieder nach achtern und holt die Schot an.

Beim Halsen fiert man die Luvschot auf, geht nach vorn und zieht am Baumaufholer. Der Baum kommt nach unten, so daß das untere Ende in Reichweite gelangt. Schot aushängen, Baum auf die andere Seite und in die Leeschot einhängen. Am Baumniederholer ziehen und nach hinten gehen, um die Schot dichtzuholen. Anschließend kann das

**Diese drei Aufnahmen zeigen die Reihenfolge beim Ausbringen unseres automatischen Baumes**

Großsegel übergenommen werden.

Man kommt nie in die Verlegenheit, das ganze Gewicht des Baumes auf sich nehmen zu müssen. Seine beiden Enden sind nie gleichzeitig frei. Durch die Reibung der Auf- und Niederholerleine ist er bei uns auch noch nie von selbst am Mast heruntergerutscht.

Es gibt nur vier geringe Möglichkeiten, daß dieses System Ärger machen kann. Wenn Schiene oder Gleiter klebrig sind, ist das Auf- und Niederholen des Baumes schwierig. Wir sprühen dann Gleiter und Schiene leicht mit Bienenwachs oder einem Siliziumschmiermittel ein. Wenn auch nur die geringste Spannung auf der Schot ist, bekommt man den Baum kaum herauf oder herunter. Man muß aus Erfahrung lernen, wie viele Drehungen an der Schotwinsch das Segel davon abhalten, auszuwehen und sich um das Vorstag zu wickeln, und gleichzeitig dafür sorgen, daß keine Spannung mehr auf dem Baumende liegt. Drittens muß man ein waches Auge auf den Baum haben, wenn man am Aufholer zieht und das andere Baumende herunterkommt. Neunundneunzig von hundert Mal landet er auf dem Relingsdraht, doch das eine Mal, in dem das nicht der Fall ist, mogelt er sich am Vorstag vorbei, wo der Relingsdraht tiefer liegt, und sorgt für einen ziemlichen Klaps, wenn man nicht aufpaßt. Schließlich ist noch wichtig, daß der Hanger beim Halsen richtig geführt wird. Wenn man den Baum unabsichtlich verdreht, so daß der Hanger sich um sein äußeres Ende wickelt, geht der Baum möglicherweise glatt nach oben, verkeilt sich aber dort. Wenn man dann bei starkem Wind mit aller Kraft zieht, um den Gleiter nach unten zu bringen, könnte sich durch die Hebelwirkung die Schiene verziehen. Das ist uns beiden jeweils einmal passiert. Danach dachten wir wieder daran, was man jedesmal tun soll, wenn man am laufenden Gut arbeitet – vorher immer überprüfen, daß nicht alles vertörnt oder unklar ist.

Alle hier beschriebenen Manöver sind für den Fall vorgesehen, daß eine Person auf Wache und die Selbststeueranlage in Betrieb ist. Das ist der Augenblick, in dem der automatische Baum so richtig zur Geltung kommt. Aber auch zu zweit ist er eine großartige Sache – und immer wieder erstaunlich für alle, die uns dabei zusehen. Tom Linsky, ein Weltklasse-Jollensegler, den wir gern bei Regatten mitnehmen, behauptet, daß das Umlegen unseres Spinnakerbaums genau so schnell geht wie bei jeder anderen Methode, die er selbst ausprobiert hat. Zudem ist sie effizient, weil nur eine Person auf das Vordeck muß, um die Luvschot zu lösen und die Leeschot einzuhängen. Eine zweite

Person kann ruhig am Mast stehen und den Auf- und Niederholer betätigen, so daß weniger Bewegung auf dem Schiff ist, die die Fahrt beeinträchtigen könnte.

Aber beim Regattasegeln ist die Windangriffsfläche der Takelage ein Problem, und hier zeigt sich ein Nachteil des automatischen Baumes. Wir haben einen großen Teil der Windangriffsfläche einer Tourenyacht beseitigt, indem wir die Wanten mit Plastikschläuchen anstelle von Tuch ummantelt haben; wir sind also bereit, auf das halbe bis eine Prozent Nutzleistung zu verzichten, die auf Amwindkursen verloren geht. Auf der anderen Seite haben wir dafür gesorgt, daß wir den Baum schnell niederholen und abnehmen können, um ihn im Falle des Sturms aller Stürme an Deck zu verzurren. Wenn wir auf engem Raum einen Hurrikan ausreiten müßten, möchten wir nämlich an Mast und Deck möglichst wenig Windangriffsfläche bieten. Allerdings haben wir mit aufgeriggtem Baum auch schon einen zwölfstündigen Taifun mit über 75 kn im Golf von Bengalen sowie weitere sechs Stürme im Nordchinesischen Meer und im Pazifik überstanden. Ärger hat es mit ihm nie gegeben.

Seit wir den automatischen Baum haben, macht mir das Vormwindsegeln allein oder mit Larry doppelt so viel Spaß. Selbst der Gedanke an den 6 m langen Baum für unseren neuen 9m-Kutter, an dem Larry gerade 60 m von meinem Schreibtisch entfernt arbeitet, schreckt mich nicht. Mit dem automatischen Baum und einem Dutzend weiterer Erleichterungen, die Larry für mich einbaut, werde ich auch mit diesem Schiff mit seinen knapp siebeneinhalb Tonnen fertig werden.

# 28
# Die unverzichtbaren Kleinigkeiten

Wir brauchten achteinhalb Jahre und dreißigtausend Meilen, um fest-zustellen, daß wir den perfekten Regenfänger schon längst an Bord hatten. Meine Mutter schenkte uns zum Abschied den perfekten Anzünder für den Kocher. Von dem nützlichsten Stück Segeltuch an Bord lasen wir in einem der Bücher der Hiscocks. Nach drei Jahren Frust fanden wir schließlich doch den perfekten Kochtopf für Krabben und Hummer. Und so geht es jahrein jahraus, während man in seinem schwimmenden Heim lebt. Es tauchen simple Ideen auf, die das Leben einfacher, bequemer, sicherer und erfreulicher machen. Daß wir die Lösungen für diese geringfügigen Probleme gefunden haben, hat uns frischen Auftrieb gegeben; deshalb fügen wir sie unserer Liste der »unverzichtbaren Kleinigkeiten« hinzu.

## Die Hiscock-Persenning

Eric und Susan Hiscock schrieben von einem unverzichtbaren Stück Segeltuch in der Größe 90x120 cm in schwerer, wasserfester Qualität mit festen Ösen in allen Ecken. Wir nahmen zwei kleine Änderungen daran vor, indem wir zum einen in der Mitte ein Stück Stoff mit einer Öse annähten und zum zweiten an allen Ecken ein 1,5 m langes Ende aus 6mm-Leine anspleißten (Abb. 28.1). Diese Persenning ist einer der nützlichsten Gegenstände an Bord. Wenn es regnet oder fürchterlich warm ist, spannen wir sie über dem Vorluk aus, befestigen die Mittel-öse an einem Fall, öffnen das Vorluk und bekommen Luft in die Kajüte, ohne daß es hineinregnet.

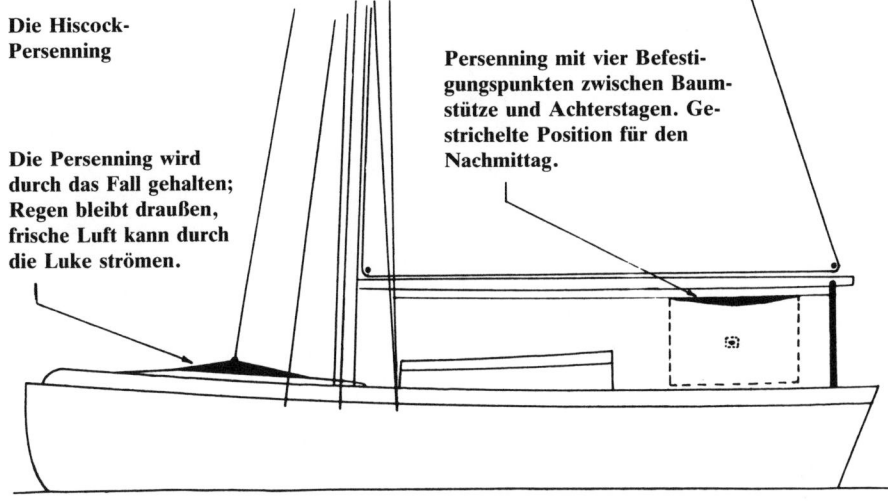

Die Hiscock-
Persenning

Die Persenning wird
durch das Fall gehalten;
Regen bleibt draußen,
frische Luft kann durch
die Luke strömen.

Persenning mit vier Befestigungspunkten zwischen Baumstütze und Achterstagen. Ge-
strichelte Position für den
Nachmittag.

Abb. 28.1

Wenn Deck oder Schanzkleid beim Verladen von Vorräten geschützt werden müssen, erledigt das die Persenning. Wenn Larry unter Deck Holz- und Metallarbeiten erledigt, fängt die Persenning die Späne auf. Wenn eine Regenbö aufzieht und an Deck etwas Frischgestrichenes liegt, wird schnell die Persenning darüber verzurrt. Sie dient als Gischtschutz, Tragevorrichtung für Eis und Niedergangsabdeckung. Sie ist klein genug, um unterwegs aufgespannt zu werden und Schatten zu geben, ohne die Segelei zu behindern. Wenn die Sonne unter unserer normalen Cockpit-Persenning steht, kann die zweite Persenning schnell als Schutz angebracht werden. Sie schottet uns nicht von einer kühlenden Brise ab und ist auch nicht dauernd im Weg, wie es ein achterlicher Kajütaufbau sein würde. Und bis wir unseren neuen Regenfänger entdeckten, fingen wir mit der Persenning in den Tropen auch Regenwasser auf.

**Pardeys unpatentierter nahezu perfekter Regenfänger**
Wir wissen selbst nicht genau, warum wir achteinhalb Jahre mit allen möglichen verrückten Vorrichtungen herumexperimentierten, bevor wir auf diese kamen. Irgendwo in der Straße von Malakka liefen wir in eine Bö, aus der sich süßer kühler Regen ergoß. Larry wandte sich mit

235

glänzenden Augen zu mir und meinte: »Warum haben wir eigentlich nicht schon längst daran gedacht? Wir hatten die ganze Zeit den perfekten Regenfänger an Bord.« Zu meiner großen Überraschung holte er den Großbaum dicht, band das Großsegelkleid aus plastikbeschichtetem Nylon mit der Oberseite nach unten wie eine Rinne unter den Baum, fierte die Großschot, und das Regenwasser lief am Segel herunter in die Hülle und in der Nähe des Lümmelbeschlages wieder heraus. Der große Teil des Segelkleids, der normalerweise den Kopf des Großsegels bedeckt, ergab eine Art Speicherbecken. Mit ein paar Wäscheklammern ließ sich das Wasser dorthin dirigieren, wo wir es haben wollten. Larry nähte einen Ring in den tiefsten Punkt, in dem wir einen Gartenschlauch befestigten. Bei durchschnittlichem Regen fließt das Wasser aus dem Schlauch, als ob es unter Druck stünde. Weil der Regenfänger die meiste Zeit an Ort und Stelle bleiben kann, bekamen wir sogar in dem dichten Nebel auf unserer Nordpazifiküberquerung alle vierundzwanzig Stunden fast zehn Liter Wasser zusammen. In einem zwanzigminütigen tropischen Schauer kommen wir auf über hundertundfünfzig Liter. Bei wirklich schwerem Wetter müssen wir den Regenfänger allerdings abnehmen, weil er das Reffen des Großsegels behindert.

Wie die meisten Ideen ist diese hier wahrscheinlich alles andere als originell. Doch wir sind froh, eine Möglichkeit gefunden zu haben, dieses lästige Segelkleid einem nützlichen Zweitzweck zuzuführen.

### Zweikomponenten-Unterwasserspachtelmasse

Als vor Jahren die ersten Kunststoffschiffe auftauchten, schlug auch die Geburtsstunde der Unterwasserspachtelmasse. Sie diente dazu, bei Arbeiten unter Wasser Lecks abzudichten. Diese Spachtelmasse ist eine wunderbare Erfindung, denn ihre wichtigsten Eigenschaften bestehen darin, daß sie nur an nassen Flächen haftet, daß sie unter Wasser steinhart wird und daß sie an Holz, GFK und Stahl haftet.

Wir führen Unterwasserspachtel auf der *Seraffyn* hauptsächlich mit, um Schrammen in der Unterwasserbeplankung abzudecken, wenn wir mit einem Stück Treibholz kollidiert sind. Larry wartet dann bis zum nächsten ruhigen Tag, taucht, um sich die Schrammen und Kratzer anzusehen, und wartet ab, bis ich die vorgeschriebenen Anteile auf einem Stück dicker Pappe vermischt habe. Dann verstreicht er den Spachtel mit dem Finger auf den Kratzern. Auf diese Weise brauchen wir uns keine Sorgen zu machen, daß Würmer in das ungeschützte

Holz an den Schrammen eindringen.

Mit der gleichen Spachtelmasse trugen wir einmal zur Reparatur eines Stahlschiffs in Port Said bei, das ein Opfer der Elektrolyse geworden war. Ein Taucher drückte ein Stück Sperrholz mit Spachtelmasse von außen über dem Loch an die Schiffswand, während die Besatzung von innen selbstschneidende Schrauben durch den gesunden Stahl um das Loch herum in das Sperrholz drehten. Die Spachtelmasse wurde stahlhart und dichtete das Leck perfekt ab.

Wir haben gehört, daß Überführungscrews ihre GFK-Schiffe mit diesem Wunderprodukt vor dem Sinken bewahrten. Es gab sogar mal einen Fall, in dem die Crew ein Loch in der Gilling einer alten Rennyacht mit einem 30x30 cm großen Flicken aus Sperrholz und Leim sowie ein paar Nägeln abdichtete und das Schiff dann noch dreitausend Meilen bis zu seiner Heimatwerft segelte.

Wir haben die Unterwasserspachtelmasse in der Notausrüstung unseres GFK-Dinghis, um gegebenenfalls Schäden reparieren zu können, die beim hastigen Zuwasserlassen entstanden sind.

Jedes Zauberprodukt hat natürlich seinen Preis. Die Unterwasserspachtelmasse von Devcon kostet beispielsweise dreißig Dollar pro Liter. Aber mit diesem einen Liter sind wir jetzt schon acht Jahre lang ausgekommen.

### Pfeifenfeuerzeug

Als meine Mutter uns zum Abschied zwei Ronson-Pfeifenfeuerzeuge schenkte, waren wir doch ziemlich erstaunt, weil wir beide nicht rauchen. Aber meine Mutter war eine erfahrene Camperin. Sie wußte, daß Streichhölzer meistens nicht funktionieren, wenn man sie braucht, und daß die Streichholzflamme nicht lang genug ist, um an die gewünschte Stelle zu gelangen, ohne sich Finger oder Knöchel zu verbrennen.

Mittlerweile haben wir drei Pfeifenfeuerzeuge an Bord. Das eine befindet sich bei Larry Werkzeugs. Er benutzt es, um Tampen oder Segelgarn zu verschweißen. Die beiden anderen liegen an leicht erreichbaren Stellen in der Pantry und im Vorpiek. Zum Anzünden der Brenner von Kocher und Herd sind sie viel besser als Streichhölzer, weil man die Flamme sehen und gezielt richten kann. Die Flamme brennt so lange, wie man braucht, um auch einen widerwilligen Öllampenbrenner in Gang zu bekommen. Es gibt Modelle, die auch bei acht oder zehn Knoten Wind funktionieren, wenn man beispielsweise an

Deck ein ausgefranstes Ende verschweißen will. Und nie braucht man ein Streichholz mit seiner heißen Spitze irgendwo abzulegen. Die Feuerzeuge sind wirklich robust. In Panama fiel uns mal eines ins Wasser. Larry tauchte und fand es wieder. Wir tauchten es einige Minuten in Süßwasser, nahmen den Zündmechanismus auseinander und legten das Ganze zwanzig Minuten bei 65° C in den Ofen. Acht Jahre danach funktioniert es immer noch.

**Die Taschenlampe, die die Hände frei läßt**
Wir haben schließlich und endlich das perfekte Geschenk für alle Freunde gefunden, die auf Fahrt gehen. Es ist klein. Es kostet weniger als drei Dollar plus zwanzig Minuten Arbeit. Es erheitert alle, die es zu Gesicht bekommen. Und ohne Ausnahme schreiben die Empfänger unserer Taschenlampe, die die Hände frei läßt, Dankesbriefe voller Lob über dieses merkwürdig aussehende Ding.

Wir nehmen eine leichte wasserdichte Taschenlampe mit Weichplastikgehäuse. Larry schneidet einen Streifen von etwa 3x40x100 mm aus festem Hartplastik und befestigt ihn mit glasfaserverstärktem Klebeband hinten an der Taschenlampe (Abb. 28.2) – fertig. Eine Taschenlampe, die man mit dem Mund hält. Jetzt sind beide Hände frei, um den in der Bilge verschwundenen Schraubenschlüssel zu suchen. Man hat beide Hände, um die Bilgepumpe unter dem Cockpit auseinanderzunehmen. Ob zum Aufklaren einer vertörnten Logleine, zum Arbeiten auf dem Vordeck, zum Wechseln der Segel oder zum Aussetzen des Dinghis bei Nacht – man kann beide Hände benutzen und hat trotzdem immer Licht. Ein zusätzlicher Vorteil ist der, daß der Plastikgriff die Lampe davon abhält davonzurollen, wenn man sie an Deck abgelegt hat.

Das sind nur fünf der unverzichtbaren Kleinigkeiten, die wir auf der *Seraffyn* haben. Die Liste wächst und wächst. Erst letzte Woche waren wir mit Pete Nuteboom auf seinem 8,5m-Kutter *Capriccio* unterwegs. Zur Essenszeit griff er unter einen Schrank und holte ein Waschbord für den Niedergang hervor, an dem hinten ein Tablett für Gläser und Gewürze befestigt war (Abb. 28.3). Die Gläser blieben auch bei einer Brise von 12 kn aufrecht stehen, und Salz und Pfeffer waren in bequemer Reichweite.

Und so kam eine weitere Position auf unsere Arbeitsliste. Als Larry mit dieser Position begann, kam ihm eine Idee, wie er das Ganze für uns noch vielseitiger machen konnte. So funktioniert das also. Was einst Petes Vorstellung von einer unverzichtbaren Kleinigkeit an Bord der *Capriccio* war, wird jetzt Teil der Sammlung von Kleinigkeiten, die aus der *Seraffyn* mehr als nur ein Schiff zum Segeln machen. Sie ist ein sorgenfreies Heim auf dem Weg ins Abenteuer.

**Abb. 28.2**
**Die Taschenlampe, die die Hände frei läßt**

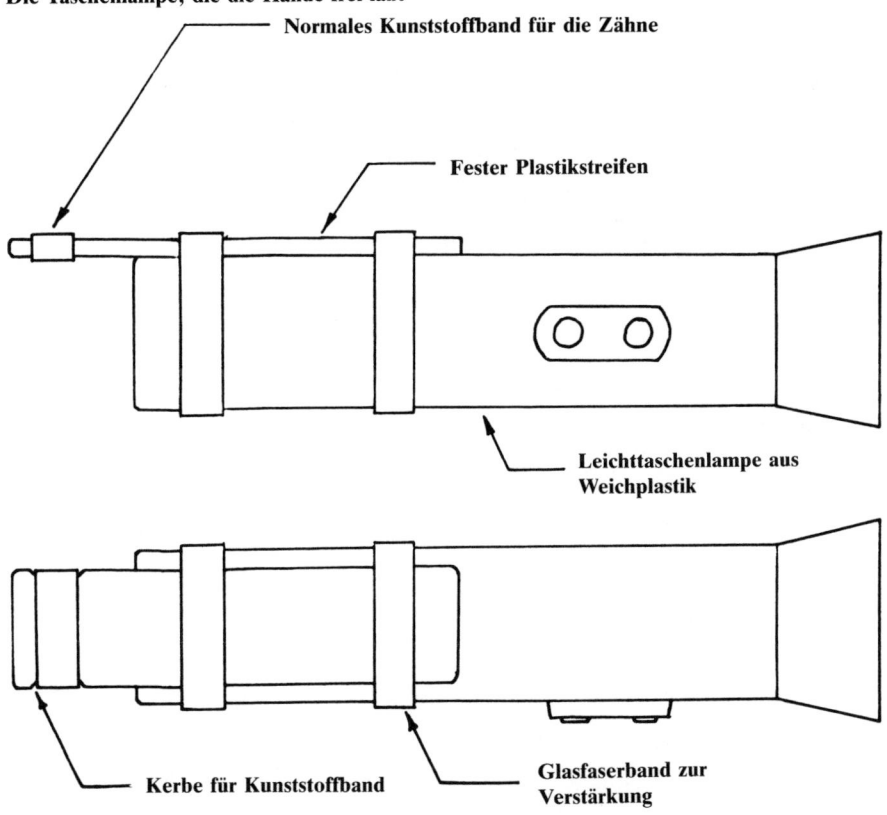

Normales Kunststoffband für die Zähne

Fester Plastikstreifen

Leichttaschenlampe aus Weichplastik

Kerbe für Kunststoffband

Glasfaserband zur Verstärkung

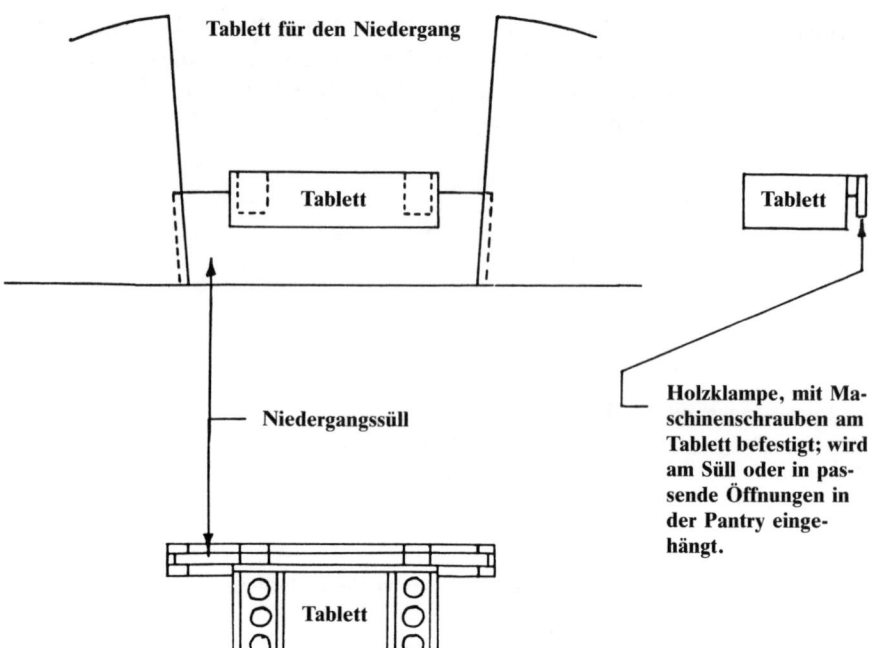

Tablett für den Niedergang

Tablett

Tablett

Niedergangssüll

Holzklampe, mit Maschinenschrauben am Tablett befestigt; wird am Süll oder in passende Öffnungen in der Pantry eingehängt.

Tablett

Abb. 28.3

240

# 29
# Ein paar einfache Wartungstips

### Salinge

Dafür zu sorgen, daß die Salinge auf der Oberseite immer duch Klarlack geschützt sind, ist eine Sisyphusarbeit. Das mußten wir in drei Jahren tropischer Sonne feststellen. Die Lackierung an Mast und Baum war relativ einfach in Ordnung zu halten, doch oben auf den Salingen ergaben sich immer wieder Probleme.

Hölzerne Salinge sollten mit Klarlack behandelt sein, damit man jederzeit den Zustand des Holzes beurteilen kann. Jede Farbänderung im Holz ist verdächtig, weil sie möglicherweise auf Fäule hinweist. Bei einem Farbanstrich kann sich unter der Farbe Fäule entwickeln, ohne daß man es von außen sieht. Intakte Salinge sind unerläßlich, da eine der häufigsten Ursachen dafür, daß ein Schiff entmastet wird, in einem Bruch der Salinge zu suchen ist.

Weil wir uns darüber nicht dauernd Sorgen machen wollten, überzogen wir die Salinge der *Seraffyn* oben mit 0,8 mm dickem Kupferblech über einer flexiblen fungiziden Masse. Das Blech wurde an den Seiten mit Messingrundkopfnägeln befestigt (Abb. 29.1). Das Ganze kostete nicht viel Geld und etwa vier Stunden Arbeit und hat uns im letzten Jahr viel Sorgen, Lack und Schleiferei erspart.

### Radarreflektor

Wer sich einen Hohlmast aus Holz oder GFK (bei Aluminium geht das leider nicht) baut, sollte ihn innen mit zerknitterter Aluminiumfolie

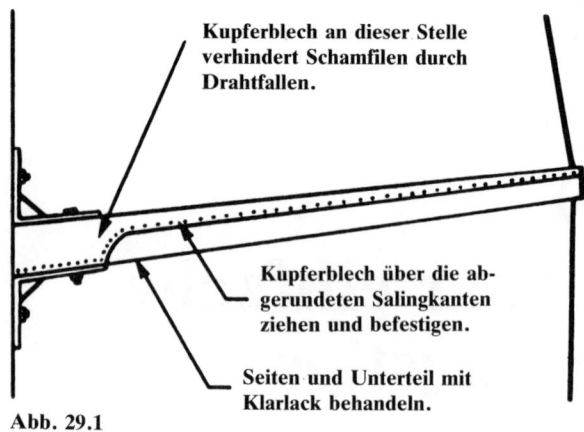

Kupferblech an dieser Stelle
verhindert Schamfilen durch
Drahtfallen.

Kupferblech über die ab-
gerundeten Salingkanten
ziehen und befestigen.

Seiten und Unterteil mit
Klarlack behandeln.

Abb. 29.1

auskleiden. Dann ergibt sich auf den Radarschirmen anderer Schiffe ein viel deutlicheres Signal.

Aluminium reflektiert die Radarstrahlen ideal, wenn sie im rechten Winkel auftreffen. Ein Aluminiummast ergibt kein gutes Signal auf dem Schirm, weil er in der Regel rund oder oval ist. Ein Reflektor im Innern eines Aluminiummastes funktioniert nicht, weil der Mast selbst das Signal abfängt.

Geknitterte Aluminiumfolie, die lose in allen Hohlräumen eines Holz- oder GFK-Masts steckt, ergibt eine große permanente Reflexionsfläche ohne die Windangriffsfläche, das Gewicht und den sonstigen Ärger mit einem Radarreflektor außen am Mast.

Die *Seraffyn* macht sich mit diesem System mit einem größeren Echo auf dem Radarschirm bemerkbar als ein dreimal so großes Schiff.

**Weißer als weiß**

Wir werden oft gefragt: »Wie macht ihr das, daß euer Anstrich immer so weiß und sauber aussieht?« Selbst die Decke in der Hauptkajüte ist in elf Jahren kein einziges Mal nachgestrichen worden und sieht immer noch weiß und neu aus, nicht gelblich oder grau.

Die Erklärung ist ganz einfach: Wir nehmen keine weiße Farbe, sondern mischen einen halben Teelöffel (2,5 g) Königsblau unter jeden Liter Weißlack. Das wirkt so wie das Bläuen in der Wäsche und verleiht dem Anstrich ein dauerhaftes »Weißer-als-weiß«-Aussehen.

**Pinselpflege**
An Pinseln sollte man nicht sparen. Gute Pinsel lassen die Arbeit leichter und schneller von der Hand gehen und sorgen für eine glattere Oberfläche. Der schwierige Teil kommt natürlich erst, wenn die Arbeit beendet ist. Ein Pinsel, der erst mal beiseite gelegt wird, wird nie mehr gereinigt. Sobald man sich das klar gemacht hat, ist der Rest kein Problem mehr.

Den folgenden Trick habe ich von einem Lackierer, und seit ich ihn anwende, sind meine Pinsel auch nach elf Jahren noch wie neu. Pinsel nach dem Streichen in Petroleum oder Verdünner ausspülen, bis aus den Pinselhaaren am Pinselansatz keine Farbe mehr austritt. Bei Weiß- und Klarlack braucht man dazu in der Regel etwa vier Spülungen, bei Farblack mehr. Restliches Petroleum ausschlagen und sauberes Maschinenöl HD 30 in die Pinselhaare und dabei speziell am Pinselansatz einarbeiten. Pinsel bis zum Griffansatz in Aluminiumfolie einschlagen. Das Öl sorgt dafür, daß die Farbreste an den Haaren und im Pinselansatz nicht hart werden. Die Alufolie verhindert, daß das Öl ausläuft und daß die Pinselhaare verbogen und abgeknickt werden. Zur Aufbewahrung im Boot oder in der Garage werden alle Pinsel zusammen in eine schwere Plastikfolie eingerollt; auf diese Weise nehmen sie nur wenig Platz in Anspruch und gehen nicht verloren. Wenn sie dann wieder gebraucht werden, reicht eine Spülung mit Petroleum, um das Öl und eventuelle Farbreste zu entfernen. Die Pinsel bleiben sauber, dicht und frei von den ärgerlichen Stellen mit getrockneter Farbe, die sich auf dem nächsten Kunstwerk so unangenehm bemerkbar machen.

**Ausbesserungsarbeiten am Lack**
Jeder Bootseigner wünscht sich und bewundert einen seidenglänzenden Klarlackanstrich auf den Holzteilen seines Schiffes. Mit einem einfachen Trick erreicht man das ganz leicht.

Wie viele Schichten Lack man auch aufträgt – ein Kratzer, der durch die Lackoberfläche geht, läßt Wasser eindringen, das das Holz verfärbt und den Lack letztlich abplatzen läßt. Das bedeutet, daß man den Lack häufig ausbessern muß. Aber eine Lackdose zu öffnen, einen Pinsel zu reinigen und das Schleifpapier zu suchen dauert seine Zeit und macht viel Unordnung. Deshalb ist ein Lackausbesserungssatz unerläßlich. Wir haben eine Kleisterflasche von der Art, bei der ein Pinsel am Schraubdeckel sitzt, gesäubert und mit Lack gefüllt. Ein Gummiband hält ein Stück Schleifpapier, das um die Flasche gelegt ist.

Während der Segelsaison wandern wir einmal in der Woche über das Schiff, schleifen beschädigte Stellen an den Luken und am Mast ab und tragen neuen Lack auf, und zwar jeweils drei oder vier Schichten. Wenn es dann Zeit für eine komplette Neulackierung ist, reicht ein einziger Anstrich aus, und die Luken bzw. der Mast sehen wieder wie neu aus.

Wenn die Ausbesserungsarbeiten erledigt sind, kommt der Pinsel wieder in die Lackflasche. Reinigen entfällt!

# 30
# Mechanische Lenz- oder Löschpumpen

Ein älterer Kutter mit undichten Kielplanken liegt beigedreht im Sturm. Die beiden jungen Männer an Bord wechseln sich alle zwei Stunden an der Handpumpe ab, werden aber nach sechsunddreißig Stunden Sturm langsam müde. Das Wasser im Schiff steigt. Der Motor ihrer elektrischen Bilgepumpe ist durchgebrannt, aber die Diesel-Hilfsmaschine ist in Ordnung.

Jedes Schiff kann beschädigt werden oder ein Leck bekommen. Warum sollte man da nicht auf die Maschine zurückgreifen, um eine effiziente zuverlässige Bilgepumpe zu betreiben? Solange die Maschine läuft, ist eine mechanische Bilgepumpe in Verbindung mit einer guten Handpumpe die beste Versicherung gegen ein Sinken auf See. Da die *Seraffyn* keine Maschine hat, habe ich mich oft gefragt, was wohl passieren würde, wenn wir nachts mit irgend etwas kollidierten und ein Leck bekämen, mit dem ich mit meiner Handpumpe nicht fertig würde. Wie könnte ich das Schiff über Wasser halten?

Man hat mir oft erklärt: »Moderne Boote sind nicht so leckanfällig wie die alten Holzschiffe.« Das ist Unsinn. Jedes Schiff – egal, wie alt und aus welchem Material – kann leck werden. GFK-Boote sind bekannt dafür, daß sie an der Verbindungsstelle zwischen Rumpf und Deck undicht sind. Stahlrümpfe sind anfällig für Korrosion und Elektrolyse. Auf Holzschiffen kann sich das Kalfaterwerg lösen. Beschläge, die durch die Schiffswand nach außen führen, können abreißen, und es besteht immer die Möglichkeit einer Kollision, sei es mit Treibgut, einem Wal oder einem anderen Schiff. Jede Art von Material weist ihre

Probleme auf, wobei sich die Möglichkeit eines Lecks natürlich bei solider Konstruktion und guter Instandhaltung verringert.

Jedes Schiff mit Maschine läßt sich mit einer mechanischen Pumpe ausrüsten, die über einen Keilriemen vom Schwungrad angetrieben wird. Dabei sollte allerdings eine Kupplung vorhanden sein, die den Riemen von der Pumpe trennt, wenn sie nicht gebraucht wird (Abb. 30.1).

Eine Pumpe an der Maschine wird nicht müde und schafft ungeheuer viel Wasser weg. Die meisten Handelsschiffe und Fischerboote sind mit mechanischen Pumpen ausgestattet, und bei den besseren Bootsmotoren gehört eine angebaute Bilgepumpe zur Standardausrüstung.

Ich habe an mechanischen Pumpen hauptsächlich Impeller-, Getriebe- und Flügelpumpen verwendet. Alle haben ihre Vor- und Nachteile.

Da eine mechanische Bilgepumpe auf der Auslaßseite jede Menge Druck entwickelt, kann man sie über ein Zweiwege-Ventil an einen Auslaß an Deck anschließen (siehe Abb. 30.2). Mit einem solchen Ventil hat man die Wahl, entweder die Bilge zu lenzen oder frisches Salzwasser an Deck zu pumpen. Der Auslaß an Deck läßt sich vielseitig verwenden, beispielsweise als Feuerlöschanschluß, zum Abspülen einer schmutzigen Ankerkette und zum Abwaschen des Decks. Wenn man einen Decksanschluß für die Bilgepumpe installiert, ist man

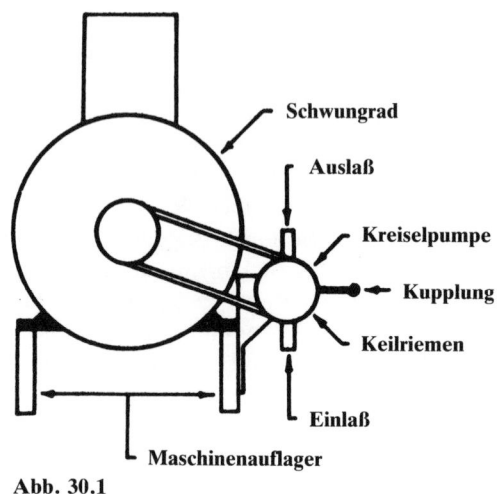

Abb. 30.1

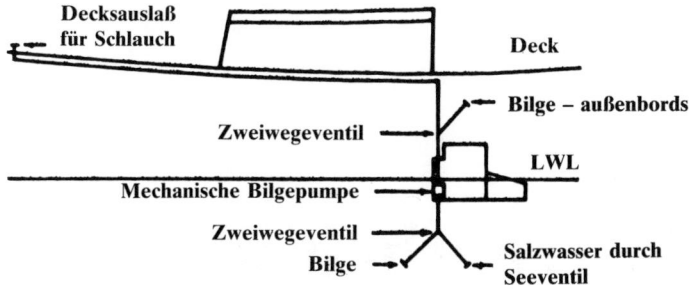

Abb. 30.2

Decksauslaß
für Schlauch

Deck

Bilge – außenbords

Zweiwegeventil

LWL

Mechanische Bilgepumpe

Zweiwegeventil

Bilge

Salzwasser durch
Seeventil

immer sicher, daß die Pumpe funktioniert, weil man bei jedem Aufdrehen des Anschlusses eine Kontrolle hat.

Jede Pumpe hat natürlich ihre Grenzen und schafft nur das Wasservolumen, für das sie ausgelegt ist, aber eine mechanische Pumpe wird nicht müde wie ein Mensch, stellt den Betrieb nicht ein, wenn die Batterien erschöpft sind, und läuft so lange, wie Treibstoff für die Maschine vorhanden ist. Mit einer mechanischen Pumpe verdoppelt sich die Annehmlichkeit, eine Maschine zu besitzen, indem man nämlich viel besser auf das Unglück in Form eines bösen Lecks vorbereitet ist.

Wir brachten den oben erwähnten Kutter drei Tage später in den Hafen, nachdem wir eine mechanische Bilgepumpe ersonnen hatten, indem wir den Kühlwasseransaugschlauch der Maschine mit einem Fliegengitter als grobem, aber wirksamem Filter am Ende in die Bilge steckten. Damit nutzten wir die Kühlpumpe gleichzeitig zum Kühlen der Maschine und zum Lenzen der Bilge. Wir konnten den Wasserstand in der Bilge auf diese Weise unter gelegentlicher Zuhilfenahme der Handpumpe konstant halten.

# 31
# Die Wahrheit über Selbststeueranlagen

Im Verlauf der Jahre habe ich mit Dutzenden von Seglern gesprochen, die Probleme mit ihrer Windfahnensteuerung hatten. Da ich bei Bau, Installation und Einsatz meiner eigenen Anlage ebenfalls mit technischen Problemen konfrontiert war, will ich an dieser Stelle ein paar praktische Hinweise geben.

Um eine effiziente Windfahnensteuerung zu bekommen, muß man sich zunächst einmal um die Balance des Bootes kümmern. Dann kommt das Problem, die Windfahnensteuerung genau auf die eigene Yacht zuzuschneiden. Man muß erkennen, welche Grenzen eine solche Anlage hat, und schließlich die praktischen Tricks lernen, mit denen man ihre Leistung verbessert.

*Der allererste und wichtigste Schritt vor dem Kauf, dem Entwurf oder dem Bau einer Windfahnensteuerung ist das Ausbalancieren des Bootes.*

Wenn das Schiff übermäßig luv- oder leegierig ist, taugt die beste Windfahnensteuerung nichts. Bei mittelstarkem Wind (10-15 kn) muß es sich so trimmen lassen, daß man die Pinne bequem mit Daumen und Zeigefinger führen kann.

Die Pinne sollte fast in einer Linie mit der Mittschiffslinie liegen. Wenn sie dauernd zehn oder fünfzehn Grad zur Seite abgewinkelt ist, ist der Trimm des Bootes nicht in Ordnung.

Durch Versetzen des Masts nach achtern kann man eine gewisse Leegierigkeit beseitigen, ein Versetzen nach vorn hilft gegen Luvgierigkeit. Keine Angst vor Experimenten!

Das Boot ist perfekt getrimmt, wenn es konstant eine leichte Tendenz zum Anluven zeigt. Diese leichte Luvgierigkeit sollte so ausgeprägt sein, daß sie auch dann, wenn das Deck sich in einer Höhe mit dem Wasserspiegel befindet, die Selbststeueranlage übersteuert und das Schiff automatisch in den Wind bringt.

Manche Segler installieren ein Steuerrad als Mittel gegen starke Luvgierigkeit. Das beseitigt das Problem aber nicht, sondern läßt den falschen Trimm nur weniger offensichtlich werden. Das Ruder bleibt dabei in einem spitzen Winkel zur Mittschiffslinie, wodurch zusätzlicher Wasserwiderstand erzeugt und die Steueranlage samt Ruder nur unnötig belastet wird. Das Rad und die zugehörige Mechanik erhöhen nur die Reibung, die die Windfahne überwinden muß. Das führt bei mittlerem bis leichtem Wind speziell auf Vormwindkurs zu einer schlechten Leistung der Steueranlage. In Verbindung mit einer Windfahnensteuerung nimmt man zur Betätigung des Ruders am besten das System, das die geringste Reibung aufweist – die Pinne.

Vor dem Einbau einer Windfahnensteuerung muß das Schiff genau ausbalanciert werden, d.h., die tatsächliche Wasserlinie darf von vorn bis hinten durchgehend nicht weiter als 25 mm von der Konstruktionswasserlinie abweichen, sonst läßt es sich nachher nur schwer steuern. Wenn dieses Maß nicht einzuhalten ist, setzt man das Schiff »auf Diät«, d.h., schmeißt alles hinaus, was man aufbewahrt hat, weil es ja vielleicht eines Tages zu gebrauchen wäre.

Wenn die Trimmprobleme damit nicht zu beseitigen sind, bleiben möglicherweise nur noch Veränderungen am Rumpf übrig, vieleicht ein größeres Ruder oder eine verlängerte Kielhacke. Vor eventuellen teuren Operationen sollte man aber einen Konstrukteur befragen.

*Sobald der Trimm des Bootes stimmt, kann es an die Selbststeueranlage gehen. Die meisten Segler, die mit ihrer Windfahnensteuerung nicht zufrieden waren, hatten diesen wichtigsten ersten Schritt vergessen – den richtigen Trimm.*

Man braucht Zeit und Geduld, bis eine Windfahnensteuerung gut funktioniert. Als ich meine Anlage auf der *Seraffyn* installiert hatte, funktionierte sie zu siebzig Prozent. Es kostete mich ein Jahr des Herumbastelns und Änderns, um auf neunzig Prozent zu kommen. In den folgenden drei Jahren änderte ich jedes bewegliche Teil ab.

Unsere Anlage steuert jetzt unter sämtlichen Bedingungen, einschließlich vor Topp und Takel und unter Spinnaker, wenn der scheinbare Wind stark genug ist, um die Windfahne zu betätigen. Bis es so weit war, ging so manche Stunde mit Haareraufen und Fluchen drauf.

Die *Seraffyn* hat ein am Spiegel aufgehängtes Ruder mit Pinne und ist damit eines der Boote, an denen sich am einfachsten und billigsten eine Windfahnensteuerung anbringen läßt. Man braucht einfach nur an der Hinterkante des Hauptruders ein zusätzliches kleines Ruder (ein Ruderblatt) anzubringen. Dieses Ruderblatt steuert das Hauptruder auf die gleiche Weise, auf die das Hauptruder das Schiff steuert (Abb. 31.1).

Als ich die Windfahnensteuerung baute, dachte ich speziell an die Schwachwindbedingungen vor Südkalifornien. Da Reibung der Hauptfeind guter Leistungen bei Schwachwind ist, verwendete ich für alle beweglichen Teile der Anlage Teflon-Lager und lagerte schließlich auch alle Zapfen und Bolzen des Hauptruders in Teflon.

Damit die Windfahne leichter ansprach, nahm ich für den Rahmen dünnwandiges Edelstahlrohr und bespannte es mit Dacron. Dadurch wiegt sie nur ein Viertel einer Sperrholzwindfahne mit ihrem Gegengewicht. Ich habe festgestellt, daß meine Windfahne mit einem halben Quadratmeter Fläche genau so gut ohne Gegengewicht funktioniert.

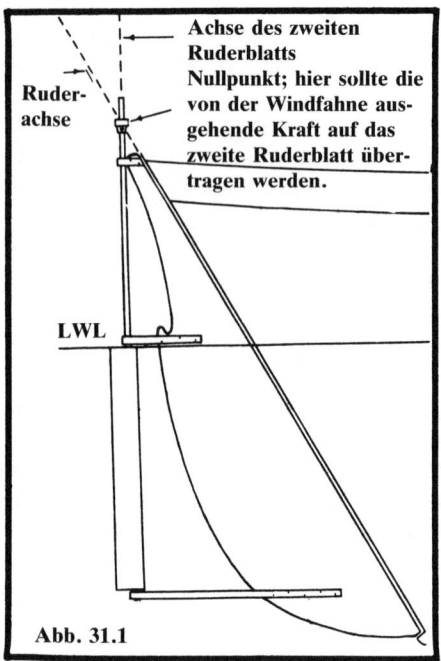

Achse des zweiten Ruderblatts

Nullpunkt; hier sollte die von der Windfahne ausgehende Kraft auf das zweite Ruderblatt übertragen werden.

Ruder-achse

LWL

Abb. 31.1

Sie wiegt nur etwa 2,8 kg.

Das zusätzliche Ruderblatt ist 120 cm tief und 10 cm breit; zwölf Prozent seiner Fläche befinden sich vor der Drehachse. Dadurch wird es für die Windfahne leichter, das Ruderblatt bei leichtem Wind zu bewegen. Bei dieser Einbauweise sollte das Ruderblatt ähnlich wie das Querruder eines Flugzeugs schmal und möglichst tief sein. Die Unterkante sollte sich etwa 10 cm über der Unterkante des Ruders befinden, um Schäden beim Verholen oder bei Grundberührung zu vermeiden.

Die meiste Aufmerksamkeit verlangt die Verbindung zwischen Windfahne und Ruderblatt mit einem sogenannten Nullpunkt, an dem die Kraft von der Windfahne auf das Ruderblatt übertragen wird. Er muß so ausgelegt sein, daß sich Hauptruder und Ruderblatt unabhängig voneinander bewegen können.

Das heißt mit anderen Worten, wenn das Ruderblatt durch die Windfahne bewegt wird und seinerseits wieder das Hauptruder bewegt, darf sich die Ruderbewegung nicht auf das Ruderblatt und das Steuergestänge auswirken (Abb. 31.1).

Bei einem Außenbordruder bevorzuge ich diese Art der Windfahnensteuerung, weil sie in der Regel billiger und einfacher zu bauen ist und nicht mit Leinen, Treibholz und sonstigem Treibgut unklar kommen kann. Ich kann die Pinne abnehmen, um Platz im Cockpit zu bekommen, und die Windfahne steuert das Schiff ohne Probleme. Aber die meisten Ruderblätter für Außenbordruder müssen zumindest teilweise speziell konstruiert und angefertigt werden, so daß nur wenige Segler sie selbst anbringen.

Wenn die Yacht gut getrimmt ist, kommt man mit einer fertig gekauften Windfahnensteuerung in der Regel am einfachsten und möglicherweise am billigsten davon.

Zum Ausprobieren der neuen Windfahnensteuerung geht man fünf oder zehn Meilen auf See hinaus, um dem unsteten Wind an der Küste zu entkommen. Bei schnell wechselnden Winden läßt sich nämlich nur schwer feststellen, ob die Windfahne das Schiff auf Kurs hält oder nur einer Winddrehung folgt.

Eine Windfahnensteuerung bringt das Schiff besonders nachts viel besser nach Luv als jeder Rudergänger. Ohne müde zu werden, erfaßt sie jede Winddrehung und berichtigt sofort den Kurs, so daß der ideale Winkel anliegt.

Beim Aufkreuzen bei drehenden Winden notiert man sich regelmäßig den Kompaßkurs. Wenn sich in der dreistündigen Wache ein allmählicher Anstieg von genau Nord auf fünfzig Grad Kompaßkurs zeigt, kann man am Ende der Wache mit aller Ruhe fünfundzwanzig Grad als wahren Schnitt in die Karte eintragen. Dieses Verfahren funktioniert auch bei Gegenwind und ergibt ein zuverlässiges gegißtes Besteck.

Wenn man bei Gegenwind nicht etwa fünfundvierzig bis fünfzig Grad zur Loxodrome steuern kann, notiert man sich die Loganzeige und Zeit auf der Karte und geht über Stag. Dann liegt man auf dem günstigeren Bug, auf dem der Wind das Schiff näher an die Loxodrome heranbringt, anstatt es vom gewünschten Kurs abzusetzen. Das ist eine Grundlage der Regattataktik. Die Windfahne zeigt die Winddrehungen an. Es liegt an jedem selbst, daraus seinen Vorteil zu ziehen.

Windfahnensteuerungen haben ihre Grenzen. Sie brauchen scheinbaren Wind, um das Boot zu steuern. Wenn man mit raumem Wind segelt, muß man die Schiffsgeschwindigkeit von der tatsächlichen Windgeschwindigkeit abziehen, d.h., bei Wind von sechs Knoten und drei Knoten Fahrt beträgt der Wind, der die Windfahne betätigt, nur drei Knoten. Das ist der Grund dafür, daß eine Windfahnensteuerung bei leichtem Wind auf Vormwindkurs ihren schwächsten Punkt hat.

Bei raum-seitlichem und vor dem Wind kann man davon ausgehen, daß die Windfahne das Schiff im Zickzack jeweils fünf oder acht Grad vom vorgesehenen Kurs versetzt. Der wahre Kurs ergibt sich dann als der Mittelwert des Zickzackkurses. Bei raum-achterlichem Wind ist ein Auswandern um sieben bis zehn Grad zu erwarten. Voll vor dem Wind sind fünf Grad nach jeder Seite die Norm. Dieses Abkommen hängt sehr stark von Seegang und Windstärke ab. Mit raum-achterlichem Wind vor einer hohen See tendieren die meisten Boote nach Luv, wenn sie auf einer Welle auf der Rückseite schneller werden. Unter solchen Bedingungen kann man der Windfahne Unterstützung zuteil werden lassen, indem man die Fock fünf oder zehn Grad dichter holt und das Großsegel so trimmt, daß es dichter kommt, sobald das Boot schneller wird. Weil die Fock dichter geholt ist als normal, hält sie den Bug lange genug unten, um der Windfahnensteuerung Zeit zu verschaffen, um zu reagieren und das Schiff wieder auf Kurs zu bringen.

Bei stärkerem Wind kann man das Großsegel reffen oder niederholen und nur unter Fock segeln.

Im Schmetterling auf Vormwindkurs teile ich die Segelfläche mehr oder weniger gleichmäßig auf beide Seiten auf. Bei starkem Wind und hohem Seegang funktioniert mein Windfahnensteuer recht gut, wenn ich nur Fock oder Klüver setze. Dadurch, daß sich die gesamte Segelfläche vorn befindet, wird das Schiff praktisch an der Nase gezogen und die Windfahnensteuerung beim Kurshalten unterstützt.

Bei einer Regatta um Großbritannien hatten wir eine Servo-Pendelsteuerung, die recht gut funktionierte, bis die Fahrt über sieben Knoten hinausging. Von da an kam das Boot schnell von einer Seite zur anderen ab, so daß wir von Hand steuern mußten.

Wenn man nicht gerade an einer Regatta teilnimmt, heißt die Lösung in diesem Fall Verkleinerung der Segelfläche und damit Fahrtverringerung.

Ein Gummiseil an der Pinne ist eine andere Möglichkeit, das Abkommen zu verringern. Durch Zug an einer Seite der Pinne läßt sich geringfügige Luv- oder Leegierigkeit beseitigen. Mit zwei Gummiseilen, eines an Steuerbord und eines an Backbord, kann man überharte Kurskorrekturen aufgrund eines zu starken scheinbaren Windes einschränken. Durch die Gummiseile kann die Windfahne die Pinne nicht einmal hart backbord und dann wieder hart steuerbord legen. Wie groß die Seilspannung sein muß, zeigen wiederholte Versuche.

Beim Einstellen der Windfahnensteuerung auf die jeweiligen Bedingungen ist daran zu denken, daß sie eine mechanische Vorrichtung ist und die Wetter- und Wellenbedingungen nicht vorhersieht. Sie kann nur reagieren, wenn das Schiff vom Kurs abgekommen ist.

Wie alles auf einem Schiff hat auch die Windfahnensteuerung ihre Nachteile. Sie ragt über den Spiegel hinaus und ist anfällig für Beschädigung. Wenn das Boot mit dem Heck zur Kaimauer liegt, ist es schwieriger, eine Bordleiter zu verwenden. Es ist nicht ungefährlich, mit der Windfahne einen Hafen anzulaufen und besonders nachts näher als drei oder vier Meilen an die Küste heranzugehen. Derjenige, der auf Wache ist, könnte eindösen. Bei einer Winddrehung sitzt das Boot dann, gesteuert von der eigenen Windfahne, schnell auf den Felsen. Das ist nicht zum Lachen, sondern durchaus Realität. Um sicherzugehen, sollte man also in einem Abstand von drei oder vier Meilen immer von Hand steuern oder weiter auf See bleiben.

Bei uns ist immer jemand auf Wache, und zwar auch, wenn die Windfahnensteuerung in Betrieb ist. Wir hörten vor kurzem von einer Yacht, die mit Windfahnensteuerung die Azoren anlief. Der Skipper glaubte, sich noch vierzig Meilen vor den Inseln zu befinden, und ließ die gesamte Crew zum Schlafen gehen. Geweckt wurden sie durch den Aufprall auf die Felsen. Die Yacht war ein Totalverlust. Wenn hier auch schon ein Fehler in der Navigation vorgelegen hatte, so hätte ein Mann auf Wache doch wahrscheinlich die Inseln gesehen oder die Brandung gehört und das Schiff gerettet.

Bei einer effizienten Windfahnensteuerung ist es nicht anzuraten, über Bord zu gehen. Das Boot segelt ruhig weiter, während die Crewmitglieder in ihren Kojen liegen. Ein guter Bekannter von uns hat sich eine interessante Rettungsleine ausgedacht. Er zurrte eine 30 m lange Leine am Ruderblatt der Selbststeueranlage fest und steckte einen Knoten in das hintere Ende. Um den ersten Zug aufzufangen, kam noch ein Stück Gummiseil daran. Wann immer er das Cockpit verließ, warf er die Rettungsleine über Bord. Wenn er bei der Arbeit an Deck über Bord ginge, so meinte er, könnte er die Leine mit dem geknoteten Ende ergreifen. Der zusätzliche Wasserwiderstand seines Körpers würde das Gummiseil spannen. Die Rettungsleine würde das Ruderblatt drehen und das Boot in den Wind gehen lassen. Wenn es dann keine Fahrt mehr machte, könnte er sich an der Leine zum Schiff vorarbeiten und wieder an Bord klettern. Vielleicht funktioniert das ja. Am sichersten ist es auf jeden Fall, gar nicht erst über Bord zu gehen.

Daran arbeiten, das Boot perfekt zu trimmen, selbstgebaute oder gekaufte Windfahnensteuerung einbauen, lernen, der Steuerung die Arbeit zu erleichtern: Eine jederzeit funktionierende Windfahnensteuerung ist eine willkommene Sache, da sie die Anzahl der benötigten Crewmitglieder verringert. Wichtiger aber ist noch, daß man die Zeit auf Wache mit besonders sorgfältiger Navigation und besonders sorgfältigem Segeltrimm verbringen kann. Man kann sogar ein Buch lesen oder die Sternkarten studieren.

Kurz gesagt, eine effiziente Windfahnensteuerung ist das wertvollste und willkommenste Stück Ausrüstung, das es auf einer Tourenyacht geben kann.

# 32
# Handlicher Klüverniederholer

Ein Niederholer macht den Umgang mit dem Vorsegel einfacher. Beim Einhandsegeln und wenn zu wenig Leute an Bord sind, macht sich eine solche Vorrichtung bezahlt, ob das Schiff nun einen Bugspriet hat oder nicht.

Ich kam zum ersten Mal auf einem 120-Tonnen-Gaffelschoner auf einem Törn von Los Angeles nach Honolulu (und zurück) mit einem Klüverniederholer in Kontakt. Ein Besatzungsmitglied allein konnte die Schoten fieren und anschließend, nachdem das Fall belegt war, den Klüver am Vorstag niederholen, ohne den Mastbereich zu verlassen. Allein nach vorn zu gehen, um das Vorliek am Vorstag niederzuholen, hätte auf einem Schiff dieser Größe gefährlich sein können.

Wenn das Segel dann unten war, konnte er es in das Klüverbaumnetz bringen und vom Bugspriet aus mit Beschlagzeisingen, die fest am Baum angebracht waren, belegen.

Ein Segelniederholer ist unabhängig von der Größe einer Yacht immer eine nützliche Sache, wenn die Besatzung zu klein ist. Man schert einfach eine leichte Leine in das Auge des Fallschäkels ein (Abb. 32.1). Diese Leine sollte aus dünnem, lose geschlagenem dreikardeeligem Nylon oder Dracron bestehen, damit sie sich beim Aufheißen des Segels nicht verklemmt und keine Kinken bekommt. Vom Schäkel aus wird sie nach unten durch einen einscheibigen Block am Anschlagpunkt des Vorsegels und von dort aus über das Deck zu einer passenden offenen Klampe in Mastnähe geführt.

Der Tampen des Niederholers wird mit einem Achtknoten oder

255

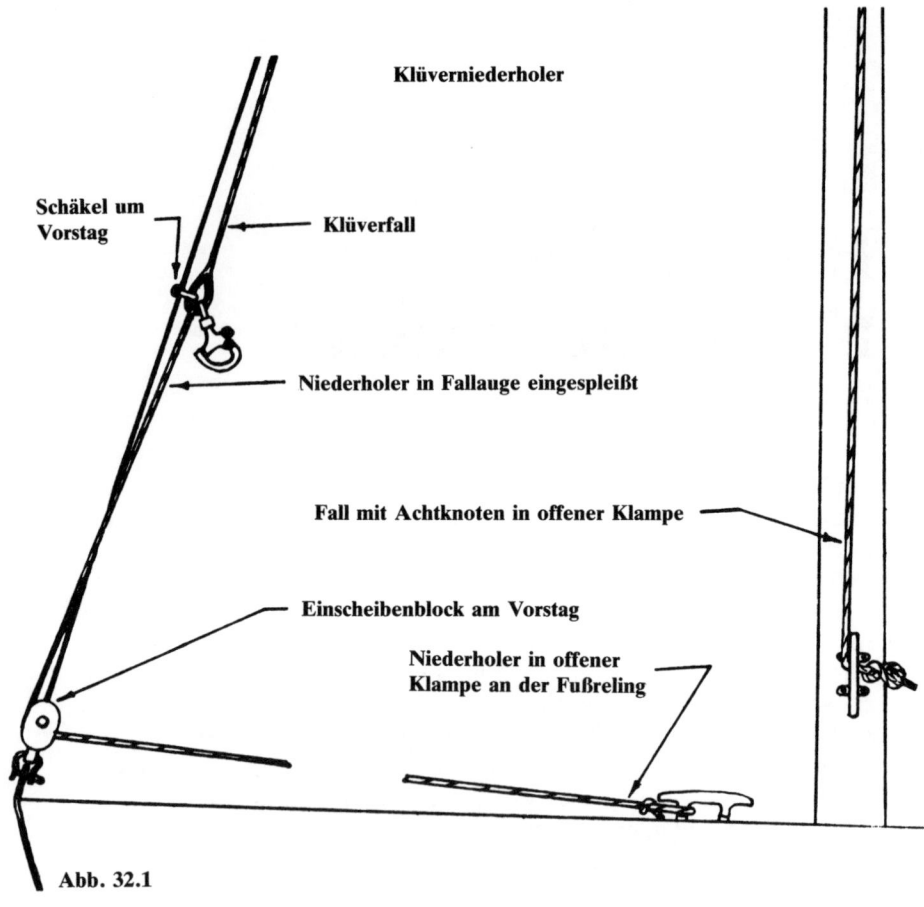

Klüverniederholer

Schäkel um
Vorstag

Klüverfall

Niederholer in Fallauge eingespleißt

Fall mit Achtknoten in offener Klampe

Einscheibenblock am Vorstag

Niederholer in offener
Klampe an der Fußreling

Abb. 32.1

einem Palstek an der Klampe belegt. Auch das Fall sollte auf diese
Weise belegt werden.

Ein Schäkel im Augspleiß des Falls, durch den auch das Vorstag
verläuft, ermöglicht es, den Niederholer samt Schnappschäkel für das
Segel am unteren Ende des Vorstags zu belassen. Bei einem Profilstag
muß das Arrangement mit dem Schnappschäkel möglicherweise etwas
modifiziert werden, damit es keine Kerben gibt. In diesem Fall sollte
der Staghersteller im Rat gefragt werden.

Wenn der Niederholer dichtgeholt und belegt ist, hält er das Segel unten und sorgt dafür, daß der Kopf des Vorsegels mit dem schweren Schäkel nicht umherschwingt und bei der Arbeit auf dem Vordeck Kopfnüsse verteilt.

Wenn alles zum Aufheißen des Vorsegels bereit ist, wird der Niederholer von der Klampe losgemacht und an Deck aufgeschossen, damit er nachher nicht unklar kommt. Bei neuem Tauwerk dauert es möglicherweise eine gewisse Zeit, all die Kinken zu beseitigen; also geduldig sein und beim Aufholen aufpassen. Wenn das Segel ein Drahtvorliek und ganz kleine Stagreiter hat, können sich letztere durch das Biegen des Drahtlieks verdrehen und am Vorstag verklemmen. Dieses Problem löst sich meistens fast von selbst durch größere Stagreiter. Segel mit Tauvorliek kommen traumhaft glatt herunter.

Ein weiterer Vorteil eines am Vorstag angeschäkelten Niederholers besteht darin, daß das Fall nicht plötzlich unerreichbar auf halber Masthöhe hängen kann; man holt es einfach mit dem Niederholer wieder zurück an Deck. Außerdem hält er das Fall davon ab, am Mast zu schlagen. Und schließlich kann man mit dieser gar nicht teuren Vorrichtung noch das Ankerlicht schnell und bequem aufheißen und genau so schnell wieder niederholen.

Wer beim nächsten Mal sein Vorsegel allein niederholen muß, sollte einmal daran denken, wie viel sicherer und bequemer es doch wäre, das Fall zu fieren und das Vorsegel niederzuholen und dabei ungefährdet am Mast zu stehen.

# 33
# Schutz gegen Verrottung

Der Vorsitzende der *Cutty Sark Preservation Society*, ein pensionierter Admiral der britischen Marine, schrieb uns auf eine entsprechende Frage: »Vor zwanzig Jahren beschlossen wir, daß die *Cutty Sark* ins Trockendock genommen werden sollte. Wie Sie wissen, hält sich gutes Holz unbegrenzt lange, wenn es entweder völlig trocken oder völlig naß ist. Wir entschieden uns für die trockene Methode.«

Das schönste überlebende Exemplar eines hölzernen Klippers liegt da draußen im englischen Regen, weder völlig trocken, noch völlig naß; es fault und schrumpft vor sich hin und kostet die Gesellschaft jedes Jahr tausende Pfund Sterling für Reparaturen, und zwar überwiegend, weil ihm sein natürliches Element fehlt – Salzwasser, das nur hundert Meter entfernt im Tidefluß Themse zu finden ist.

Regenwasser und zwanzigmaliges Abspritzen mit dem Frischwasserschlauch reichen bei einem Holzschiff nicht aus. Salzwasser heißt die Devise! Bei gleichzeitiger guter Belüftung hält es dann wahrscheinlich genau so lange wie die Austernfischer von Falmouth. Diese schönen Segelboote aus Pechkiefer auf Eiche mit Eisenbeschlägen sind fast alle noch in bestem Zustand. Einer dieser regelmäßig gesegelten Kutter ist schon hundertundsechzig Jahre alt! Acht Monate lang sind sie im Winter im Einsatz. Im Sommer nehmen sie an lokalen Regatten in der Klasse Arbeitsboot teil. Arfie Trenier, Eigner und Betreiber der sehr schnellen *Magdalena*, meint dazu: »Die Boote, die den ganzen Winter im Hafen liegen, haben viel mehr Probleme mit der Fäule als die Boote, die mit dem Schleppnetz draußen sind.«

Die Kutter, die Austern fischen, werden dauernd von Salzwasser überspült. Die anderen hingegen, die im Hafen liegen, bekommen nur Regenwasser ab.

Das Schiff bleibt dicht und frei von Fäule, wenn man es nach Sonnenuntergang kräftig abspült; dann hat das Salzwasser Zeit, in alle Ecken und Winkel einzudringen. Salzwasser, das am Tage aufgebracht wird, verdunstet, bevor es Wirkung zeigen kann. In bezug auf Fäule ist Vorbeugen viel einfacher als Heilen!

Bei den alten Arbeitsschiffen mit Innenbeplankung kamen zu den Salzwasserduschen nach Sonnenuntergang noch Kästen zwischen den Spanten. Die Behälter hatten kleine Löcher im Boden und enthielten Steinsalzklumpen. Die vom Salz aufgefangene Feuchtigkeit tröpfelte in einem stetigen Strom unter der Innenbeplankung am Rumpf entlang bis in die Bilge. Ich habe diese Kästen auf einem Ostseeschiff gesehen, das vor Mexiko kreuzte; nach achtzig Jahren war die ungestrichene Eiche des 27m-Schiffes noch fest und gesund.

Eine gute Luftzirkulation ist für das Schiff genau so wichtig wie saubere Luft für die Lunge. Holzschiffe haben jede Menge eingebaute potentielle Faulstellen, und ich würde Fäule überall dort vermuten, wo die Luftzirkulation eingeschränkt ist – geschlossene Schanzkleidrelings, enge elliptische Hecks und hinter festen Innenbeplankungen. Diese Nester mit stehender warmer Luft sind Brutstätten für Schimmel und Fäulnisbakterien.

Die Abhilfe?

Für Lüftung sorgen. Löcher in jeden umschlossenen Raum bohren. Keine Teppichböden auslegen, die die Luft in der Bilge einschließen. Aufnehmbare Bodenbretter mit Grifflöchern von 2,5 cm Durchmesser verwenden. Die Bodenbretter nicht genau an Spanten und Beplankung anpassen (eine schwierige und aufwendige Arbeit), sondern Stoßleisten an den Spanten anbringen (Abb. 33.1). Dann kann die Luft frei zwischen den Spanten und hinunter in die Bilge zirkulieren.

Hinter einer festen Innenbeplankung in Nut-und-FederAusführung, die sich vom Bug bis zum Heck zieht, verbirgt sich eine Vielzahl von Problemen. Man kann dahinter nicht saubermachen und streichen. Die Belüftung ist eingeschränkt, und eine Überprüfung auf reparaturbedürftige Beschläge, Frischwassertaschen und Fäule ist auch nicht möglich.

Die Innenbeplankung diente ursprünglich auf großen Arbeitsseglern dazu, den Schiffskörper zu verstärken und für zusätzlichen Schutz zu sorgen. Wenn durch einen Fehler etwas in den Laderaum hinunterfiel, wurde auf diese Weise nicht gleich die Außenbeplankung beschädigt. Da die wenigsten Yachten zur Frachtbeförderung dienen, sollte man

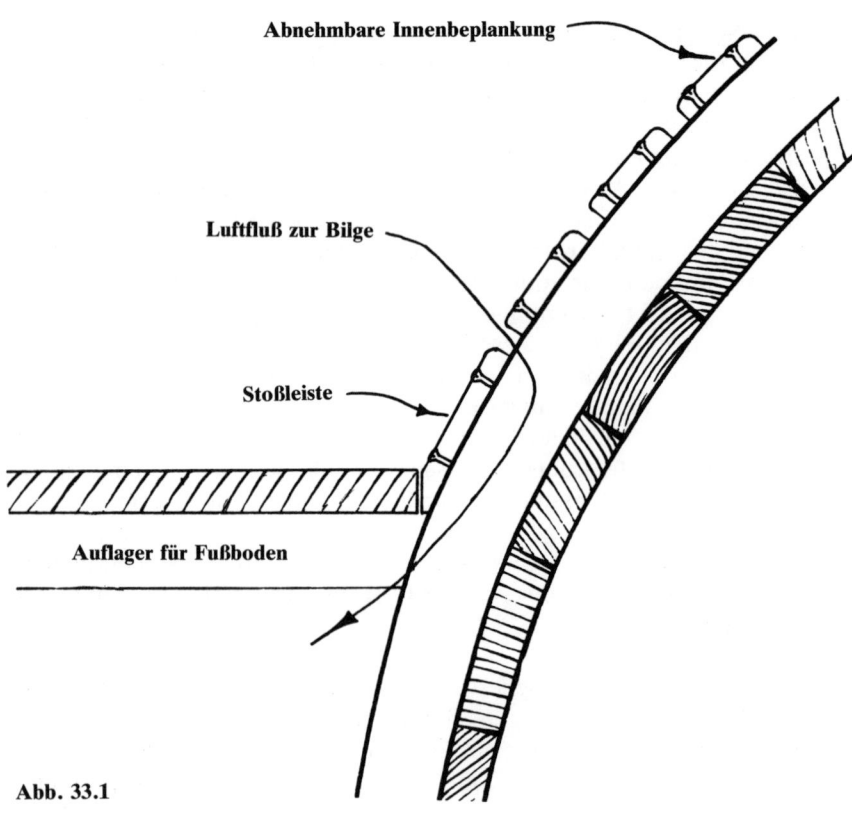

Abnehmbare Innenbeplankung

Luftfluß zur Bilge

Stoßleiste

Auflager für Fußboden

Abb. 33.1

auch eine lose Innenbeplankung nur wählen, wenn es erforderlich ist –
etwa an den Wänden der Kojen oder aus ästhetischen Gründen. Diese
Innenbeplankung sollte dann in der Art von Stringern im Abstand von
etwa 8 mm mit Linsen- oder Rundkopfschrauben befestigt werden
(Abb. 33.1). Durch Verwendung von Schrauben anstelle von Nägeln
lassen sich die einzelnen Leisten problemlos für Inspektions-, Instand-
haltungs- oder auch Notreparaturarbeiten auf See abnehmen. Durch
die Spalten zwischen den Leisten kann ausreichend Luft zirkulieren.

Balkweger, die eng am Deck sitzen, beeinträchtigen die Luftzirkulation. Im Idealfall ruhen die Decksbalken so auf dem Balkweger, daß
die Luft zwischen Deck und Decksplanken einerseits und Balkweger
andererseits zirkulieren kann (Abb. 33.2).

Zum Verstauen feuchter Gegenstände wie Leinen, Anker und Segel baut man am besten Lattenverschläge statt fester Kästen oder Schränke. Nylonfischnetze geben einen leichten, einfach zu konstruierenden und gut belüfteten Aufbewahrungsort für die Segel ab. Lin beschwerte sich vor kurzem, daß die Zwiebeln und Kartoffeln in ihrem Schapp schlechtwurden. Durch die Luftlöcher zur Bilge hin kam nicht genügend Luft. Also bohrte ich an einer unauffälligen Stelle mehrere Löcher mit einem Zoll Durchmesser in das Schapp – seither fault nichts mehr. Wenn die Kartoffeln faulen, kann das im Laufe der Zeit auch mit dem Holzrumpf passieren.

Besondere Vorsicht ist vor Frischwassertaschen geboten, beispielsweise aufgrund eines undichten Eiskastens oder einer undichten Spüle. Darauf achten, daß die Plankenstöße auf beiden Seiten 8 mm auseinanderstehen oder oben abgeschrägt sind, damit sich dort kein Wasser sammelt.

Die Spanten sollten oben abgeschrägt werden, damit das Wasser nach innen ablaufen kann (Abb. 33.2). In die Nut des Mastschuhs gehört ein Dränageloch (die Kupfermünze, die wir unter dem Mast haben, soll nicht nur Glück bringen, sondern dient auch einem ganz praktischen Zweck; sie gibt Kupfersulphat ab, die Basis der meisten Antifoulingmittel).

Ich würde eher mein Schiff verkaufen und mir einen Bauernhof anschaffen, als meinen farblos gestrichenen Mast mit einem Farban-

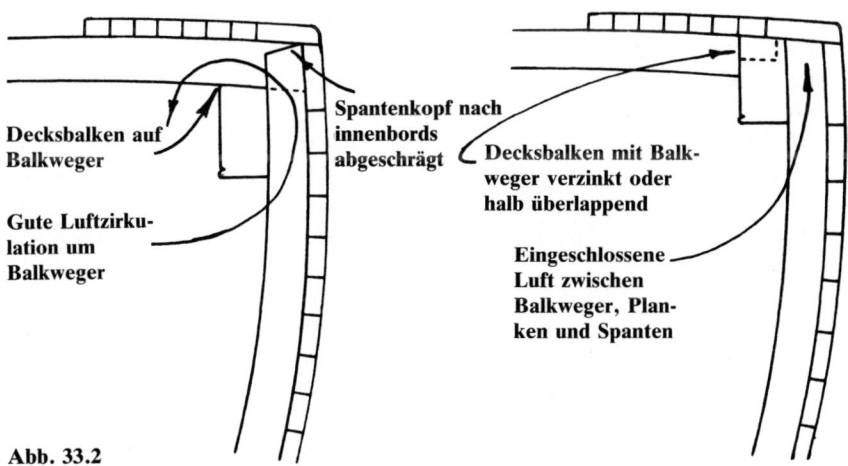

Decksbalken auf Balkweger

Gute Luftzirkulation um Balkweger

Spantenkopf nach innenbords abgeschrägt

Decksbalken mit Balkweger verzinkt oder halb überlappend

Eingeschlossene Luft zwischen Balkweger, Planken und Spanten

Abb. 33.2

strich zu versehen. Der Mast ist sozusagen die Kurbelwelle des Segelschiffes. Maschinisten hätten immer schon gerne die Möglichkeit gehabt, sich die Lager und Kurbelwellen ihrer Maschinen anzusehen, ohne sie auseinanderzubauen. Ein farblos lackierter Mast bietet diese Möglichkeit. Bevor es zur Fäule kommt, erkennt man die Stellen, an denen Frischwasser in das Holz eingedrungen ist, an der dunklen Verfärbung. Außerdem kann man sich jederzeit vom Zustand der verleimten Verbindungsstellen überzeugen.

Alle sechs Monate aufzuentern und den Mast und das Rigg zu inspizieren ist unerläßlich, und da ist es keine große Mehrarbeit, wenn man den Mast auf dem Weg nach oben gleich abschleift und auf dem Rückweg neu streicht. Das dauert bei einem 12m-Mast etwa sechs Stunden. Bei einem Mast mit Farbanstrich muß man auch zweimal im Jahr aufentern, kann dann aber über den tatsächlichen Zustand des Masts immer noch nichts sagen.

Ein Holzmast bekommt alle Luft, die er braucht, muß aber vor Frischwasser geschützt werden (Salzwasser kommt hoffentlich nur äußerst selten an den Masttopp). Ich überziehe den Mast im Bereich der Fallscheiben mit Kupferblech zum Schutz gegen Schamfilen. Ungeschütztes Holz am Masttopp nimmt Wasser auf, es kommt zur Fäule. Auch die Salinge überziehe ich oben bis über die Kanten mit dünnem Kupferblech, das in Mastix gebettet ist. Das beseitigt die Fäulnisgefahr und enthebt mich der Notwendigkeit, die Salinge auf der Oberseite zu streichen. Brechende Salinge sind die Hauptursache für Mastbruch.

An Instandsetzungsarbeiten am vertrautesten, weil am häufigsten durchgeführt, ist mir die Beseitigung von Fäule, die darauf zurückging, daß einschichtiges Tannensperrholz mit einer dünnen Schicht Fiberglas und Polyesterharz überzogen war. Dadurch, daß sich das Schiff in Längsrichtung biegt, beginnt das Sperrholz, das in der Regel auf einem relativ schmalen Decksbalken ruht, an den Stoßfugen zu arbeiten, so daß die starre Schicht aus GFK reißt. Durch die winzigen Risse dringt Frischwasser in das Sperrholz ein und verursacht Fäule, die sich schnell ausbreitet.

Eine Lösung dieses Problems besteht darin, die Stoßfugen mit Resorcinol zu verleimen, Holzkonservierungsmittel aufzubringen und anschließend das Sperrholz zu streichen und direkt rutschfest zu machen. Dann kann das Holz von beiden Seiten atmen, und es kann sich kein Wasser unter einer GFK-Schicht sammeln.

Eine andere Lösung besteht im Kauf von qualitativ hochwertigem

Mahagoni-Sperrholz, das widerstandsfähiger gegen Fäule ist als Tanne und nicht in einer einzigen, 13 mm dicken Lage, sondern in zwei Lagen zu je 6,5 mm eingebaut wird. Die Stoßfugen werden versetzt angeordnet und die beiden Lagen Sperrholz mit Resorcinol verleimt. Dadurch arbeitet das Holz nicht mehr, und das Deck wird stabiler. Anschließend die GFK-Schicht auf das nackte Sperrholz aufbringen, und zwar in zwei oder drei Lagen.

Wenn die Decksplanken mit Nut und Feder verlegt sind, ist ein elastischer Segeltuchbezug besser als GFK, der durch die Bewegung der vielen Fugen mit Sicherheit Risse bekommt. Epoxidharz soll elastischer sein als Polyesterharz und käme anstelle von Anstrich und Segeltuch in Frage, aber die Zweikomponenten-Epoxidharze sind schwer zu verarbeiten, weil man kaum Einfluß auf die Topfzeit hat.

Bei einer Lage Teak über Sperrholz wird das Teakholz in Resorcinol gebettet (Abb. 33.3). Ich wurde mir der großartigen fäulnisverhütenden und abdichtenden Eigenschaften von Resorcinol erst bewußt, als ich in Poole den Auftrag bekam, Achterdeck und Cockpit eines vierzehn Jahre alten 12m-Kutters umzubauen. Die eine Seite des Decks war bei einer Kollision beschädigt worden; bei der Reparatur hatte man zwischen Teak und Sperrholz Bleiweiß aufgebracht. Das restliche Teakholz lag noch in Resorcinol. Als ich das Achterdeck auf der gesamten Länge hochnahm, stellte ich einen Unterschied wie zwischen Tag und Nacht fest: Unter dem Bleiweiß war das Sperrholz verfault, unter dem Resorcinol hingegen noch völlig gesund.

Ein warnendes Wort zu Sperrholz. Ein Bekannter, der sich gerade ein Boot baut, erzählte mir, er müsse jetzt spezielles Sperrholz bestellen, bei dem alle Lagen aus massiver Tanne bestünden, weil in letzter Zeit sogar Tannensperrholz für den Bootsbau mit einem Kern aus

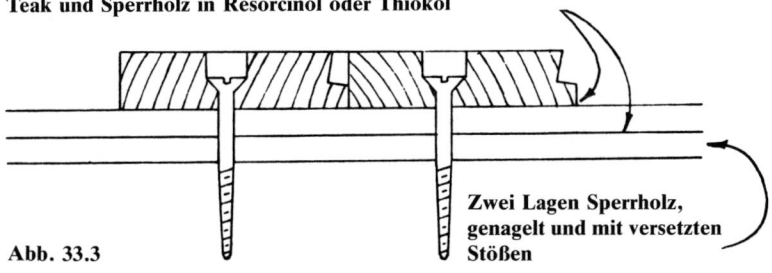

**Teak und Sperrholz in Resorcinol oder Thiokol**

Abb. 33.3

**Zwei Lagen Sperrholz, genagelt und mit versetzten Stößen**

Hemlockfichte produziert werde. Hemlock hat eine *sehr niedrige* Widerstandsfähigkeit gegen Fäule. Diesem Problem geht man am besten aus dem Weg, indem man massives Bruynzeel-Mahagonisperrholz nach der britischen Norm 1066 kauft.

Alle Verbindungsstellen wie etwa zwischen Planken und Spanten und die Stellen, an denen Beschläge an Rumpf, Deck oder Mast angebracht werden, sollten auf irgendeine Weise versiegelt werden. Das beste Mittel dafür, das ich kenne, ist das fungizide Dolphinite. Ich nahm einmal zwei Straken von einer hölzernen Schanzkleidstütze auf einem fünfjährigen Boot ab. Der untere Strak war in Dolphinite gebettet, und die Verbindungsstelle zwischen dem Mahagoni-Strak und der Eichenstütze war in perfektem Zustand. Der andere, nicht mit Dolphinite versiegelte Strak hatte bereits zu faulen begonnen. Die Fäule hörte genau dort auf, wo das Dolphinite begann.

Holzschiffe brauchen nicht zu faulen. Je öfter man damit auf See geht, desto besser. Jedes Mal, wenn man den Niedergang öffnet, vergrößert man die Lüftung. Jedes Mal, wenn man auf See geht, ist es nicht zu verhindern, daß Salzwasser auf das Boot gelangt. Bei richtiger offener Bauweise, Mengen an Salzwasser und vielen Törns hält ein Holzschiff länger, als sein Erbauer lebt.

# 34
# Eine fast tödliche Nachlässigkeit

Dieser Artikel entstand vor sechs Jahren. Er berichtet von dem gefähr-lichsten Zwischenfall, den wir auf unserer zehneinhalbjährigen Welt-umsegelung zu verzeichnen hatten.

Seit viereinhalb Jahren waren wir auf unserem 7,3m-Kutter *Seraffyn* unterwegs. Immer wieder hatten wir uns gegenseitig daran erinnert, daß die See nur auf eine Unvorsichtigkeit wartet. Und bis gestern hatte auch unserer schlimmster Fehler nicht zu mehr als ein paar Kratzern geführt, als die Tide uns gegen eine Fahrwassertonne getrieben hatte.

Gestern jedoch kostete uns eine simple Nachlässigkeit fast das Leben, während wir friedlich am Anleger des Royal Norfolk and Suffolk Yacht Club lagen.

Wir hatten schön an Bord zu Abend gegessen. Weil es kalt und regnerisch war, stellten wir die Heizung an, zündeten die Petroleum-lampen an und spielten eine Partie Rommé. Der Regen wurde stärker, so daß wir das Oberlicht schlossen und um 22 Uhr schließlich zu Bett gingen.

Ich kletterte zuerst in die Koje; Larry blies die Lampen aus und folgte mir. In der Vorderkajüte war es wegen des Ventilators im Kettenkasten einiges kälter. Deshalb ließen wir – wie auch früher schon – die Heizung an und machten es uns in der Doppelkoje gemütlich.

Um sechs Uhr wurden wir beide mit Kopfschmerzen wach. Larry holte für jeden zwei Aspirin, dann ging ich in die Hauptkajüte, weil ich zur Toilette mußte. Das ist das Letzte, an das ich mich erinnere.

Larry erzählte mir später, er sei durch das Fallgeräusch aufgewacht und habe mich bewußtlos und aschfahl auf dem Kajütboden gefunden. Er hatte mich auf die Bank gehievt und – weil ich mich immer noch nicht regte – die Schiebeluke geöffnet, um kalte Luft hereinzulassen. Langsam kam ich wieder zu mir. Ich war hysterisch und möglicherweise im Delirium und kann mich heute noch an das furchtbare Angstgefühl erinnern, das mich erfaßte, als ich mich langsam erholte.

Nach und nach dämmerte es uns, daß unser wasserdichtes Boot auch luftdicht war und daß wir kurz davor gestanden hatten, an Kohlenmonoxid zu ersticken. Je mehr Frischluft wir bekamen, desto besser ging es uns, doch es dauerte fast den ganzen Tag, bis die Übelkeit sich gelegt hatte.

Ein offener Lüfter reichte für das Boot offensichtlich nicht aus. Solange wir noch in unmittelbarer Nähe des Lüfters gewesen waren, hatten wir »nur« Kopfschmerzen bekommen. Erst, als ich nach hinten gegangen war, hatte es mich erwischt – weil wir das Oberlicht geschlossen hatten.

Heute erzählte uns ein Yachtclubmitglied von der schlimmsten Tragödie der vergangenen Saison. Zwei Ehepaare waren an Bord ihrer kleinen Tourenyacht tot aufgefunden worden, vor sich ein nicht angerührtes Essen. Ein weinendes Baby hatte die Aufmerksamkeit von Passanten auf dem Pier erregt. Sie fanden das Kind im Vorpiek des Bootes in der Nähe des Kettenkastens mit seinem offenen Kettendurchlauf. Die Eltern waren nur drei Meter weiter in der Hauptkajüte gestorben, warm und geschützt vor der kalten Nachtluft, erstickt durch den eigenen Holzkohleofen.

Eine Kohlenmonoxidvergiftung ist schmerzlos. Die einzigen Anzeichen sind Müdigkeit und möglicherweise Kopfschmerzen. Zum Glück ist es kein Problem, für die nötige Lüftung zu sorgen. Eine einzige Öffnung vorn im Schiff reicht nicht aus, weil dann noch kein Luftzug entsteht. Aber mit einem großen Lüfter, einer geöffneten Luke oder einem offenen Bullauge vorn *und* hinten ergibt sich eine ausreichende Lüftung. Ohne diesen Strom frischer Luft lauert der Tod im freundlichen Glühen einer Kajütheizung.

# 35
# Winterprojekte für kühle Sommer

Die meisten Segler betrachten Sonnensegel und Windhutzen als Spezialausrüstung für Fahrtensegler auf dem Weg in die Tropen. Aber auch im Norden – etwa im Puget-Sund oder auf den Großen Seen – kann ein zweiwöchiger Sommertörn alles andere als Spaß machen, wenn lange heiße Tage und ununterbrochener Sonnenschein das Boot in einen Ofen verwandeln. Kopfschmerzen, Überanstrengung der Augen, schwüle Nächte ohne Schlaf, ruhelose Kinder, die die Hitze nicht vertragen, und Sonnenbrand auf den Schultern und Armen – all das läßt sich durch rechtzeitige Vorsorge vermeiden.

Auch Regattasegler sollten in der Lage sein, die leichten Dinge unterzubringen, die zur Abkühlung beitragen. Damit sind wir auch schon bei einer der wichtigsten Eigenschaften solcher »Klimaanlagen« für das Schiff. Sie müssen leicht sein. Außerdem müssen sie problemlos zu verstauen, einfach anzufertigen und billig sein, weil man sie möglicherweise nach jeder zweiten oder dritten Saison ersetzen muß. Um sicherzustellen, daß Sonnensegel, Windhutzen und Bullaugenblenden auch benutzt werden, müssen sie leicht anzubringen sein. Noch wichtiger aber ist, daß sie problemlos und schnell abzunehmen sind. Auch am ruhigsten, geschütztesten Ankerplatz können ohne Vorwarnung Sommerböen einfallen. Dann ist auch das festeste Sonnensegel in Gefahr. Das Schiff könnte auf den Nachbarn zutreiben oder umgekehrt. Dann möchte man sein Sonnensegel und seine Windhutze schnell aus dem Weg haben, um mit aufgeklartem Deck und voller Sicht manövrieren zu können.

**Sonnensegel**

Wir haben auf der *Seraffyn* zwei getrennte Sonnensegel. Das eine besteht aus einem Stück schwerem wasserdichtem Segeltuch von 90x120 cm, das an den Kanten verstärkt ist. An den Ecken ist jeweils eine 1,5 m lange 6mm-Leine angebracht. Auf See läßt es sich auf alle möglichen Arten anbringen und bietet demjenigen, der auf Wache ist, ein kühles Fleckchen. Da es fest und klein ist, kann es bei Wind bis zu 25 kn aufgespannt bleiben. Zwischen Baumgalgen und einem Want bietet es zur Cocktailstunde Schutz vor der niedrig stehenden Sonne. Außerdem fungiert es als seitlicher Vorhang, wenn wir vor Anker liegen und das große Sonnensegel aufgespannt haben.

Nachdem wir Dutzende von Ideen ausprobiert haben, wissen wir jetzt, was nicht anzuraten ist. Kein Segeltuch aus Dacron nehmen; das macht Krach und ist spätestens nach der zweiten Saison hinüber. Keine Holzleisten verwenden; die brechen zu schnell. Kein Sonnensegel anfertigen, das nach vorn über den Mast hinausragt; es wäre nicht leicht genug aufzuspannen, so daß man es wahrscheinlich nur bei längerem Aufenthalt verwenden würde, und – was noch schlimmer ist – es würde möglicherweise die Mobilität einschränken, weil man angesichts der Tatsache, daß das Abnehmen und Zusammenlegen so lange dauert, bestimmt zögert, schnell mal zu einem neuen Fleckchen Erde zu segeln. Seitenteile nicht direkt an das Sonnensegel annähen; sie machen das Ganze zu voluminös und sperren jeden Luftzug aus, so daß man sich im Cockpit wie in einem Zelt fühlt.

Am längsten halten nach unserer Erfahrung Sonnensegel aus weißem Acrilon (synthetisches Segeltuch). Dieser Stoff ist fest und macht auch bei einer frischen Brise keinen Lärm. Acrilon ist wasserfest genug, um als Regenschutz zu dienen. Somit kann man bei schwülwarmem Schauerwetter die Schiebeluken offen lassen, und eventuelle Gäste haben einen halbwegs trockenen Platz, um Stiefel und Ölzeug auszuziehen, bevor sie unter Deck kommen. Als zusätzlicher Luxus kommt auf die Unterseite des Sonnensegels blauer Nylonstoff (Spinnakertuch), der das grelle Licht mindert und dafür sorgt, daß man sich noch kühler fühlt.

Als Querträger verwenden wir zusammensteckbare Aluminiumstangen. Holzknöpfe, durch die Löcher gebohrt sind, dienen als Beschläge, in denen die Befestigungsleinen nicht schamfilen können. An den Enden der Stangen sitzen Tennisbälle, damit es beim Verstauen des Sonnensegels keine Kratzer gibt.

## Maßnehmen für ein Sonnensegel

**Diese Größe sollte ein Sonnensegel haben; die eine Seite wird am Mast, die andere am Achterstag befestigt.**

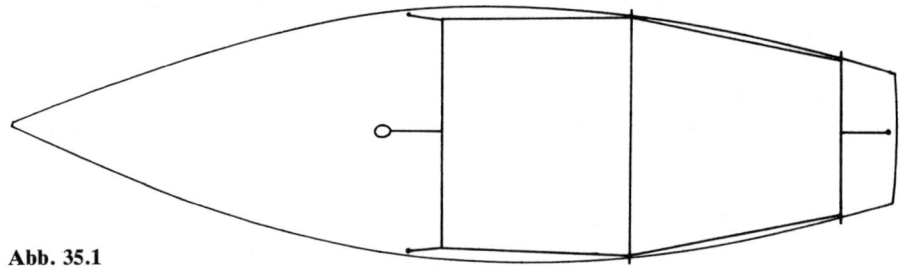

**Abb. 35.1**

Wir haben festgestellt, daß ein Sonnensegel vom Achterstag bis 30 cm vor dem Mast über die gesamte Bootsbreite ausreicht. In Ösen zwischen den einzelnen Befestigungspunkten wird unser kleines Sonnensegel angebracht, wenn die Sonne sich dem Horizont nähert.

Mit Hilfe von Klettband entlang der Kante des Sonnensegels könnte man bei Bedarf ein Moskitonetz anbringen, das unten mit kleinen Sandsäckchen beschwert wird. Es muß aber sichergestellt sein, daß sich dieses Netz schnell abnehmen läßt, damit die Sandsäckchen nicht bei einer Bö zu einer fliegenden Bedrohung werden.

Wir spannen unser Sonnensegel über dem Baum, das eine Ende am Achterstag, das andere am Mast. Drei Befestigungspunkte je Seite reichen aus. Die Leinen werden mit Slipsteks belegt, damit wir das Segel schnell abnehmen können. Wenn wir es wirklich eilig haben, rollen wir das Sonnensegel von Befestigung zu Befestigung von hinten auf. Das funktioniert noch bei Wind bis zu 50 kn.

**Sobald die Kanten des Sonnensegels umgenäht und verstärkt sind, faltet man das Segel auf die Hälfte und befestigt eine 10mm-Dacronleine entlang der Mittellinie.**

**Abb. 35.2**

Dabei entsteht eine 2,75 m lange Rolle, die natürlich nur schwer zu verstauen ist. Für Törns nehmen wir deshalb die Aluminiumstangen auseinander, falten das Sonnensegel auf die Hälfte und rollen es fest auf. Mit seiner Größe von 2,75x3,65 m wiegt das Sonnensegel etwa 4 kg und findet auf 140x18 cm Platz.

**Windhutzen**

Das wahrscheinlich wirksamste »Kühlgerät« auf einer Yacht ist eine Windhutze. Sie fängt jeden Windhauch auf und leitet ihn direkt durch die Luke in die Kajüte weiter.

Es gibt mehrere Windhutzen auf dem Markt zu kaufen, die aber meistens zu groß und zu kompliziert sind. Außerdem haben sie Spreizstäbe und Befestigungselemente aus Holz oder Metall, die schon bei 10 kn Wind gegen das Lukensüll schlagen. Die Hutze, für die wir uns schließlich entschieden haben, hat keinerlei Massivteile und läßt sich auf die Größe eines T-Shirts zusammenfalten.

Aus ungebleichtem Baumwollgewebe oder sehr weichem leichtem Nylon fertigen wir eine Art halbflachen, 120 cm hohen Spinnaker an.

**Um das Segel in Richtung der Querleisten zu strecken, befestigt man eine Leine in den verstärkten Ösen und führt sie durch die hölzernen Endbeschläge zu einem passenden Befestigungspunkt wie etwa dem Relingsdraht.**

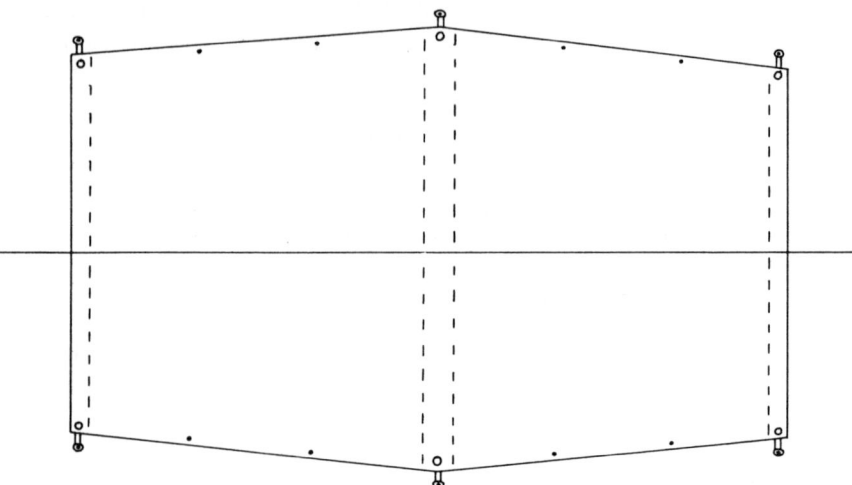

**Abb. 35.3**

270

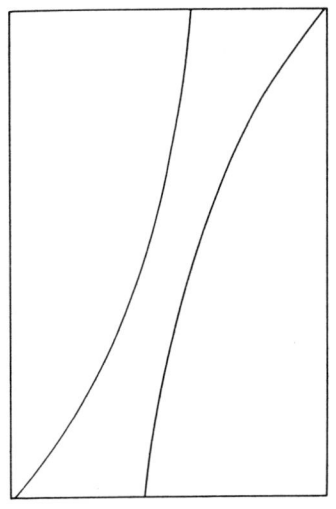
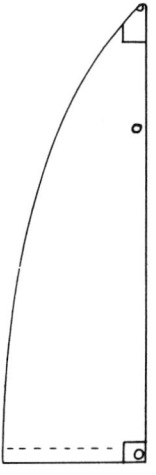

Ausschneiden einer einfachen Windhutze
Ein Stück Stoff, 140 cm lang und
90 cm breit, ergibt eine 1,2 m
hohe Windhutze.

Beide Teile miteinander vernähen,
Unterkante umnähen, Gummiband
durchziehen und 1,80 m lange
Leinen in den Ösen befestigen.
Die Seitenkanten brauchen nicht
umgenäht zu werden, wenn sie eine
Webkante haben.

Abb. 35.4

Am Kopf und 30 cm tiefer an den Seiten befinden sich kleine Ösen mit jeweils knapp zwei Metern Dacronleine. Diese Leinen werden am Vorstag und zwei Wanten belegt. Sie lassen sich jederzeit an einer anderen Stelle anbringen, damit die Öffnung der Windhutze immer zum Wind zeigt. Durch den kräftigen Saum an der Unterkante läuft ein Gummiband, das über das Lukensüll gezogen und von den Schnappverschlüssen des Lukendeckels gehalten wird. Vier kleine Haken an den Ecken der Luke würden den gleichen Zweck erfüllen.

Diese simple Windhutze versorgt die Kajüte mit einer erstaunlichen Menge Frischluft. Selbst tief in den Tropen war es in der Koje im Vorpiek, direkt unter der Luke, nachts kühler als an Deck. Bei unserem Sommertörn nach Süden durch das Rote Meer konnten wir die Windhutze sogar während des Segelns an Ort und Stelle lassen. Weil wir vor dem Wind liefen, richteten wir die Öffnung nach achtern aus. Auf diese Weise gab es auch keinerlei Probleme beim Wechseln der Segel. Selbst bei 45° C konnte man durch die Windhutze unten noch kochen.

Im Hafen funktioniert die Windhutze am besten, wenn man vor Anker liegt, wo eine kühlende Brise nicht von anderen Schiffen oder Gebäuden aufgefangen wird. Da Segelschiffe in der Regel mit dem

271

Bug im Wind liegen, braucht man die Hutze auch nicht bei jeder Winddrehung verstellen.

Wenn die Befestigungsleinen mit einem Rundtörn und zwei halben Schlägen auf Slip belegt werden, ist die Hutze bei Bedarf schnell aus dem Weg geräumt. Man braucht nur an den drei Leinen zu ziehen, das Gummiband zu lösen und die Hutze in der Luke verschwinden zu lassen. Dabei wird nichts verkratzt oder verschandelt.

## Bullaugenhutzen

Auf eine andere Weise bekommt man mit Bullaugenhutzen frische Luft in die Kajüte. Man sieht solche Hutzen oft in den Bullaugen großer Handelsschiffe, meist in Form von ausgeschnittenen Plastikeimern. Bei runden Bullaugen ist die Sache ganz einfach: Einen hohen runden Plastikbehälter suchen, der sich im Bullauge verklemmen läßt. Den nach vorn zeigenden Teil überwiegend ausschneiden, den Boden aber intakt lassen. Für quadratische oder rechteckige Bullaugen braucht man dann eben einen entsprechenden eckigen Plastikbehälter.

Besonders schön an diesen Hutzen ist die Tatsache, daß sie bei Regen an Ort und Stelle bleiben können. Sie lenken das Wasser ab, lassen aber die kühlende Luft in die Kajüte strömen. Im Puget-Sund beispielsweise, wo nächtlicher Regen und Hitze gleichzeitig auftreten,

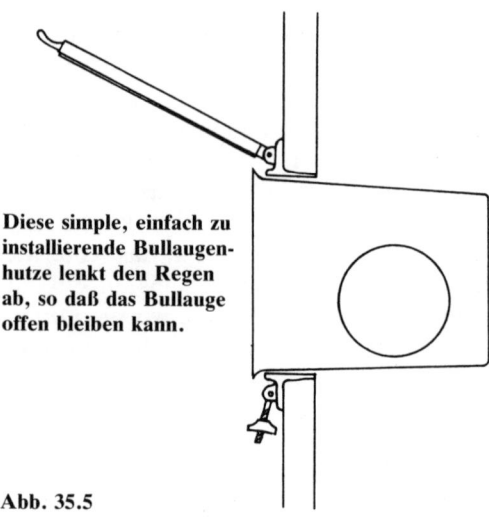

Diese simple, einfach zu installierende Bullaugen-hutze lenkt den Regen ab, so daß das Bullauge offen bleiben kann.

Abb. 35.5

verhindert die Brise, für die eine solche Hutze sorgt, daß man sich in einer Sauna eingesperrt fühlt.

**Kissenbezüge für den Sommer**
Eine letzte Möglichkeit der Kühlung entdeckten wir aus barer Notwendigkeit im heißen und stickigen Klima Malaysias: Baumwollbezüge für die Sitzkissen. Das sind passend zugeschnittene Beutel aus weicher, dunkler reiner Baumwolle, die wir über unsere normalen Kissen ziehen und mit einer Schnur zubinden.

Wir haben zwei Garnituren, so daß wir sie ohne weiteres für die Sitzkissen im Cockpit nehmen. Die Bezüge machen aus den klebrigsten plastikbezogenen Kissen luxuriöse Sitze. Sie sind einfach zu waschen, so daß auch nasses Badezeug kein Problem darstellt.

Mit diesen Überzügen haben wir die Vorteile von wasserfesten, haltbaren, unempfindlichen plastiküberzogenen Kissen für lange Hochseetörns und gleichzeitig den Luxus eines angenehmen Stoffes, der nicht klebt, für heiße Tage im Hafen.

Für all diese Dinge braucht man nur eine Koffernähmaschine, eine Schere und einen Bohrer. Die Fertigkeiten, die man erwirbt, wenn man sich hinsetzt und überlegt, wie so eine Nähmaschine wohl funktioniert, sind später unschätzbar. Wenn man erst mal unterwegs ist, kann man sich zunächst an einfachen Segelreparaturen versuchen und schließlich seine Kissen und sogar Segel selbst nähen. Eine der ersten Überlegungen für unser neues 9m-Schiff galt dem Platz für eine schwere Koffernähmaschine. All die hier vorgestellten »Klimaanlagen« sind zwar von Hand entstanden, doch mit einer Nähmaschine an Bord wären sie bedeutend schneller fertig gewesen.

# TEIL VII

# Fahrtensegeln ist nicht leicht

Viele Segler hegen den Traum, daß sich beim Fahrtensegeln die Welt als vollkommen erweisen wird. »Sobald das Schiff fertig und ausgerüstet ist und ich das nötige Geld für drei Jahre beiseite gelegt habe, sind meine Probleme vergessen,« sagen sie sich. Aber genau diese Segler sind es, die innerhalb von fünf oder sechs Monaten wieder in die Sicherheit und Regelmäßigkeit des Lebens an Land zurückkehren.

Das Leben als Fahrtensegler ist herausfordernd, interessant, abwechslungsreich, manchmal aufregend und gelegentlich angsteinflößend, aber nur ganz selten einfach. Die schwierigsten Probleme ergeben sich dabei aus der Tatsache, daß Dienstleistungen, die an Land als selbstverständlich galten, jetzt Luxus sind oder ein frustrierendes Labyrinth aus Unbekanntem darstellen.

Die folgenden Kapitel sollen eine Vorstellung davon vermitteln, welche Probleme unter anderem auftreten können. Wer sich auf Sprachschwierigkeiten, geschäftliche Probleme und, beispielsweise, neue Zollbestimmungen und ähnliches einstellt, betrachtet das Ganze möglicherweise als Herausforderung, die das Fahrtensegeln noch interessanter macht. Es wäre aber ein Fehler zu erwarten, daß Frust, Verzögerungen, Entscheidungszwänge und Konfusion ein Ende finden, wenn man den alten Freunden zum Abschied zuwinkt und schließlich Kurs auf die See nimmt.

# 36
# Der Fluch des Fahrtensegelns

»Es muß wunderbar sein, so die Welt zu durchstreifen, wie ihr das macht – kein Ärger, keine Sorgen.« Ich kann mir vorstellen, daß unser Leben so für Außenseiter aussehen muß, doch manchmal glaube ich, daß wir die komplexen Probleme des Lebens an Land nur gegen einen Satz völlig neuer Nachteile und Plagen eingetauscht haben, die um so frustrierender sind, als sie nach außen hin ganz belanglos erscheinen. Unsere Post geht verloren. Es ist jedesmal ein fürchterlicher Umstand, Geld von unserem Konto in dem einen Land in das Land überweisen zu lassen, in dem wir uns gerade befinden. Und wie jede Familie an Land stehen wir einmal in der Woche vor einem großen Beutel mit schmutziger Wäsche. Aber im Unterschied zu den meisten Wohnungen gibt es auf unserem schwimmenden Heim keine Waschmaschine. Dazu kommt noch, daß wir kein fließendes Wasser haben, und weil wir jeden Liter Wasser von Land heranschaffen müssen, können wir die Wäsche nicht einfach an Bord von Hand waschen und dann zum Trocknen aufhängen. Ein Münzwaschsalon um die Ecke bietet sich da natürlich an, aber in sechzig Prozent aller Häfen, die wir anlaufen, existiert so etwas nicht. Das ist der Grund dafür, daß wir die Wäsche schließlich zum Fluch des Fahrtensegelns ernannt haben.

Salzwasser reicht einfach nicht aus. Das Waschmittel schäumt nicht. In Salzwasser gewaschene Kleidung trocknet nicht gut und fühlt sich in dem Augenblick, in dem sie nur in die Nähe von Wasser gelangt, wieder klamm an. In Salzwasser gewaschene Unterwäsche führt bei empfindlicher Haut schnell zu Ausschlag. Deshalb warten wir auch bei

For us on a
cruising budget,
it was devastating

längeren Hochseetörns mit der Wäsche immer, bis wir wieder an Land sind.

Wenn wir einen neuen Hafen erreichen, laufen wir erst mal an den Yachten vorbei, die wir kennen. Nach dem üblichen Begrüßungshallo ruft dann meist irgend jemand so etwas wie: »In dem grünen Haus neben der Post wohnt eine Frau, die für andere wäscht.« Zu Anfang ergriff ich begierig jede Chance, »die Frau in dem grünen Haus« meine Wäsche machen zu lassen, aber ein paar unangenehme Erlebnisse haben meine Begeisterung etwas schwinden lassen.

In Cabo San Lucas hörten wir von den Crews mehrerer großer Sportfischerboote von einer Wäscherin, die ich hier Anna nennen will. »Ist sie teuer?« fragte ich. Man versicherte mir, sie sei nicht teuer. Ich erkundigte mich bei Anna, was meine 10 kg Wäsche kosten würden. »Nicht viel, ich berechne nur die Zeit, die ich dafür brauche.« Zwei Tage später bekam ich die Sachen sauber, getrocknet, gebügelt und zusammengelegt zurück – mit einer Rechnung über zwölf Dollar. Für Leute, die ein Boot für tausend Dollar in der Woche charterten, mag das nicht teuer gewesen sein, für uns mit unserem schmalen Budget war es verheerend.

Das war mir eine Lehre. Von da an fragte ich vorher jedes Mal nach dem genauen Preis, bevor ich meine Wäsche abgab.

In Guaymas in Mexiko regnete es zweimal täglich. Ich gab schließlich jeden Versuch auf, meine Wäsche trocken zu bekommen, und fragte einen Taxifahrer, ob er jemanden für mich wisse. »Ja, meine Schwester. Kommen Sie mit.« Die Fahrt ging durch die Berge von Guaymas über holprige Straßen voller Pfützen, Hühner und Kinder. »Allein die Taxifahrt wird mich schon ein Vermögen kosten,« dachte ich. Der Taxifahrer sprach mit seiner Schwester und erklärte mir dann: »Für zwanzig Pesos bekommen Sie ihre Wäsche gemacht, und ich bringe sie Ihnen zurück.« Ich stimmte sofort zu, denn 1,60 $ schienen mir ein fairer Preis zu sein. Am nächsten Tag kam die Wäsche zurück. »Meine Schwester mußte die Sachen am Feuer trocknen.« Das war offensichtlich: Alles roch nach Rauch. Die nächsten Wochen liefen wir mit Pinienrauchparfüm herum.

Unsere Erfahrungen mit der Wäsche waren nicht durchgehend ungewöhnlich, im Schnitt aber ziemlich schlecht – zu hohe Preise, fehlende Socken und Bikini-Oberteile, Kleidungsstücke, die so lange auf Steinen ausgeschlagen worden waren, bis sie ausgebleicht waren, Fahrtverzögerungen um einen oder zwei Tage, weil die Wäscherin noch die letzten Handtücher in Arbeit hatte. Hinzu kommt dann noch die Zeit, die man braucht, um die Wäsche in die Stadt zu schleppen, eine Wäscherin zu finden, alles wieder abzuholen, zu bezahlen und wieder zum Boot zu tragen. Nach elf Jahren sind wir zu dem Entschluß gelangt, daß es, wenn kein Münzwaschsalon in der Nähe ist, finanziell und zeitlich einfacher ist, irgendwo einen Wasserhahn zu suchen und selbst zu waschen.

Damit die Sachen richtig sauber werden, trenne ich Farbiges und

This taxi ride alone is going to cost me a fortune

Weißes. Ich lege die weiße Wäsche in einen Eimer mit Süßwasser, Seife und etwas Bleichmittel und lasse den Eimer einen Tag lang in der Sonne stehen. Am nächsten Tag gehe ich mit der Wäsche, einer weichen Bürste, Flüssigseife und zwei Eimern an Land. Ich schrubbe einen Felsbrocken oder ein Brett ab und bearbeite dann jedes Stück einzeln mit der Bürste unter Zugabe von Wasser und Flüssigseife, wie es das Herz begehrt. Larry hilft sogar meistens, indem er jedes Wäschestück fünf- oder sechsmal spült und auswringt. Im Bikini mit der Sonne auf dem Rücken macht sogar diese Arbeit noch Spaß. Nach der Rückkehr zur *Seraffyn* hängen wir die Wäsche am Relingsdraht auf und sichern sie mit Wäscheklammern, wenn es windig ist.

Eine Bekannte mit einer größeren Yacht und zwei kleinen Kindern hat einen verschließbaren Achtzigliterbehälter. Sie füllt diesen Behälter zur Hälfte mit Wäsche, Seife und Wasser und verzurrt ihn dann auf dem Achterdeck, wenn sie ausläuft. Durch die Schiffsbewegungen wird die Wäsche dann zwölf oder vierundzwanzig Stunden fast wie in der Waschmaschine hin und her bewegt und ist nach einer schnellen Spülung im nächsten Hafen fertig. Wenn sie jedoch eine Woche mit ihrer Yacht im Hafen liegt, kommt auch sie nicht um die Handwäsche herum.

Die meisten Bekannten und Freunde sind mit uns einer Meinung im Hinblick auf Laken und Handtücher. Ohne Waschmaschine und heißes Wasser bleibt Weißes nicht weiß, sondern sieht schon bald grau aus. Deshalb benutzen wir überwiegend hellblaue oder -grüne Bettwäsche. Die Farben bleiben zwar auch nicht so frisch, als wenn die Sachen

Many of the clubs who so kindly offer their facilities to us, serve lunch to their members

278

ordentlich an Land gewaschen würden, aber sie sehen zumindest nicht schmuddelig aus.

Wenn wir bei einem Yachtclub festgemacht haben, zeigen wir nach Möglichkeit Rücksicht, indem wir darauf verzichten, nach Mittag Wäsche aufzuhängen. Der Grund dafür ist, daß in vielen dieser Clubs, die uns freundlicherweise ihre Einrichtungen zur Verfügung stellen, die Mitglieder zu Mittag essen können. Eine beflaggte Yacht bietet einen hübschen Anblick, was man von meiner Unterwäsche und meinen Geschirrhandtüchern nicht unbedingt behaupten kann.

Die Wäsche ist beim Fahrtensegeln eine echte Plage. Selbst in den Tropen, wo man nur einen Bikini braucht, füllt sich der Wäschesack dauernd mit Geschirrtüchern, Bettlaken und Kopfkissenbezügen. Aber das ist ein geringer Preis für das Erlebnis neuer Häfen, sonniger Strände und einer hübschen Brise.

# 37
# Fahrtensegeln, Waffen, Piraten und Diebe

Soll man als Fahrtensegler Waffen an Bord haben? Bieten Schußwaffen Schutz vor Piraten? Halten sie Diebe vom Stehlen ab?
Wir haben uns über diese Fragen eine Menge Gedanken gemacht. Als wir vor elf Jahren die Leinen der *Seraffyn* loswarfen, hatten wir ein Lee Enfield .303 und einen .22er Revolver an Bord. Larrys Vater hatte gemeint, wir sollten zu unserem Schutz sein altes Gewehr mitnehmen, und ein Freund hatte darauf bestanden, uns den Revolver zu schenken, damit wir uns in Mexiko notfalls verteidigen könnten. Mit dem Gewehr veranstalteten wir ein einziges Mal ein Übungsschießen, während wir in der Cortez-See und an der mexikanischen Westküste kreuzten. Als wir dann nach einem Jahr in Acapulco eintrafen, hörten wir eine traurige Geschichte.

Ein Ehepaar hatte tagsüber in der Nähe von Chamela geankert, einer abgeschiedenen Bucht in einer Gegend, die als »Wilder Westen Mexikos« bekannt ist, auf halbem Wege zwischen Mazatlan und Acapulco. Als ein paar Fischer zu einem Plausch längsseits kamen, war man auf die Jagd zu sprechen gekommen, und schon bald war das Ehepaar mit seinem .22er Gewehr an Land. Bei Einbruch der Dämmerung machten die Fischer, die keine Schußwaffen besaßen, ein Lagerfeuer, und das Ehepaar setzte sich dazu und trank gemeinsam mit den Fischer mexikanisches Bier. Die Frau, die ganz gut Spanisch konnte, hörte, wie einer der Fischer vorschlug, das Gewehr zu nehmen und sie und ihren Mann festzuhalten, während die anderen die Yacht ausraubten. Sie flüsterte das ihrem Mann zu, doch als die beiden aufstanden, um zu gehen, warfen sich die Mexikaner auf ihren Mann, während sie davonrannte. Irgendwie löste sich in dem Gerangel ein Schuß, der den Amerikaner in den Nacken traf. Die Kugel saß dicht am Rückgrat. Die Frau schaffte es, ihren Mann in das Dinghi zu schleppen, an Bord der Yacht zu bringen und nach Acapulco zu segeln. Nach drei Wochen auf der Intensivstation war er über den Berg. In der Zwischenzeit jagte die Polizei die Fischer und hatte sie auch bald erwischt. Sie verschwanden für lange Zeit im Gefängnis. Die Behörden erklärten, sie wollten derartige Vorfälle nicht publik werden lassen, weil das der für das Land lebenswichtigen Touristikbranche schaden würde. Der Hafenkapitän ließ es sich angelegen sein, jedem neu eintreffenden Segler zu erklären: »Tragen Sie keine Waffen unter Unbekannten. Trinken Sie nicht mit Leuten, die Sie gerade erst kennengelernt haben und mit denen Sie sich nicht verständigen können.« Dieser Vorfall ließ uns die Sache mit den Waffen an Bord noch einmal überdenken. Könnte es sein, daß man uns mit unseren eigenen Waffen ausraubte, verwundete oder tötete?

Zwei Jahre danach lernten wir in Cartagena, Kolumbien, wo die Arbeitslosenquote 74 % betrug und Einbruchsdelikte deshalb an der Tagesordnung waren, den Chef der Polizei kennen, der sich regelrecht in die *Seraffyn* verguckte. Während wir in der hübschen abgeschiedenen Lagune hinter seinem Büro vor Anker lagen, fragten wir ihn, was er davon hielte, daß wir uns mit dem Gewehr verteidigen wollten. Seine Antwort gab uns noch mehr Stoff zum Nachdenken: »Wenn Sie einem bewaffneten Einbrecher Ihr Gewehr vor die Nase halten, muß er sie praktisch erschießen, weil er ansonsten selbst getötet werden könnte. Wenn er Sie also erschießt, haben Sie Ihr Leben wegen ein paar materieller Besitztümer weggeworfen. Wenn jedoch Sie ihn erschießen, dauert es Monate, bis die Formalitäten geklärt sind; möglicherweise müssen Sie sogar ins Gefängnis und vor Gericht erscheinen. Anschließend stellen Sie möglicherweise fest, daß Sie den Vater von vier Kindern getötet haben, die kurz vor dem Verhungern standen – einen Mann, der auf jede nur mögliche Weise versuchte, sie vor diesem Schicksal zu bewahren. Nein, wenn Sie Angst haben, dann verschließen Sie Ihre Wertsachen, machen an einer bewachten Stelle fest oder gehen Ankerwache.«

Wir verließen Cartagena mit Ziel Jamaika, und dort fand die Debatte über das Gewehr ein Ende. Die Zoll- und Einwanderungsbeamten waren freundlich und aufgeschlossen, bis die Frage kam:

»Haben Sie Schußwaffen an Bord?« Wir zeigten ihnen das Gewehr, und schlagartig änderte sich ihre Haltung. Sie bestanden darauf, das Gewehr in einen Schrank zu packen, den sie verplomben konnten. Dann mußten wir auf speziellen Formularen den Zweck der Waffe angeben und unterschreiben, daß wir das Schiff als Pfand verlieren würden, wenn wir die Waffe auf Jamaika verkauften. Als wir zwei Wochen später das Chronometer, das sich im selben Schrank befand, reparieren wollten, weigerten sich die Beamten, zum Boot zu kommen, den verplombten Schrank zu öffnen und ihn anschließend wieder zu verplomben. Erst bei der Abfahrt kamen sie wieder an Bord, um sich zu überzeugen, daß die Plombe unverletzt war. In elf Jahren des Segelns auf eigenen und fremden Schiffen war das das einzige Mal, daß wir auf offenen Unmut beim Zoll stießen. Unser Gewehr war eine Bedrohung für ihr Land und ein Ärgernis für sie selbst. Es war auch für uns ein Ärgernis, und als wir die USA erreichten, verkauften wir es.

Seit damals sind wir in sechsundzwanzig weiteren Ländern von Skandinavien über Europa bis in den fernen Osten gewesen. Wir sind durch das Rote Meer gesegelt, wo die meisten Piratengeschichten ihren Ursprung haben, und zu den Philippinen – alles ohne Waffen an Bord.

Dann lief Peer Tangwald eines Tages im März 1978 in den Hafen von Manila ein und machte seinen maschinenlosen 15m-Gaffelschoner *L'Aretmis de Pytheas* hundert Meter abseits der *Seraffyn* fest. Da wir uns von seinem Buch *Sea Gypsy* hatten beeinflussen lassen und ebenfalls ohne Maschine auf Fahrt waren, wurden wir schnell Freunde. Innerhalb weniger Tage gingen Peers Frau Lydia, eine lebhafte und attraktive sechsundzwanzigjährige Französin, und ich schon miteinander einkaufen. Irgendwie kam die Rede auf Taschendiebe. Lydia öffnete ihre Handtasche und zeigte mir den Revolver, den sie immer dabeihatte.

Weniger als elf Monate danach hörten wir die schockierende Nachricht. Lydia war tot, indirekt Opfer ihrer eigenen Waffe. Die ersten Meldungen, die Jane DeRidder über ihr Funkgerät auf der *Magic Dragoon* absetzte, wurden später von Peer in einem Schreiben an die »Seven Seas Cruising Association« bestätigt.

Peer und Lydia waren mit ihrem dreijährigen Sohn Tomas auf dem Weg durch die Sulu-See zwischen den Philippinen und Borneo, als sich plötzlich ein Motorschiff näherte. Lydia wollte einen Warnschuß abgeben, doch Peer befahl ihr, den Revolver an Ort und Stelle zu lassen, weil auf dem Motorschiff ja Fischer sein könnten, die vielleicht Whiskey eintauschen wollten. Außerdem glaubte er, Unterwürfigkeit sei wohl die beste Taktik, wenn es sich wirklich um Piraten handelte. Von Peer unbemerkt ging Lydia unter Deck, holte die Waffe heraus und kletterte durch das Vorluk wieder an Deck. Als das Motorboot längsseits kam, rief Lydia es an und gab einen Schuß ab. Sofort fiel ein Schuß aus dem Ruderhaus. Lydia stürzte tot von Bord. Anschließend enterten die Philippinos die *L'Aretmis de Pytheas* und nahmen sich Lydias Waffe, die noch an Deck lag, sowie das Bargeld, das an Bord war. Peer durfte anschließend weitersegeln.

Als wir die Geschichte lasen, fragten wir uns, ob die Enterer nicht vielleicht doch unschuldige Fischer gewesen waren, die sich erst durch Lydias Aggressivität zu der blutigen Tat hatten hinreißen lassen. Wir sind mehr und mehr davon überzeugt, daß Schußwaffen an Bord uns möglicherweise viel Ärger eingebracht hätten, wenn wir in einer angespannten Situation falsch geurteilt hätten. *Eins ist gewiß: In den elf Jahren, die wir jetzt unterwegs sind, haben wir von keinem einzigen Fall gehört, in dem sich ein Segler mit Hilfe einer Waffe aus einer Klemme befreit hätte.*

Kein anderer Tourist nimmt eine Waffe mit, wenn er ein fremdes Land besucht. Das heißt, daß der Segler, der mit Waffen kommt, Mißtrauen und Furcht ausstrahlt. Woher sollen die Einheimischen wissen, daß er freundlich gesinnt und kein Pirat ist, wenn er seine Waffen offen zeigt oder die Beamten verbreiten, daß er Waffen an Bord hat? Die Menschen, die man kennenlernt, sind viel zurückhaltender. Was wäre denn, wenn eine Yacht aus dem Ausland waffenstarrend in den eigenen Heimathafen einlaufen würde?

Irgend jemand wird jetzt sagen, man könne die Waffen ja verstecken. Gordon Yates, der mit seiner 8,5m-Slup *Amøbel* von Dänemark nach Kalifornien gesegelt ist, hat darüber sorgfältig nachgedacht und schrieb anschließend: »Wenn du den Beamten im Hafen deine Waffe übergibst, wissen Piraten und Diebe mit Bestimmtheit, daß du unbewaffnet bist. Wenn du die Waffe versteckst und behauptest, keine an Bord zu haben, und die Beamten suchen und finden sie, kannst du dich von deinem Schiff verabschieden.«

Es gibt nur sehr wenige Länder, in denen man Waffen bei der Einreise nicht zu deklarieren braucht, aber es besteht auch eine fünfzigprozentige Chance, daß die Zollbeamten vergessen, danach zu fragen. In Tunesien wurden wir verhaftet, weil wir vor dem größten Munitionslager des Landes geankert hatten. Wir hatten uns nichts dabei gedacht, sondern bei einem Sturm einfach nur das ruhigste Fleckchen gewählt. Siebzehn Beamte durchsuchten die *Seraffyn* nach Waffen. Sie entrollten sogar unser Sonnensegel und sahen in den Schlafsäcken nach. Wenn sie eine Waffe gefunden hätten, wäre es schlimm für uns geworden, obwohl bei der Einreise niemand nach Waffen gefragt und auch nur einen Blick in die *Seraffyn* geworfen hatte. Vier Stunden später ließen sie Tunesier uns wieder frei, nachdem sie sich von unserer Unschuld überzeugt hatten.

Piraten werden von Fahrtenseglern als Hauptgrund dafür genannt, daß sie Waffen mitnehmen. Sicher gibt es in manchen Gegenden Piraten, aber die Geschichten über die Zahl der Angriffe auf Yachten und das Ergebnis dieser Angriffe sind weit übertrieben.

Nach der Wiedereröffnung des Suezkanals segelten wir zwei Jahre lang im Mittelmeer und hörten immer wieder, daß blutrünstige Piraten jede Yacht angriffen, die an der Insel Sokotra vor dem Golf von Aden vorbeilief. Ausgeplünderte Schiffe, verstümmelte Segler, Blut von der Wasserlinie bis zum Masttopp – die Geschichten wurden immer wilder und furchterregender. Nach einer Zeitlang fiel uns auf, daß immer wieder von einem Amerikaner schwedischer Herkunft und einer auf Taiwan gebauten 12,5m-Ketsch die Rede war. Unmittelbar bevor wir für den Törn durch das Rote Meer bereit waren, lernten wir Gus, den 65jährigen Schwedischamerikaner schließlich noch kennen. Er hatte mit seiner Ketsch drei Meilen vor Sokotra beigelegen, um sich etwas auszuruhen und Sturmschäden an der Takelung zu reparieren. Fischer von Sokotra hatten sein Boot geentert und dabei die Fußreling beschädigt. Sie hatten ihn in Schlepp genommen und Kurs auf einen Ankerplatz abgesetzt. Als sie ihr Ziel bei Einbruch der Dunkelheit noch nicht erreicht hatten, hatten sie Gus den größten Teil seines Proviant weggenommen und ihn freigelassen. Dabei waren keinerlei Waffen im Spiel gewesen. Gus' Leben war nie in Gefahr gewesen, und schließlich, so meinte Gus, würden ja in den Segelanweisungen der Britischen Admiralität alle Segler darauf hingewiesen, daß Sokotra wegen des schlechten Rufs seiner Einwohner als Piraten und Diebe zu meiden sei. So stellte sich heraus, daß alle Geschichten, die wir gehört hatten, unterschiedliche Versionen ein und desselben Vorfalls gewesen waren.

Als in den Vereinigten Staaten Meldungen aufkamen, daß in der Karibik über dreihundert Yachten vermißt würden und wahrscheinlich Opfer von Piraten und Drogenschmugglern geworden seien, ergaben schließlich Nachforschungen durch einen Kongreßausschuß, daß tatsächlich der Verbleib von nur dreißig Yachten nicht geklärt war, von denen einige später wieder auftauchten. Bei anderen ließ sich belegen, daß sie durch seglerisches Pech oder Unvermögen verlorengegangen waren.

Mit etwas Vernunft kann man die Gegenden meiden, in denen in jüngster Zeit Fälle von Piraterie vorgekommen sind. Während der Vorbereitungen für unseren Törn von Rhodos in den Indischen Ozean lernten wir fünf Australier kennen, die gerade auf dem umgekehrten Weg durch das Rote Meer gekommen waren. Aufgrund ihrer erst zwei Monate alten Informationen über die zu meidenden Gebiete hatten wir im Roten Meer keinerlei Zwischenfäle zu verzeichnen. Wir legten in Ägypten an und hätten auch den Sudan besucht, wenn es nicht so heiß gewesen wäre. Wir liefen ein paar Inselgruppen vor Nordjemen an und fanden auch in Aden freundliche Aufnahme. Demgegenüber ließen wir den Abstand zwischen uns und der Küste von Eritrea nie kleiner als fünfzig Meilen werden und segelten auch nicht nach Djibouti, weil die Australier Radiomeldungen bestätigt hatten, nach denen es dort Unruhen gab.

Warnungen einheimischer Beamter nicht in den Wind schlagen. Alle, die 1978 in Manila waren, wurden vom Hafenmeister und von der Einwanderungsbehörde darauf aufmerksam gemacht, daß es unter den Moros in der Sulu-See heftige Unruhen gebe. Man riet uns von Törns in dieses Gebiet ab, es sei denn, wir beantragten militärischen Geleitschutz und blieben in dessen Nähe.

Bei der Törnplanung nicht auf alte Informationen verlassen; die gefährlichen Gebiete wechseln. Vor drei Jahren galt der Golf von Thailand noch als schönes Segelrevier mit hübschen Inseln und dem exotischen Bangkok aus zusätzlicher Verlockung. Heute sind die Gewässer dort durch die vietnamesischen und kambodschanischen Boat People zu einer Goldgrube für Piraten geworden. Don Johnson, den wir ebenfalls in Manila kennengelernt hatten, segelte auf Bangkok zu und bekam es mit der Angst zu tun, als ein Motorboot voller schreiender und rufender Leute auf ihn zulief. Als es näher kam, bemerkte er Frauen und Kinder, die sich an der Reling des offensichtlich sinkenden Schiffes drängten. Don half bei der Rettung der zweiundvierzig Vietnamesen, die kein Wasser, keine Nahrung und keinen Treibstoff mehr hatten. Sie erzählten ihm, sie seien von bewaffneten Piraten überfallen worden, die ihnen auch das letzte Geld abgenommen hätten.

Die Piraterie ist abhängig vom politischen Klima. Gegenden, die wir vor sieben Jahren noch mieden, sind heute willkommene Zielländer. Anfang der siebziger Jahre verzichteten wir auf die karibischen Inseln, weil in mehreren kleinen Inselstaaten politische Unruhen herrschten. Als wir 1976 dort auf Überführungsfahrt waren, wurden wir freundlich aufgenommen.

Ein letzter Gedanke zu Piraterie und gefährlichen Gegenden ist der, daß so mancher Segler einiges zu diesem Problem beigetragen hat, und zwar durch Drogenschmuggel. Nur zu oft haben wir aus erster Hand von Fahrtenseglern gehört, die ihr Glück versuchten und sich auf Drogenschmuggel einließen. So ein unseliger und dummer Mensch segelt dann zu einer bestimmten Stelle, übernimmt zwei oder auch zweitausend Kilo Drogen und setzt Kurs auf den Treffpunkt. Unglücklicherweise ist derjenige, der das Ganze finanziert, dann vielleicht auch der Pirat, der das Schiff später angreift, die Drogen nimmt, das Schiff versenkt und die Besatzung tötet. Solange gewisse Segler bereit sind, ihr Leben und ihre Yacht beim Drogenschmuggel zu riskieren, ist es in bestimmten Gegenden der Erde wie etwa im Golf von Thailand gefährlich.

Kleine Diebe sind ein weitaus größeres Problem als Piraten, aber hier nutzt eine Waffe noch weniger. Aktuelle Informationen von anderen Seglern und Einheimischen bieten den besten Schutz. So, wie ich meinen Wagen in New York immer verschließen würde, den Schlüssel aber in dem Dorf, in dem wir jetzt wohnen, stecken lasse, so richtet sich unser Verhalten am jeweiligen Ankerplatz nach den Informationen, die wir dort erhalten. In Häfen wie Tanger und Cartagena, wo Diebstahl an der Tagesordnung ist, gehen wir immer mit einer starken Taschenlampe Ankerwache. In Häfen, in denen nur gelegentlich Diebereien vorkommen, räumen wir alles Bewegliche von Deck, lassen das Radio an und eine Lampe brennen, wenn wir an Land gehen. Mögliche unerwünschte Besucher nehmen dann vielleicht an, daß jemand an Bord ist oder bald zurückkommt. In kleinen Dörfern, in denen wir niemanden kennen, legen wir das Dinghi und die Riemen an die Kette, damit sie sich niemand ausborgen kann. In Gebieten mit großer Armut darf man auf keinen Fall mit großen Mengen Bargeld oder Schmuck protzen.

In der Regel ist es das größte Schiff im Hafen, das die Diebe anzieht. Sie suchen nach Sachen, die leicht zu verstecken und wieder zu verkaufen sind. Sehr beliebt sind Echolote, Außenbordmotoren,

Sprechfunkgeräte, Kameras und schwer zu identifizierende Schlauch-
boote. Deshalb ist es weniger wahrscheinlich, daß eine einfache kleine
Yacht mit festem Dinghi von Einbrechern und Dieben heimgesucht
wird. Dasselbe gilt für Drogenschmuggler; auch sie suchen nach großen, stark motorisierten Schiffen, nicht nach leistungsschwachen 9m-
Segelbooten.

Alles in allem haben wir überraschend wenig schlechte Erfahrungen
gemacht. In elf Jahren, in denen wir über zweihundert Häfen angelaufen haben, brauchten wir die Kajüte der *Seraffyn* nur zwei Dutzend
Mal abzuschließen. Wir hatten nur fünf Diebstähle zu verzeichnen, von
denen sich drei hätten vermeiden lassen. Bei den beiden, bei denen wir
nichts machen konnten, schnitt einmal in Mexiko und dann später in
Spanien jemand die Vorleine des Dinghis ab, als es unbewacht am
Strand lag. In Italien mußten wir zwei Segeljacken abschreiben, die wir
fahrlässigerweise während einer vierstündigen Stadtbesichtigung im
Dinghi am Pier zurückgelassen hatten. In Santa Cruz lieh sich jemand
das Dinghi aus, während wir in der Kajüte saßen. Wir bekamen es eine
Stunde später zurück, weil ein Bekannter es erkannt und den Dieb
gefragt hatte, woher er es habe. Ob wir die *Rinky* zurückbekommen
hätten, wenn sie ein normales Schlauchboot gewesen wäre, möchte ich
bezweifeln. Nur der letzte Diebstahl war richtig ärgerlich. Wir hatten
vor einem abgelegenen Dorf am Südende von Penang in Malaysia
geankert und waren bei Einbruch der Dunkelheit für zwei Stunden an
Land gegangen. Bei der Rückkehr mußten wir feststellen, daß jemand
unser eigenes Dinghi dazu benutzt hatte, Kameras im Wert von tausend Dollar, Schmuck für siebzig Dollar und zwei Jacken von der
*Seraffyn* zu holen. Das hätte nie passieren können, wenn wir entweder
die Kajüte der *Seraffyn* abgeschlossen oder das Dinghi an die Kette
gelegt hätten. Es wäre auch nicht passiert, wenn wir vorher jemanden
gefragt hätten, ob wir das Schiff verschließen müßten (die Polizei fand
die Kameras und die Jacken übrigens innerhalb von zwei Tagen
wieder). Eine Waffe hätte diesen Vorfall nicht verhindert, ein wenig
Vorsicht hingegen sehr wohl.

Unserer Ansicht nach läuft alles auf den folgenden Punkt hinaus:
Wer sich so große Sorgen über Piraten und Diebe macht, daß er meint,
eine Waffe zu benötigen, sollte vielleicht gar nicht erst auf Fahrt gehen.
Bei der Rückkehr in die Vereinigten Staaten hörten wir mehr
Geschichten über Einbrüche, Schießereien, Auto- und sogar Schiffs-
diebstähle als in der ganzen Zeit unterwegs. Wir sind zu dem Schluß

gekommen, daß das Fahrtensegeln ungefährlicher ist als das Leben an Land, und zwar besonders, wenn man vorausplant, gefährliche Gegenden meidet, vorsichtig ist und den Menschen, die man in ihrem Land besucht, aufgeschlossen und vertrauensvoll ohne Waffen gegenübertritt.

# 38
# Im Roten Meer

Piraten, Bürgerkriege, politische Unruhen, Gegenwind, Stürme, Sandstürme, dichter Schiffsverkehr, Strömungen, Riffe, armselige Navigationshilfen, Refraktionsprobleme, Hitze, *Bakschisch*.

Sobald wir davon sprachen, das Mittelmeer über Suezkanal und
Rotes Meer zu verlassen, schüttelten die meisten Bekannten den Kopf
und rieten uns, wir sollten uns das noch einmal genau überlegen. »Ich
würde mir nicht so große Sorgen um euch machen, wenn ihr wenigstens
eine Maschine hättet,« meinte ausgerechnet Humphrey Barton, der
den Atlantik schon zwölf Mal unter Segeln überquert hatte. Als wir auf
dem Weg nach Osten Rhodos erreichten und in unserem monatlichen
Packen Post weitere Warnungen von Freunden und Familie fanden,
waren wir fast so weit, umzukehren und die vertrautere Route über
Atlantik, Karibik und Panamakanal zu unserem Heimathafen an der
US-Westküste zu nehmen.

Dann machten wir auf Rhodos zwischen zwei australischen Yachten
fest. Die *Shikama*, eine von Max und Shirley Vanderbent entworfene
und gebaute 12,7m-Ketsch, und die *Girl Morgan*, eine von Ross und
Margaret Irvine gebaute 9,5m-Ketsch, waren im Frühjahr 1977 nach
Norden durch das Rote Meer gesegelt. Beide Ehepaare waren sich
einig, daß sie jederzeit wieder nach Süden durch das Rote Meer fahren
würden, daß aber ein Törn nach Norden genug sei. Und Irvine gab
sogar zu, daß er uns beneidete. Er liebte das Rote Meer. Nach ein paar
weiteren Tagen mit Kartenstudium auf Rhodos und später in Tel Aviv,
wo wir noch vier Ehepaare trafen, die gerade die Fahrt nach Norden
durch das Rote Meer hinter sich gebracht hatten, waren unsere größten
Bedenken beseitigt.

Das größte Problem auf der Liste der Gefahren im Roten Meer

waren die Piraten. Joshua Slocum hatte lieber den Weg um Kap Hoorn genommen, als sich den Piraten im Roten Meer zu stellen. Aber nach vielen Erkundigungen blieben eigentlich nur zwei Fälle übrig, in denen man nach der Wiedereröffnung des Suezkanals im Frühjahr 1975 definitiv von Piraterie sprechen konnte. Diese beiden Geschichten machten in unzähligen Variationen die Runde im ganzen Mittelmeer und im Fernen Osten.

Eine davon betraf den Einhandsegler, der Sokotra zu nahe gekommen war; davon war im vorhergehenden Kapitel schon die Rede.

Selbst große Schiffe werden davor gewarnt, näher als vierzig Meilen an Sokotra heranzugehen, und zwar nicht nur wegen der schwierigen Navigation und der unberechenbaren Strömungen. Im Seehandbuch der Britischen Admiralität für das Rote Meer und den Golf von Aden heißt es: »[Sokotra] ist beiden Monsunen ausgesetzt und hat keinen Hafen, in dem man jederzeit ungefährdet ankern kann; diese Tatsache hat in Verbindung mit dem unfreundlichen Verhalten, das die Bewohner bislang an den Tag legten, dazu geführt, daß die Insel nur wenig besucht wird.«

Der zweite Fall von Piraterie seit der Wiedereröffnung des Suezkanals, die die Segler aus dem Indischen Ozean in das Rote Meer lockte, machte weltweit Schlagzeilen. Vier junge Leute, zwei davon Südafrikaner, überführten eine Yacht von den Seychellen aus. Eines Abends suchten sie Schutz hinter einem Riff vor der somalischen Küste. Als sie am nächsten Morgen weitersegeln wollten, herrschte Ebbe, und die Yacht lief auf Grund. Sie wurden entdeckt und ins Gefängnis gesteckt; das Schiff blieb sich selbst überlassen und zerschellte am Riff, als die Flut auflief. Die vier verbrachten anschließend neun Monate im Gefängnis und sahen einer Verurteilung zu fünfundzwanzig Jahren Haft wegen Spionage entgegen. Auf politischen Druck anderer Länder hin wurden sie schließlich vom somalischen Präsidenten begnadigt. Vom Kapitän eines Schiffes, das seit zehn Jahren im Golf von Aden fuhr, hörten wir einen weiteren Aspekt dieses erschreckenden Falles, einen Aspekt, der in den Nachrichtensendungen nicht erwähnt worden war. Die vier hatten das Pech gehabt, sich einen Ankerplatz zu suchen, der weniger als eine Meile von Somalias erstem Kernkraftwerk entfernt war.

Keine Frage, ein Großteil der Länder am Roten Meer sind von politischen Unruhen erfaßt. Für Segler ist es gefährlich, sich den Küsten von Sokotra, Somalia und Äthiopien auch nur zu nähern. Auf

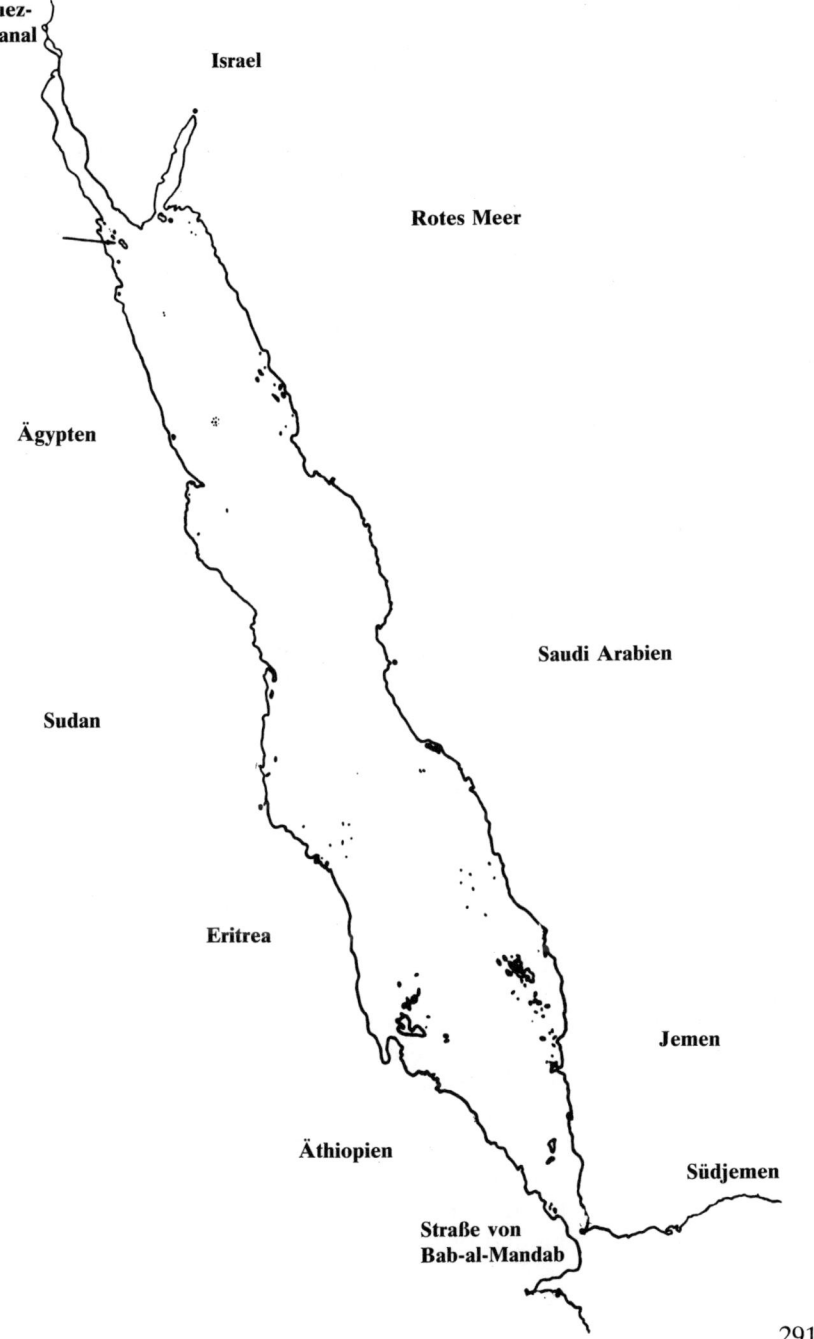

Suez-
Kanal

Israel

Rotes Meer

Ägypten

Saudi Arabien

Sudan

Eritrea

Jemen

Äthiopien

Südjemen

Straße von
Bab-al-Mandab

291

Perim Island in der Straße von Bab el Mandab, den Farasan-Inseln vor Saudi Arabien und Shaker Island vor Ägypten befinden sich große Militäranlagen; Besucher sind dort gar nicht gern gesehen. Aber die Mehrzahl der Häfen und Ankerplätze an den Ufern des Roten Meeres können von Yachten auf der Durchfahrt angelaufen werden. An nahezu jedem Ankerplatz in Ägypten kommen drei oder mehr Soldaten an Bord und verlangen eine Mannschaftsrolle. Sie können extrem lästig werden wie beispielsweise die vier, die zwei Stunden, nachdem wir hinter einer verlassen aussehenden Insel aus Sanddünen direkt vor der Einfahrt in den Golf von Suez vor Anker gegangen waren, herbeigerudert kamen. Bewaffnet waren sie mit zwei automatischen Gewehren; der Wind hatte mindestens Stärke 6, und ihr zweieinhalb Meter langes Kunststoffboot wurde nur mit zwei kurzen Paddeln vorwärtsbewegt. Außer »Passport« sprachen sie kein Wort Englisch. Wir schrieben die erforderliche Liste und versuchten, das rohölverschmutzte auf und ab tanzende Boot von der *Seraffyn* abzuhalten. Schließlich nahmen die Soldaten wieder Kurs aufs Ufer, mußten aber feststellen, daß sie in der kabbeligen See keine Fahrt voraus machten. Sie schafften es, wieder längsseits zu kommen, und bedeuteten uns, wir sollten die Maschine anwerfen und sie näher ans Ufer schleppen. Als wir ihnen klargemacht hatten, daß wir keine Maschine besaßen, wollten sie an der *Seraffyn* festgemacht werden. Ein paar Minuten darauf wollten wir unseren Augen nicht trauen, als ein Fischerboot an der Insel vorbeilief und einer der Soldaten die Aufmerksamkeit der Fischer auf sich zu lenken versuchte, indem er direkt auf das Boot schoß. Dann frischte der Wind auf Sturmstärke auf, und wir verbrachten die Nacht mit vier ägyptischen Soldaten im Cockpit, die Waffen in der Hundekoje, während wir wach lagen und lauschten, wie unser Anker über die Korallen polterte. Am nächsten Morgen ließ der Wind nach, und die Männer gingen von Bord, wobei große Klumpen Rohöl von ihren Stiefeln und Uniformen auf Deck, Laken und Aufbau zurückblieben.

So etwas ist in Ägypten durchaus keine Begegnung der ungewöhnlichen Art. In mehreren Häfen werden die ganze Nacht hindurch in Abständen von fünfzehn Minuten Granaten ins Wasser geworfen, damit niemand an Land kommt. Größere Zwischenfälle hat es aber unseres Wissens in ägyptischen Häfen und Liegeplätzen bislang nicht gegeben. Amerikanische und britische Versorger für Ölbohrplattformen sind großartige Gastgeber in diesen Häfen; sie begrüßen jeden Segler als Abwechslung und bieten jede mögliche Unterstützung und technische Hilfe an.

Alle israelischen Häfen am Roten Meer stehen Seglern offen, und die Riffe vor der Sinai-Halbinsel bieten mit die besten Tauchmöglichkeiten auf der Welt.

Im Sudan darf man nicht nur überall anlegen, sondern wird auch mit offenen Armen willkommen geheißen. Im Schutz der Riffe an der sudanesischen Küste entlangzusegeln ist eines der schönsten Erlebnisse im Roten Meer. Zum Tauchen ist es dort fabelhaft, und Suakin, ein ausgezeichnet geschützter Hafen, ist der Treffpunkt der Kamelkarawanen, die immer noch über die Handelsstraßen Nordafrikas ziehen.

Die saudischen Häfen wie etwa Dschidda sowie alle Häfen an der Küste Nordjemens stehen Seglern offen. Die Zubair-Inseln – menschenleer und ohne Ärgernisse – bieten sich für eine Ruhepause geradezu an.

Im Golf von Aden stehen als einzige Häfen Aden und Djibouti zur Verfügung. Wir entschieden uns für Aden, weil Djibouti gerade unabhängig geworden war und es dort noch gelegentlich zu Auseinandersetzungen mit Guerillas kam. Aden erwies sich als freundlich und sicher. Wir mußten bei jedem Landgang unsere Pässe abgeben, erhielten aber immer eine Quittung dafür. Und an Gemüse und Eier war fast nicht heranzukommen. Aber wie überall taten die britischen und amerikanischen Angestellten der Ölgesellschaften alles, was sie konnten, um uns und anderen Seglern zu helfen.

Wenn man aus Osten kommt, braucht man für Ägypten und den Sudan gültige Impfbescheinigungen über Gelbfieber, Cholera und Pocken. Auf dem Weg vom Mittelmeer nach Süden reichen Pocken- und Gelbfieberimpfungen aus.

*Die politischen Gegebenheiten sind in diesem Teil der Welt schnellen Änderungen unterworfen, so daß Häfen, die uns 1977 noch offenstanden, 1987 vielleicht schon wieder versperrt sind. Aber hier hilft ein »Buschtelegraph« für Segler. Für diejenigen, die auf dem Weg nach Süden sind, liegt im Port Said Yacht Club ein Sammelhefter aus, in dem alle Segler auf der Durchreise ihre wichtigen Erfahrungen auf der Fahrt durch das Rote Meer und den Suezkanal aufschreiben. Don Windsor betreibt unter der Adresse »5 Closenberg Place, Magalle, Galle« auf Sri Lanka ein Informationszentrum für Segler und ist auch selbst eine Goldgrube an Informationen für Segler auf dem Weg nach Westen und Norden.*

Die Windverhältnisse im Roten Meer sind extrem regelmäßig. Das ganze Jahr über weht der Wind zwischen Port Suez und Port Sudan, auf halbem Weg durch das Rote Meer, zu neunzig Prozent aus dem nördlichen Quadranten. Südlich von Port Sudan herrscht zu fünfundsiebzig Prozent Südwind, ausgenommen im Juni, Juli und August, wenn der Wind aus Norden kommt. Die Windstärke variiert jedoch von Monat zu Monat. Der Januar ist überall nahezu sturmfrei, während im Juli nach Angabe der britischen Monatskarten und der Segelhandbücher für das Rote Meer im Golf von Suez und in der Straße von Bab el Mandab eine fünfprozentige Aussicht auf Sturm zu verzeichnen ist. Nach Aufzeichnungen auf Ölbohrtürmen im Golf von Suez, die einen Zeitraum von acht Jahren abdecken, ist der Prozentsatz an Stürmen im Juli fast doppelt so groß wie in den Segelhandbüchern angegeben. Wir sprachen mit fünfzehn Seglern, die den Törn nach Norden und nach Süden gemacht hatten, und deren sowie unsere eigenen Erfahrungen decken sich mit diesen Aufzeichnungen. Wir hatten Ende August auf den gesamten 1 300 sm achterlichen Wind, der im Golf von Suez drei Tage lang Strumstärke erreichte. Margo und Steve Wolf brauchten mit ihrem 7,3m-Trimaran *No Name* Ende Dezember/Anfang Januar nur siebzehn Tage von Djibouti bis nach Port Suez. Der Wind ging dabei nie über 25 kn hinaus, und die Strömungen waren überaus günstig. Die *Shikama* hingegen, die wir auf Rhodos getroffen hatten, hatte Ende März in Djibouti abgelegt und auf dem größten Teil des Weges nach Norden Starkwind gehabt; sie hatte drei Nächte im Golf von Suez vor Anker gelegen, während der Wind mit 55 kn aus Norden blies und das Deck mit einer 8 cm hohen Sandschicht überzog.

Ein 12m-Trimaran legte Anfang des Frühjahrs auf dem Weg nach Norden für 1 300 sm über Grund 4 400 sm zurück. Das war der extremste Fall, der uns bekannt geworden ist, doch zwei andere Yachten brauchten für den Törn nach Norden 2 200 bzw. 2 500 sm. Wie man es auch betrachtet, der Törn nach Norden durch das Rote Meer ist nicht einfach. Die Wahl der richtigen Monate kann entscheidend sein.

Ob Richtung Norden oder Richtung Süden, das Rote Meer kann zu einem echten Test für Seemannschaft und navigatorisches Können werden. Sandstürme sind zwar in den günstigen Monaten selten, können die Sicht aber auf unter hundert Meter reduzieren. Die Strömungen sind besonders in Riffnähe sehr wechselhaft. Wir hatten einmal an einem Tag eine Strömung von zwei Knoten, die auf die Riffe setzte, am nächsten Tag aber verschwunden war.

Weil das Rote Meer von heißen Wüsten eingerahmt ist, verursacht ein Refraktionsphänomen bei Tagesbestecken Abweichungen von bis zu zwanzig Meilen nach Westen oder Osten. Unsere frühmorgens genommenen Bestecke erwiesen sich jedoch als richtig. Mit Ausnahme der sudanesischen sind die Feuer und Navigationshilfen im gesamten Roten Meer nicht zuverlässig. Um die Navigation zu überprüfen macht man sich deshalb eine besondere Gefahr im Roten Meer zunutze – den dichten Schiffsverkehr. Wir stellten fest, daß die großen Tanker sich genau in der Mitte der Tiefwasserrinne halten, und sahen auf unserem dreizehntägigen Törn nur selten weniger als drei Schiffe gleichzeitig. Natürlich darf man nicht allein mit dieser Methode navigieren, da auch auf größeren Schiffen Fehler gemacht werden, wie sich an drei erst vor kurzem auf Riffe gelaufenen Schiffen zeigte.

Für eine bekalmte Yacht oder ein Schiff, das in der Enge des Golfs von Suez aufkreuzen muß, ist der Schiffsverkehr ein echtes Problem. Wir hörten von einem Dampfer, der bei der Ankunft in Dschidda Mast und Takelage eines Segelbootes am Buganker hängen hatte. Der Kapitän hatte keine Ahnung davon, daß er eine Yacht gerammt hatte, bis er den Buganker fallen ließ und die Bescherung sah.

Wie überall muß man zwischen Korallenriffen mit der Sonne im Rücken nach Sicht navigieren. Das heißt auch, daß der Anker zwei Stunden vor Einbruch der Dunkelheit fallen muß, um nicht auf neue oder falsch eingezeichnete Korallenbänke zu laufen. Besonders wichtig ist das für Segler, die überwiegend in europäischen Gewässern segeln, wo es keine Riffe gibt und keine Möglichkeit besteht, die Wassertiefe nach der Farbe des Wassers schätzen zu lernen.

Die navigatorischen Gefahren im Roten Meer darf man nicht unter- schätzen. Im Golf von Suez lief eine prächtige 18m-Herreshoffketsch aufgrund mehrerer der erwähnten Faktoren auf ein Riff: Die Yacht war im März/April Richtung Norden unterwegs. Es war Nacht, der Wind wehte mit über 40 kn aus Norden, die Sicht war schlecht, und es herrschte dichter Verkehr mit bis zu zehn Schiffen pro Stunde. Der Skipper glaubte, ein genaues Besteck zu haben, weil er wenige Stunden zuvor ein Feuer passiert und identifiziert hatte. Er entschloß sich daher, in kurzen Schlägen in Ufernähe außerhalb der Schiffahrtsstraße aufzukreuzen. Dabei lief er auf das Riff, wo das Schiff über eine Woche lang festsaß und schwer beschädigt wurde. Der Grund? Die Leuchtfeuer- folge war geändert worden, und das Schiff hatte sich in Wirklichkeit an einem Leuchtfeuer zwanzig Meilen südlich der angenommenen

Position befunden.

Nirgendwo sonst auf der Welt ist eine aufmerksame Wache so wichtig wie im Roten Meer, wobei allerdings die Temperaturen jede Wache zu einer Qual werden lassen. Im August lag die Temperatur an zehn Tagen über 38° C bei mehr als neunzig Prozent Luftfeuchtigkeit. Selbst bei einer hübschen Brise konnten wir oft kaum schlafen, und tagsüber trauten wir uns kaum aus dem bißchen Schatten unseres Sonnensegels heraus. Segler auf dem Weg nach Norden stehen vor dem anderen Problem. Die meisten haben ein oder zwei Jahre in den Tropen verbracht. Nördlich von Port Sudan fallen die Temperaturen nachts auf sieben Grad. Wenn dann noch ein frischer Gegenwind herrscht, fühlt sich das verflixt kalt an. Mehrere Segler, die wir nach der Fahrt durch das Rote Meer im Mittelmeer trafen, beklagten sich, daß sie nach der langen Zeit in den Tropen einfach nicht die warme Kleidung hätten, um speziell nachts die niedrigen Temperaturen auszuhalten.

Fast alle, mit denen wir sprachen, bezeichneten den Suezkanal als den schwierigsten Abschnitt des Törns durch das Rote Meer. Wir bekamen entsetzliche Geschichten über Beamte, die Bakschisch verlangten, tonnenweise Formulare, überhöhte Gebühren und gewissenlose Agenten zu hören. Bei der Ankunft in Port Said waren wir fest entschlossen, ruhig, gelassen und gefaßt zu bleiben. Aber es war fast unmöglich, diesem Vorsatz treu zu bleiben! Das Feilschen gehört im Osten zum Leben, und das gilt auch für den Papierkrieg. Der vom Yachtclub empfohlene Agent wollte für seine Bemühungen zweihundert Dollar, wobei wir wußten, daß die Kanalgebühren etwa fünfzig Dollar betrugen. Nach einigem Hin und Her handelten wir ihn auf hundertunddreißig Dollar herunter. Aber da wir noch ein paar Tage auf eine Schleppgelegenheit warten mußten, beschlossen wir, den Papierkram selbst zu erledigen, wie es schon zwanzig Prozent aller anderen Segler getan hatten. Mehrere hatten im Sammelhefter im Port Said Yacht Club Tips und nützliche Hinweise hinterlassen. Judy Vaughan von der *Currant Bun* hatte sogar eine Karte mit allen Büros gezeichnet, die anzulaufen waren. Wir marschierten acht Kilometer zu sieben verschiedenen Büros und zahlten schließlich für das Schiff und zwei Personen fünfundvierzig Dollar. (Wenn man 1977 um Genehmigung bat, den Papierkram selbst zu erledigen, sagte der für Yachten zuständige Beamte: »Sie müssen sich einen Agenten besorgen.« Wenn man jedoch herumlief, sich die richtigen Papiere, Stempel und Quittungen besorgte und anschließend im Büro für Yachten aufkreuzte und sagte »Ich habe alle Papiere zusammen und will morgen durchfahren«, nahmen die Beamten das als gegeben hin und erhoben keine Einwände mehr.)

Auf diese Weise sparten wir also fünfundachtzig Dollar. Aber beim nächsten Mal würden wir wahrscheinlich doch einen Agenten anheuern. Jeder Lotse bat um ein »Geschenk«, d.h., Bakschisch. Jeder einzelne erhielt fünf Eindollarscheine; sie waren nicht zufrieden damit, sagten aber weiter nichts. Es gibt eine Möglichkeit, sich fünfzig Prozent des Papierkrams zu ersparen: Direkt nach See durchklarieren, statt noch einmal in Port Suez oder Port Said anzulegen. Wer anlegt, muß die ganze Prozedur noch einmal über sich ergehen lassen.

Der Kanal selbst ist gut betonnt, aber wegen des dauernden Ausbaggern sind die Ufer oft erstaunlich steil. Es besteht Lotsenmangel, und weil es unwahrscheinlich ist, daß eine auf Grund gelaufene Yacht den Kanalverkehr behindert, setzen die Behörden viertklassige Lotsen auf die meisten Yachten. Man sollte deshalb immer die neueste Kanalkarte an Bord haben und darauf bestehen, im betonnten Fahrwasser zu bleiben. Im März 1977 liefen drei Yachten im Konvoi im Großen Bittersee auf Grund und saßen zwei Tage lang fest. Der Lotse hatte beschlossen, eine Abkürzung zu nehmen.

Ist ein Törn durch das Rote Meer gefährlich? Zum Zeitpunkt unseres Törns waren seit der Wiedereröffnung des Kanals 130 Yachten hindurchgefahren. Davon hatten nur die beiden im Kapitel über die Piraterie erwähnten größere Probleme gehabt, die auf menschliches Verhalten zurückzuführen waren. Zwei weitere waren auf Grund gelaufen, und eine war von einem Dampfer versenkt worden. Einem großen Prozentsatz der befragten Segler gefiel der Umgang mit den Arabern nicht, und zwar aufgrund der unterschiedlichen kulturellen Voraussetzungen. Mehrere berichteten von ärgerlichen Schäden an Aufbauten und Decks durch arabisches Personal, das nur an große Stahlschiffe gewöhnt ist, und durch arabische Beamte mit ihren fettverschmierten Schuhen mit harten Sohlen. Einen Törn durch das Rote Meer sollte man also nicht auf die leichte Schulter nehmen. Aber für eine gut vorbereitete Yacht mit ausreichender Besatzung ist er je nach Fahrtrichtung eine willkommene Abkürzung in den Fernen Osten oder nach Europa. Er erspart achttausend Meilen Fahrt um das Kap der Guten Hoffnung mit seinen vielen Stürmen und unangenehmen Strömungen sowie wenigen guten Häfen und heftigen politischen Unruhen.

Für Taucher hält das Rote Meer zusätzlich den Anreiz einiger der schönsten unerforschten Korallenriffe der Welt bereit. Der Fischreichtum des Roten Meeres ist sagenhaft (sogar wir hatten Glück beim Angeln), und wenn man den Törn in den kühleren Monaten macht, sind Suakin mit seinen Kamelkarawanen und Dschidda mit seinen Mekka-Pilgern jederzeit einen Besuch wert.

Ross Irvine mit seiner Frau und drei kleinen Söhnen brauchte für die Fahrt nach Norden zwei Monate. Ab Suakin funktionierte die Maschine nicht mehr. Sie gingen fast jede Nacht vor Anker und arbeiteten sich hinter den sudanesischen und ägyptischen Riffen langsam nach Norden vor; dabei verlebten sie wunderschöne Tage mit Ölbohrmannschaften aus vielen Ländern. Was den Törn nach Norden angeht, lautete Irvines Fazit: »Es hat Spaß gemacht, aber man braucht entweder viel Zeit zum Segeln und eine Menge Geduld oder eine große, sehr zuverlässige Maschine.«

Im Hinblick auf die Fahrt nach Süden ist uns nicht bekannt, daß eine Yacht je in ernsthafte Schwierigkeiten geraten wäre. Für uns war es ein großartiger Törn, allerdings heiß wie die Hölle. Und die Unannehmlichkeiten der Fahrt durch den Suezkanal waren längst vergessen, als wir auf Sri Lanka das billigste und köstlichste Essen genossen, das wir jemals erlebt hatten – umgeben von Palmen, Auslegerbooten und hübschen dunkelhäutigen Menschen in bunten Saris und Sarongs.

# 39
# Langzeitsegeln und Geschäfte

Ein wunderschöner Ankerplatz, umsäumt von Palmen auf der einen und Korallenriffen auf der anderen Seite, an Land die größte Stadt der Inselgruppe, ja, die größte Stadt im Umkreis von siebenhundert oder achthundert Meilen.

Man liegt hier vor Anker, weil der Vorrat an Bargeld und Reiseschecks zur Neige ging. Im entsprechenden Handbuch war die Stadt mit ausgezeichneten Fernmeldeverbindungen nach Übersee angeführt. Was nicht im Handbuch vermerkt war, war die Tatsache, daß die Fernmeldeverbindungen im Jahre 1944 ausgezeichnet waren, seit damals aber völlig vernachlässigt worden sind. Man geht zu einer Bank, und es beginnt eine dreiwöchige Geduldsprobe, bis endlich das Geld aus der Heimat überwiesen wird.

Das ist nicht übertrieben. Jim, ein Bekannter mit einer 12m-Yacht, saß in Horta auf den Azoren fünf Tage lang in der Fernsprechvermittlung und verbrachte jeweils mehrere Stunden mit dem Versuch, eine Verbindung in die Vereinigten Staaten zu bekommen. Don und Heather mußten vier Wochen warten, bis die Bank of Gibraltar ihren Scheck aus Maine einlöste. Larry und ich brauchten sieben Stunden, um von Gdynia in Polen nach Washington, D.C., durchzukommen. Finanzielle und geschäftliche Angelegenheiten können beim Fahrtensegeln wirklich Kopfschmerzen machen und müssen vor der Abfahrt gut bedacht werden.

Eines ist für uns klar: Man kann nicht einerseits unbeschwert auf Langzeittörns gehen und andererseits zu Hause ein Geschäft haben.

Wir kennen Leute, die das versucht haben; sie waren entweder mit den Nerven am Ende oder gaben das Segeln vorzeitig auf.

Wir kennen viele andere Leute, die ihr Geschäft für ein Jahr dichtmachen, einen Vollzeitmanager auf Gewinnbeteiligungsbasis suchen oder ein Geschäft mit Kaufoption verpachten. Diesen Leuten gefällt das Fahrtensegeln oft so sehr, daß sie ihr Geschäft verkaufen und dabeibleiben. Wenn sie aber feststellen, daß das Segeln doch nicht so viel Spaß macht, wie sie gedacht hatten, lassen sie es sein und bauen sich zu Hause wieder ein neues Geschäft auf. Ein sehr erfolgreicher segelnder Geschäftsmann drückte es einmal folgendermaßen aus: »Der Aufbau eines Geschäfts ist ein Vollzeitjob. Das gilt auch für das Fahrtensegeln. Wenn ich bereit bin, auf unbegrenzte Zeit auf Fahrt zu gehen, verkaufe ich mein Geschäft und lege das Geld auf die Bank. Wenn ich wieder einsteigen will, fange ich damit wieder an. Ich habe es schon einmal gemacht. Ich habe dabei viel gelernt, was ich beim ersten Mal nicht wußte; beim zweiten Mal wird es deshalb leichter sein.«

Etwa die Hälfte unserer Bekannten, die seit mehr als einem Jahr segeln, hat irgendwo ein Haus. Fast alle haben es über Makler oder Hausverwaltungen vermietet, die für Verwaltung und Instandhaltung zehn oder fünfzehn Prozent der Miete kassieren. Andere Vermögenswerte legt man am besten in Obligationen und auf Hochzinssparkonten an, um die sich die Bank kümmern kann. Spekulationsgeschäfte lassen sich mit Fahrtensegeln nicht vereinbaren. Man kann eben nicht beides haben. Man muß einfach die Tatsache akzeptieren, daß man sich mit dem Langzeitsegeln entweder der täglichen Hetze vollkommen entzieht oder keinen Spaß dabei findet.

Die andere Hälfte von uns ist nicht reich genug, um solche Probleme zu haben. Wir besitzen unsere Yachten und haben etwas Geld auf der Bank. Das, was wir zum Segeln brauchen, verdienen wir uns unterwegs. Aber auch für uns werden geschäftliche Dinge, Post und Geldüberweisungen gelegentlich zum Problem.

Wir haben für uns die Lösung gefunden, daß wir unser Schiff vollständig ausrüsten und dann mit dem Geld für sechs Monate Reiseschecks in kleinen Nennwerten kaufen. Die Betonung liegt auf klein, weil wir schon an Orten waren, in denen niemand das Geld hatte oder bereit war, einen Scheck über zwanzig Dollar einzulösen. Wir nehmen nur Zehndollarschecks mit und meinen, daß es nicht zu viel Mühe macht, gegebenenfalls auch einmal fünf auf einmal zu unterschreiben. Die eine Hälfte lautet auf Larry, die andere auf meinen Namen.

Auf diese Weise kann immer einer Geld holen, wenn der andere einmal krank oder zu faul ist, um in die Stadt zu gehen. Mit Dollar-Reiseschecks sind wir immer gut gefahren. Wir sind noch nie an einen Ort gelangt, wo der Dollarkurs nicht bekannt war. Andererseits mußten wir vor fünf Jahren, als der Dollar stark fiel, einmal drei Tage lang warten, bis eine Bank unsere Schecks einlöste. Seitdem kaufen wir Reiseschecks in zwei Währungen.

Nach dem Kauf der Reiseschecks für sechs Monate kommt Geld für weitere sechs Monate auf ein Girokonto, für das wir eine Scheckkarte haben. Wenn uns das Geld ausgeht, laufen wir eine Stadt an, in der es einen Yachtclub gibt. Dort fragen wir nach einer guten Bank, in der wir Scheck und Karte vorlegen und dann acht oder zehn Tage warten, bis der Scheck eingelöst wird. Wenn wir ganz clever sind, stimmen wir die Zeit so ab, daß wir das Schiff in dieser Zeit sowieso überholen müßten. Dann vergeht die Warterei schneller.

Ein Hinweis noch zum Halbjahres-Bargeldvorrat. Die betreffende Bank sollte vorab wissen, wie viel Geld oder Reiseschecks benötigt werden. In Nordmexiko ließen wir uns einmal Geld zu der kleinen Bank in einem Dorf überweisen. Als es ankam, erklärte uns der Manager, er könne uns nur Zehnpesoscheine geben. Scheine mit größerem Nennwert habe er nicht. Wir verließen die Bank mit zwei großen Papiertüten voller Geldscheine. Auf dem Schiff mußten wir einen Wäscheschrank ausräumen, um es zu verstauen.

Der Polizeichef einer kleinen Stadt in Kolumbien, die berüchtigt für ihre Taschendiebe war, hatte eine gute Anregung für uns, die möglicherweise auch für jede Großstadt gilt: »Tragen Sie nicht mehr Geld bei sich, als Sie zu verlieren bereit sind. Den Rest verstecken Sie auf dem Schiff, von wo Sie es jederzeit holen können, wenn Sie etwas Teureres kaufen wollen.«

Ein letzter Gedanke zur finanziellen Seite. Man sollte nicht erstaunt sein, wenn Werften, Yachthäfen und Yachtclubs im Ausland keine Schecks annehmen. An vielen Orten haben Segler auf der Durchreise einen sehr schlechten Ruf. Der Eigner einer Werft in Costa Rica, bei dem wir arbeiteten, saß auf ungedeckten Schecks über mehr als dreitausend Dollar. Ein Schiffsbauer in Falmouth hatte etwa dieselbe Summe in Schecks und Außenständen zu verzeichnen. Ausländische Segler hatten Arbeiten an ihren Schiffen machen lassen und waren dann bei Nacht und Nebel verschwunden.

Nun zur Post. Unserer Ansicht nach gibt es nur eine Methode, die richtig funktioniert, nämlich eine permanente Postanschrift – Eltern, Bank oder ähnliches. Sämtliche Post an diese Adresse schicken und von dort aus an einem bestimmten Datum an eine bestimmte Anschrift nachsenden lassen, vorzugsweise an einen Yachtclub, und zwar in einem einzigen Umschlag bzw. Paket. An dieser Anschrift dann warten, bis die Post eintrifft. Die Yachtclubs überall auf der Welt ersticken in der Flut alter Briefe, die die Yacht, für die sie bestimmt waren, verfehlt haben. Woher soll man auch wissen, wie viele Briefe man zu erwarten hat, wenn sie nicht in einem Paket von ein und demselben Absender kommen?

Wir empfehlen Yachtclubs als Postanschrift, weil man sich nur dort der Tatsache bewußt ist, daß Schiffe sich oft verspäten. Postlagernde Sendungen sind auch nicht schlecht, wenn man wartet, bis das Paket eintrifft. Ansonsten gehen sie nach spätestens dreißig Tagen an den Absender zurück. Die Anschriften von Yachtclubs überall auf der Welt finden sich im *Lloyd's Registry of Yachts*. Die Liste auf der Rückseite hat uns gute Dienste geleistet.

Nur wenige Leute geben das Fahrtensegeln aufgrund von Sturm, schlechtem Wetter oder Flaute auf. Am ärgerlichsten sind die kleinen Unannehmlichkeiten wie etwa, per Telephon irgendwohin durchzukommen, einen Scheck einzulösen, die Post oder eine heiße Dusche zu finden. Aber wenn das Fahrtensegeln einfach wäre, wäre schließlich jedermann unterwegs.

# 40
# Argumente gegen zu detailierte Planung

Fahrtensegeln soll Spaß machen. Die große Anzahl Fahrtensegler, die das Leben auf See nicht genießen, steht in einem traurigen Widerspruch dazu. Ja, auf mehr als der Hälfte aller Yachten, die wir unterwegs trafen, lebten Leute, die es kaum abwarten konnten, den Törn zu beenden oder ihr Schiff zu verkaufen.

In La Paz, Niederkalifornien, rotteten verlassene Yachten vor sich hin. Dasselbe in Costa Rica. Singapur war eine wahre Schatztruhe an Yachten, die von desillusionierten Seglern zum Kauf angeboten wurden, und so ging es überall weiter.

Warum? Vom Fahrtensegeln träumen fast achtzig Prozent aller Leute, die sich eine Yacht bauen oder kaufen. Was macht aus dem Traum einen Alptraum?

Nach unseren eigenen Umfragen und Beobachtungen sind dafür im wesentlichen drei Gründe ausschlaggebend, nämlich ein zu großes Schiff, finanzielle Schwierigkeiten und eine zu detaillierte Planung.

Bei einem zu großen Schiff liegen die Probleme auf der Hand – Crew, Instandhaltung, Kosten. Bei finanziellen Schwierigkeiten ist die Sache nicht so klar. Sie treten auf, wenn die Lebenshaltungskosten höher sind, als man es gewohnt ist, und wenn dazu die Tatsache kommt, daß jemand, der praktisch auf der Durchreise ist und auf einem Boot lebt, nicht ohne weiteres normale Arbeit findet. Die verborgene Gefahr beim Fahrtensegeln liegt jedoch in zu detaillierter Planung.

Wohin soll es gehen? Weltumsegelung? Wie lange dauert das? Diese

Fragen hört jemand, der auf Fahrt geht, tausend Mal. Wenn er Anfänger ist, versucht er diese Fragen genau zu beantworten. Der erfahrene Fahrtensegler hingegen sagt einfach: »Kurs Süden. Ich habe sechs Monate frei.«

Bei den Vorbereitungen auf einen längeren Törn planen wir und viele segelnde Freunde nur so weit, daß wir alle Seekarten für das geplante Gebiet, Detailkarten der Häfen unterwegs sowie Proviant und sonstige Vorräte für die geplante Dauer plus ein Drittel für den Notfall an Bord haben, und Gäste laden wir *ausschließlich* telephonisch oder telegraphisch ein.

Pannen, schlechtes Wetter, Erkrankung und Schwierigkeiten beim Ausklarieren ruinieren den besten Zeitplan. Es ist nervenaufreibend, am Freitag einen Bekannten in La Paz treffen zu wollen, wenn es am Mittwoch in Cabo San Lucas keinen Treibstoff gibt und der Tankwagen erst am Donnerstagmorgen kommen soll. Ohne feste Verabredungen kann aus einer Verzögerung noch ein Fest werden, weil man auf dem erneuten Weg ins Dorf vielleicht in eine Feier gerät und eingeladen wird.

Das Schönste an einem Törn ohne feste Planung ist das Element der Überraschung, das hinzukommt, wenn man sagen kann: »Die Insel dort sieht interessant aus. Laß uns anlegen.« Unvorhergesehene Unterbrechungen haben uns in den elf Jahren unvergeßliche Erlebnisse beschert. Ich denke dabei besonders an eines. Nach der Fahrt durch den Panamakanal und einem Abstecher nach Porto Bello, Isla Grande und Nombre de Dios segelten wir auf dem Weg nach Cartagena am Archipelago de las Muletas vorbei. Larry fragte: "Wollen wir über Nacht vor Anker gehen oder weitersegeln?«

Ich antwortete: »Wenn der Anker bei Einbruch der Dunkelheit unten ist, können wir bleiben.« Der Anker faßte um 19.30 h, gerade als es dunkel wurde. Wir blieben zwei Monate lang auf den heutigen San-Blas-Inseln. Elf der dreihundertundsechzig Inseln sahen wir uns an und gewannen Freunde fürs Leben.

Es gibt natürlich Menschen, die das Fahrtensegeln von Anfang an nicht genießen. Nachdem sie zu Hause alle Pläne detailliert ausgebreitet und Dutzende von Bekannten eingeladen haben, sie unterwegs zu besuchen, können sie nicht mehr zurück. Der Eigner einer großen Tourenyacht, der auf einem viermonatigen Törn vor Mexiko für jede Woche Gäste eingeladen hatte, erzählte uns seine traurige Geschichte. Er haßte das Segeln, konnte nicht schlafen, wurde seekrank und hatte eine Abneigung gegen das Angeln, meinte aber: »Ich kann doch nicht all die Leute enttäuschen, die ich eingeladen habe. Ich muß da jetzt einfach durch.«

Selbst bei einem zeitlich begrenzten Törn von nur zwei oder auch vier Wochen macht ein fester Zeitplan den Zweck dieses Törns zunichte. Das Fahrtensegeln ist ein Mittel gegen den Druck und die Zwänge des heutigen Lebens. Warum sollte man diese Zwänge mit an Bord nehmen? Man setzt sich als höchstes Ziel die Hälfte der Entfernung, die man zurücklegen zu können glaubt, und wenn man dann schneller ist, hat man die doppelte Zeit, um sich an den Menschen und Orten auf dem Weg zu erfreuen. Wenn es auf der anderen Seite zu Verzögerungen kommt, macht das auch nichts, weil man jede Menge Zeit hat.

Und wie ist das mit den Gästen, die gern mitsegeln würden? Die Aufregung, nicht genau zu wissen, wo sie nun an Bord kommen werden, macht den Törn für sie zu einem Abenteuer. Man legt den Treffpunkt ungefähr fest und ruft am Tag des Einlaufens an. Erst dann trifft man genaue Absprachen und wartet auf die Gäste. Ein Telephongespräch kostet nicht viel. Für den Besucher hingegen ist die Jeepfahrt von, sagen wir, La Paz nach Tres Cruses ein zusätzliches Erlebnis, und wenn er dann ruhig und ohne Hektik begrüßt wird, weiß er, daß er jemanden vor sich hat, der seinen Traum realisiert hat und ihn genießt, weil er das Geheimnis des richtigen Fahrtensegelns ohne große Planung entdeckt hat.

# STICHWORT-
# VERZEICHNIS